FRANZÖSISCHE ATLANTIKKÜSTE

VENDÉE · POITOU · CHARENTE

überreicht durch

REISE-TASCHENBUCH

Vordere Umschlagklappe: Übersichtskarte Poitou-Charentes

Hintere Umschlagklappe: Stadtplan Poitiers

Regine Koch-Scheinpflug

FRANZÖSISCHE ATLANTIKKÜSTE

DUMONT

Umschlagvorderseite: Einfahrt in den Hafen von La Rochelle
Umschlagklappe vorn: Der Hafen von Saint-Martin-en-Ré
Umschlagklappe hinten: Die Kathedrale in Saintes
Umschlagrückseite: Port de la Meule auf der Ile d'Yeu *(oben)*; Café du
Théâtre in Poitiers *(Mitte)*; Segelflotille vor Royan *(unten)*
Vignette S. !: Die Spezialität des Landes: frische Austern
Abb. S. 2/3: Strand bei La Tranche-sur-Mer

Die Autorin: Regine Koch-Scheinpflug, 1957 geboren, Studium in
Deutschland und Frankreich, längerer Aufenthalt in der Charente-Maritime, arbeitet als Korrespondentin und Referentin im Kulturbereich sowie
als Reiseautorin.

Mein Dank gilt Valerie, Katharina und Günter und außerdem Jacques Bourdin,
Beate Brossard, Françoise Cordaillat, Maryline Henri, Jean-Luc Labour, Paul Ligten-
berg, Christophe Marchais, Lucienne und Marius Menuteau, Josiane Molinié,
Michèle und Raymond Sudérie und Françoise Tétard.

© DuMont Buchverlag, Köln
2., aktualisierte Auflage 2000
Alle Rechte vorbehalten
Umschlaggestaltung: Groschwitz, Hamburg
Satz und Druck: Rasch, Bramsche
Buchbinderische Verarbeitung: Bramscher Buchbinder Betriebe

Printed in Germany   ISBN-3-7701-3779-5

INHALT

LAND & LEUTE

Geographie, Gesellschaft und Geschichte

Kunst und Kultur

UNTERWEGS
AN DER ATLANTIKKÜSTE

Vendée

Poitou

Charente-Maritime

Entlang der Charente

TIPS & ADRESSEN

Verzeichnis der Karten und Stadtpläne

Bitte schreiben Sie uns, wenn sich etwas geändert hat.
Alle in diesem Buch enthaltenen Angaben wurden von der Autorin nach bestem Wissen erstellt und von ihr und dem Verlag mit größtmöglicher Sorgfalt überprüft. Gleichwohl sind – wie wir im Sinne des Produkthaftungsrechts betonen müssen – inhaltliche Fehler nicht vollständig auszuschließen. Daher erfolgen die Angaben ohne jegliche Verpflichtung oder Garantie des Verlages oder der Autorin. Beide übernehmen keinerlei Verantwortung und Haftung für etwaige inhaltliche Unstimmigkeiten. Wir bitten dafür um Verständnis und werden Korrekturhinweise gerne aufgreifen:
DuMont Buchverlag, Postfach 10 10 45, 50450 Köln
E-Mail: reise@dumontverlag.de

LAND & LEUTE

»Der Boden wurde
bearbeitet wie auf
den Feldern, nur daß
es einerseits Austern-
felder andererseits
Miesmuschelfelder
waren und daß man
nachher dort, wo
jetzt die Karren stan-
den, nur noch ein-
heitlich Ozean sehen
würde«.

Georges Simenon,
Wellenschlag

Geographie, Gesellschaft und Geschichte

Fischerhütten mit Senknetzen bei Saint-Palais

Geographie und Landschaft

Seit der Französischen Revolution ist Frankreich in Verwaltungsbereiche (Departements) aufgeteilt, die 1972 größeren Regionen untergeordnet wurden. Die Landschaften zwischen der Loire-Mündung und der Gironde wurden ›am grünen Tisch‹ zur Region Poitou-Charentes zusammengefaßt. Hier leben ungefähr 1,6 Mio. Menschen auf einer Fläche von 25 000 km². Dazu kommen rund 1 Mio. Menschen in der Vendée und im Großraum Nantes, auf rund 10 000 km². Schon der Doppelname Poitou-Charentes umfaßt vier Departements: Deux-Sèvres (79), Vienne (86), Charente-Maritime (17) und Charente (16). Die Vendée (85) gehört als Departement zur Region Pays de la Loire.

Zur besseren Unterscheidung und aus Tradition werden die alten Provinznamen weiter benutzt. Die historische Provinz Poitou umfaßte das Gebiet zwischen Poitiers und dem Marais Poitevin; in etwa entsprechen der einstigen Ausdehnung der Grafschaft heute die Departements Vienne, Deux-Sèvres und Vendée. Das südlich gelegene Charente-Gebiet umfaßt die beiden Departements Charente und Charente-Maritime. Letzteres bezeichnet die Inseln Ré, Aix und Oléron, La Rochelle und das Aunis sowie das Hinterland bis Saintes, die alte Saintonge. Das Departement Charente vereinigt den größten Teil des Cognac-Gebiets auf sich und reicht hinter Angoulême bis zum Limousin. Alte Namen wie Pays de Retz, Aunis, Saintonge, Angoumois, Pays de Melle und Montmorillon bilden kleinere regionale Einheiten innerhalb der Departements, die sich auch landschaftlich deutlich voneinander unterscheiden.

Südlich von Nantes dehnt sich das flache Becken des Lac de Grand-Lieu bis zum schiefrigen Ausläufer des Armorikanischen Gebirges, zum Pays de Retz. Ehemalige Salzgärten, Polder, auf denen Kühe grasen, sind die Spuren der Zivilisation in Marais Breton und Vendéen, einer weiten Sumpflandschaft nahe der Atlantikküste, dort wo einst das Meer weit ins Land hineinreichte. In der Hügellandschaft dahinter, der idyllischen Bocage Vendéen, begrenzen Hecken und Weißdornsträucher die Weiden. Bauernhöfe, Obstwiesen und Viehweiden wechseln einander ab. Runde Kuppen mit Windmühlen rund um den Mont des Alouettes prägen die Collines Vendéennes. Nach Poitiers hin liegt die flache Senke der Gâtine.

Die Insel Noirmoutier ist sehr flach und besteht aus Polder- und Dünenlandschaft. Yeu erinnert an der Westküste an bretonische Felsbuchten, zum Festland und nach Süden erstrecken sich flache Sandstrände. Auch entlang der Festlandsküste ziehen sich von Saint-Jean-de-Monts bis nach La Tranche-sur-

Die historischen Provinzen und modernen Departemente der Region Poitou-Charentes

Mer kilometerlange Sandstrände. Dahinter wurden Mitte des 19. Jh. zum Schutz gegen Wanderdünen riesige Wälder angepflanzt. In der Bucht von Aiguillon mündet der Lay ins Meer, die Pfahlmuschel-züchter nutzen die günstigen Bedingungen in der flachen Bucht. Landeinwärts liegt der Sumpf des Marais Poitevin, den ›grüne Kathedralen‹ – dicht mit Weiden zugewachsene, kleine Kanäle – durchziehen.

Vor La Rochelle künden helle Kreidefelsen den weichen, kalkigen Untergrund an. Auf den Sandböden der Ile de Ré gedeihen Wein und Spargel, die Ile d'Oléron profi-

15

»Steckbrief«
Poitou-Charentes

● **Fläche:** Vendée und Poitou-Charentes nehmen rund 6%, das sind 35 000 km^2 der gesamten Fläche Frankreichs ein, ausgehend von Nantes im Norden über Poitiers in der Mitte bis nach Royan im Südwesten.

● **Verwaltungsgliederung:** Frankreich ist seit 1972 in Regionen gegliedert. Poitou-Charentes umfaßt vier Departements zwischen Loire- und Gironde-Mündung: Deux-Sèvres (79), Vienne (86), Charente-Maritime (17) und Charente (16). Die Vendée (85) gehört als Departement zur Region Pays de la Loire. Die Flüsse Sèvre und Charente durchfließen die Region. Ungefähr 1,6 Mio. Menschen leben in Poitou-Charentes auf einer Fläche von 25 000 km^2. Rund 1 Mio. Menschen leben in der Vendée und im Großraum Nantes auf einer Fläche von 10 000 km^2.

● Die wichtigsten **Städte:** Poitiers (80 000 Einwohner, Hauptstadt der Region Poitou-Charentes), Nantes (250 000 Einwohner, Hauptstadt der Region Pays de la Loire und des Departements Loire-Atlantique), La Rochelle (74 000 Einwohner, Hauptstadt des Departements Charente-Maritime), Niort (58 000 Einwohner, Hauptstadt des Departements Deux-Sèvres), Les Sables d'Olonne (17 000 Einwohner), Saintes (28 000 Einwohner, historische Hauptstadt der Saintonge), Angoulême (50 000 Einwohner, Hauptstadt des Departements Charente), Châtellerault (40 000 Einwohner, Hauptstadt des Departements Vienne), Rochefort (28 000 Einwohner), Royan (18 000 Einwohner)

● **Die Inseln:** Ile de Noirmoutier (9 000 Einwohner), Ile d'Yeu (5 000 Einwohner), Ile de Ré (11 500 Einwohner), Ile d'Aix (210 Einwohner), Ile d'Oléron (18 000 Einwohner)

● **Wirtschaft:** Handel (Nantes und La Rochelle besitzen wichtige Importhäfen für Rohöl, Weizen und Maschinen), Landwirtschaft (Weinbau, Sonnenblumen, Weizen, Gemüse), Tourismus (an den Stränden der Küste und auf den Inseln tummeln sich im Sommer Hunderttausende von Feriengästen), Fischfang (vielerorts an der Küste immer noch Haupterwerbsquelle, La Rochelle und Royan besitzen große Fischversteigerungshallen)

tiert von ihren ehemaligen Salzgärten, die in Austernparks, die *claires,* umgewandelt wurden. Bis ins Mündungsgebiet der Seudre hinein erstrecken sie sich heute. Bei Royan erinnern schroffe Felsbuchten und Seekiefern an Mittelmeerlandschaften; an der Gironde-Mündung hat das Meer bizarre Höhlen in das weiche Gestein der Steilfelsen gefressen.

Helle Weizen- und gelbe Sonnenblumenfelder prägen die Landschaft rund um Poitiers so weit das Auge reicht. Das Aquitanische Becken zieht sich von Niort und Angoulême hinunter bis zu den Pyrenäen. Der Name sagt es schon, das Land ist von Wasser (lat. *aqua*) durchzogen. Kleine Flüsse und Bäche schlängeln sich im Norden bei Confolens durch Weidelandschaft, nach Süden beginnt Land- und Waldwirtschaft.

Die grüne Charente fließt träge von Angoulême nach Rochefort, an ihren Ufern bedecken die Reben der Folle Blanche und Ugni Blanc für den Cognac Ebenen und Hügel. Im Osten reicht das Gebiet an die Ausläufer des Zentralmassivs.

Klima

Die Temperaturen sind mild. Von einem Ausläufer des Golfstroms profitieren vor allem die Inseln, aber auch Nantes genießt angenehme Temperaturen. Selbst auf der Wind und Wetter ausgesetzten Ile d'Yeu wachsen im Winter Mimosen.

Im Frühling überziehen gelber Ginster und wilder, blühender Fenchel das Land, die Bauern auf der Ile de Ré ernten ihren ersten Spargel und Kartoffeln. Die Weinreben für Cognac und Pineau an der Küste und im Charente-Tal brauchen Frost nicht zu fürchten: Milde Temperaturen und ein leichter Wind vom Meer sorgen auch dort für ein gemäßigtes Klima und goldene Oktober.

Von Mitte Mai bis Ende Oktober kann man im Ozean baden, die Wassertemperatur beträgt zwar nur um 16–22° C, dafür steigt das Thermometer im Sommer auf bis zu 40° C Lufttemperatur, eine Abkühlung ist deshalb nur zu willkommen. Schwere Gewitter gehen im Sommer im Landesinneren nieder, auf den Inseln sehr selten, denn die Wolken ziehen meist über sie hinweg an die Küste. Dorthin machen sich im Juli und August Hunderttausende von Parisern mit ihren Familien auf, um von einem Teil dieser wunderbar hellen 2500 Sonnenstunden im Jahr am französischen Atlantik zu profitieren. Zur Sonnenwende im Juni ist es bis 22.30 Uhr noch hell. Trockene, flirrende Hitze liegt im Sommer über den Weizenfeldern zwischen Poitiers und dem Charente-Tal, nebelverhangene Melancholie im Winter über den Flußauen und der Küste.

Flora und Fauna

An der französischen Atlantikküste überrascht nicht selten die mediterrane Pflanzenwelt, denn eigentlich ist der erstmalige Besucher auf eine typisch herbe, maritime Landschaft gefaßt. Statt dessen findet er Schirmpinien bei Royan, Mimosen und Feigenbäume auf den Inseln Noirmoutier und Oléron, Lavendel und Rosen im Landesinneren. Noch dort, wo man es zuletzt vermuten würde, wachsen Stockrosen aus Mäuerchen heraus. Genauso wie die nach Zitronen duftenden

Stockrosen gehören zu den typischen Pflanzen an der Atlantikküste

Belles de Nuit säen sie sich selbst aus, wechseln ihren Standort, ob sie pink, weiß oder dunkelrot blühen, bleibt meist dem Zufall überlassen. Knabenkraut, seltene Orchideen, bei uns schon ausgestorbene Wiesenblumen findet man auf der Ile d'Yeu, auf der Ile de Ré und an den Rändern der Weinberge in der Charente. Sie stehen unter Naturschutz! Im ›Grünen Venedig‹, dem Marais Poitevin, und an der Charente leuchten im Mai und Juni die gelben Iris, die Wasserlilien. Mannshohe Gräser in den Sümpfen sorgen im Mai für Pollenflug, Allergiker sollten sich entsprechend wappnen! Im Herbst färbt sich das Salzkraut purpurrot.

Frühaufsteher erleben seltene Vogelarten, wenn sie sich bei Sonnenaufgang in die Sümpfe oder die Salzfelder aufmachen. Allerdings reagieren die Vögel mit schrillen Schreien auf Eindringlinge. Die Salzbauern dagegen, die jeden Tag regelmäßig zur selben Uhrzeit kommen, scheinen ihnen vertraut. Die ganze Küste entlang lassen sich Zugvögel auf dem Weg nach Süden nieder oder sammeln sich an Nistplätzen. Fischreiher, Stelzenläufer, Störche und die sibirische Ringelgans finden die nötige Ruhe und Nahrung im Marais d'Yves zwischen La Rochelle und Rochefort, wo nun leider ein Autobahnteilstück durchgeführt wird, sowie auf den Inseln Ré und Oléron. Betreut werden alle Gebiete von der LPO, der Liga zum Schutz der Vögel, mit Sitz in

Rochefort in der Corderie Royale. Wiesel und Fischotter tummeln sich am liebsten in und um die Kanäle der Feuchtgebiete.

Als Anfang 2000 nach dem Unglück des Tankers Erika 30 000 Seevögel teerverschmiert an der Küste angeschwemmt wurden, hatte die LPO Großeinsatz. Knapp 4000 Vögel konnten gerettet werden.

Wirtschaft

Fischfang und Handel bestimmten jahrhundertelang das wirtschaftliche Leben in der Vendée, dem Poitou und der Charente. Beide werden heute von den Gesetzen des Weltmarktes bestimmt. Die französischen Fischer etwa verwenden weniger breite Netze als die spanischen Kollegen, deren Fang daher größer ist. Neben der Hochseefischerei wie dem Thunfischfang besteht der Ertrag kleinerer Flotten mit geringerem Aktionsradius vor allem aus Sardinen, Plattfischen und Krustentieren. Die Gefahr einer Überfischung des Meeres rief die Umweltschützer auf den Plan und bereitet längst auch der Küstenfischerei zunehmend Probleme. In den großen Fischerhäfen wie La Rochelle-La Pallice werden nicht mehr die Fänge der Einheimischen, sondern per Computer die der großen, internationalen Fischfangverbände versteigert. Dadurch wächst einerseits die Konkurrenz

für die Fischer vor Ort, andererseits floriert das Geschäft: Die Investition für den hypermodernen Hafen muß sich lohnen. Auch der Handel ist ein wichtiger Wirtschaftsfaktor. Viertwichtigster französischer Importhafen ist Nantes-Saint-Nazaire, bedeutend auch La Rochelle. Der dortige Umschlaghafen La Pallice ist der zweitgrößte französische Weizenexporthafen, die Ölkonzerne haben hier gewaltige Tanks aufgestellt. Nantes versucht den Niedergang seiner Werften durch einen Zusammenschluß mit Saint-Nazaire an der Loire-Mündung zu kompensieren; La Rochelle verschifft über La Pallice ganze Metrowaggons und Lokomotiven für Mexiko oder China.

Hergestellt werden sie bei Alsthom im Vorort Aytré. Seit 1976 läßt der Multi dort auch den Hochgeschwindigkeitszug TGV *(train à grande vitesse)* bauen. Der Eisenbahnbau brachte wichtige Arbeitsplätze, die in der Industrie und auf den Werften zuvor verlorengegangen waren. Denn der Autohersteller Peugeot und zwei weitere Firmen schlossen zu Beginn der 80er Jahre ihre Werke in La Rochelle.

Ein Schlag für die Austernzucht war der Orkan Weihnachten 1999. Die darauffolgende Sturmflut traf vor allem die Austernzüchter südlich von La Rochelle, deren Babyaustern in den Becken vernichtet wurden.

Das Hinterland der Atlantikküste ist nach wie vor von Landwirtschaft geprägt. Weizen- und Sonnenblumenfelder bestimmen die Landschaft; große Teile des Ertrages

Beim Austernsortieren auf der Ile de Ré

werden zum Verschiffen an die Küste etwa nach Les Sables d'Olonne gebracht. Auf dem Land scheint die Zeit stehengeblieben, doch die Idylle trügt: Kleinere Landwirte kämpfen ums Überleben, von den Winzern im Cognac-Gebiet bis zu den Bauern auf den Inseln oder im Norden von Angoulême. Auch die Austernzüchter von Marennes, dem immerhin größten Austernzuchtbecken Europas, können kaum großen Gewinn erwirtschaften, denn der Aufwand ist ausgesprochen hoch im Vergleich zu den niedrigen Preisen, die sie auf dem europäischen Markt erzielen.

Tourismus heißt deshalb das Zauberwort. Zu Millionen strömen die Franzosen an ihre sonnige Atlantikküste und finden dort noch Verhältnisse vor, wie sie in dem Film »Die Ferien des Monsieur Hulot« von Jacques Tati beschrieben werden. Der Reisende wird feststellen, daß in diesen vielfältigen Landschaften die traditionellen Berufszweige die Menschen nachhaltig geprägt haben und noch immer prägen. Andererseits sind Fischer, Muschel- und Austernzüchter, Salzgärtner, Cognac-Winzer, Händler und Bauern – in einem Gebiet, das dank Überseehandel und Seefahrt seit Jahrhunderten Frankreich mit der Welt verbindet – vor allem eines: weltoffen.

Daten zur Geschichte

18 000–10 000 v. Chr.	Dolmen und Menhire dienen als Grabstätten an der Küste und im Landesinneren.
seit 1000 v. Chr.	Der Stamm der Santonen siedelt sich in der Region um das heutige Saintes an.
121 v. Chr.	Die Römer erobern Südfrankreich und nennen die Provinz Gallia Narbonensis.
56–32 v. Chr.	Cäsar unterwirft ganz Gallien.
um 350	Der hl. Hilarius ist erster Bischof von Poitiers.
410–507	Nahezu ein Jahrhundert dauert die Herrschaft der Westgoten, mit Toulouse als Hauptstadt.
507	Die Franken und ihre burgundischen Verbündeten vertreiben die Westgoten aus Aquitanien. Nördlich von Poitiers, in Vouillé, schlägt Chlodwig Alarich II.
732	In einer Schlacht zwischen Tours und Poitiers besiegen die Franken unter Karl Martell die Araber.
778	Aquitanien wird fränkische Provinz.
817–838	Unter Pippin I. wird Aquitanien unabhängiges Königreich.
848	Die Normannen plündern Inseln und Städte an der Küste.
um 950	Beginn der Wallfahrten nach Santiago de Compostela. Die Via Touronensis, einer der vier großen Pilgerwege durch Frankreich, verläuft über Tours, Poitiers, Saint-Jean d'Angély, Saintes, Pons und Bordeaux. Für die Pilger werden Kirchen und Hospize gebaut.
1137	Ludwig VII. heiratet Eleonore, die ihr Herzogtum in das Königreich Frankreichs einbringt.
1152	In Beaugency wird die Ehe annulliert. Kurz darauf vermählt sich Eleonore in Poitiers mit Heinrich Plantagenet.
1154	Ihr Ehemann wird als Heinrich II. zum König von England gekrönt. Das Angevinische Großreich der beiden reicht nun von Schottland bis zu den Pyrenäen.
1214	Der letzte lebende Sohn von Eleonore und Heinrich, Johann Ohneland, verliert in der Schlacht von Bouvines gegen Philipp II. August große Teile des Angevinischen Reiches. Das Poitou fällt an die französische Krone.
1328–1453	Der Hundertjährige Krieg zwischen England und Frankreich ist die Folge jeweiliger Thron- und Gebietsansprüche.
1356	Johann der Gute verliert die Schlacht von Poitiers und wird vom Schwarzen Prinzen, von Eduard von Woodstock, gefangengenommen.

1360	Im Vertrag von Brétigny fordert Eduard von Woodstock, Sohn von Eduard III., Aquitanien, das Aunis, die Saintonge und das Angoumois. Im Gegenzug verzichtet er auf die französische Krone.
1369	In einer Zeit ohne kriegerische Feindseligkeiten gründet Herzog Jean de Berry die Universität von Poitiers.
1429	Jeanne d'Arc befreit Orléans von den Engländern, Gilles de Retz wird ihr Kampfgenosse.
1432–1453	Nach einer Schlacht bei Castillon verlassen die Engländer endgültig das Land.
1493	Mit der Entdeckung Amerikas beginnt der Überseehandel zwischen La Rochelle und den neuen Kolonien in Kanada.
um 1540	Johannes Calvin bringt die Reformation in die Saintonge, das Angoumois und an die Küste. Besonders in La Rochelle und auf der Ile d'Oléron findet die neue Glaubenslehre viele Anhänger.
1562–1598	Verheerende Religionskriege in Frankreich. Die protestantischen Hugenotten (abgeleitet von Eidgenossen) unter Admiral de Coligny kämpfen gegen die katholische Liga unter Herzog de Guise.
1569	In der Schlacht von Jarnac siegen die Katholiken
1572	Der protestantische Heinrich von Navarra heiratet in Paris Margarete von Valois. Bei der ›Bluthochzeit von Paris‹ werden Tausende von Hugenotten in der Hauptstadt und den Provinzen ermordet.
1579	In Poitiers werden die Grands Jours (Gerichtstage) abgehalten und über die Religionsfrage debattiert.
1589	Heinrich von Navarra konvertiert zum Katholizismus und wird zum König Frankreichs gekrönt.
1598	Erst durch das Edikt von Nantes, mit dem Heinrich IV. den Protestanten Religionsfreiheit und 100 Sicherheitsplätze garantiert, werden die grausamen Schlachten beendet. Der Handel der Küstenstädte mit den nordischen Staaten erlebt eine Blütezeit.
1627/28	Bei der Belagerung von La Rochelle durch Kardinal Richelieu sterben drei Viertel der Bevölkerung.
1685	Aufhebung des Edikts von Nantes durch Ludwig XIV.; die meisten Hugenotten fliehen ins Ausland.
18. Jh.	Ein erstarktes Bürgertum sorgt für die wirtschaftliche Blüte der Städte Poitiers, Niort, La Rochelle, Rochefort und Saintes. Die ersten Cognac-Handelshäuser werden gegründet.
1789	Französische Revolution

1793	Aufstand der Royalisten in der Vendée. Bauern und Adlige kämpfen unter François de Charette in der Bocage und dem Marais Vendéen gegen die Republikaner.
1794	Katholische Priester, die den Eid auf die Republik verweigern, werden ins Straflager nach Rochefort und auf die Ile Madame deportiert. Die meisten verhungern elend.
1796	General Hoche schlägt die Königstreuen, die republikanischen Truppen setzen sich durch. Charette wird in Nantes hingerichtet, d'Elbée in Noirmoutier.
1852–1870	An der Küste werden Wälder gepflanzt, um den Wanderdünen Einhalt zu gebieten. Mondäne Badeorte entstehen. Zahlreiche Eisenbahnlinien verbinden Paris mit der Atlantikküste. Die Austern- und Muschelzucht beginnt.
1940	Frankreich wird von deutschen Truppen besetzt. An der Küste läßt die Organisation Todt den Atlantikwall und Geschützbunker errichten. La Rochelle wird zum Hauptstützpunkt der deutschen U-Boot-Flotte.
1945	Nach einem alliierten Bombenangriff kapitulieren die Deutschen in Royan, die Stadt wird zu 90 % zerstört.
1966	Als erste Insel am Atlantik wird die Ile d'Oléron durch eine Brücke mit dem Festland verbunden.
1972	Präsident Georges Pompidou führt eine Gebietsreform durch. Südwestfrankreich wird in die Regionen Poitou-Charentes, Aquitaine und Midi-Pyrénées aufgeteilt. Die Vendée und Nantes werden der Region Pays de la Loire zugeordnet.
1981–1995	François Mitterrand aus Jarnac an der Charente ist französischer Staatspräsident.
1988	Die Ile de Ré wird mit dem Festland verbunden.
1990	Der Hochgeschwindigkeitszug TGV Atlantique verbindet Paris mit Poitiers und La Rochelle in drei Stunden.
1995	Jacques Chirac wird zum Staatspräsidenten gewählt.
1999	Vor der Südbretagne bricht Anfang Dezember der Öltanker Erika auseinander, Ölteppiche verpesten teilweise auch die Strände der Vendée; Tausende von Freiwilligen helfen bei der Reinigung. Während eines Jahrhundertorkans an Weihnachten werden zahllose Bäume in der Charente Maritime entwurzelt; eine riesige Sturmflut überrollt die Küste zwischen La Rochelle und Bordeaux.
2000	Obwohl die meisten Strände zum Saisonbeginn gesäubert sind, bleiben ca. 20 % der Feriengäste aus. Anfang Juli wird damit begonnen, die verbliebenen ca. 12 000 Tonnen Öl aus dem Wrack der Erika abzupumpen.

Kunst und Kultur

Architektur – Romanik und Plantagenet-Stil, Festungen und Fischerhäuser

Literatur

Film

Aus Küche und Keller

Auf der Ile de Noirmoutier

Architektur

Romanik

Bei einer Reise durch die Region Poitou-Charentes entdeckt man einen fast unerschöpflichen Reichtum an Stilen und Baumaterialien: Massige Bergfriede aus hellem Sandstein, Fachwerkhäuser, bürgerliche Stadtpalais des 18. Jh. aus grauem Muschelkalk, von hohen Mauern umgebene Charenteser Bauernhöfe aus Bruchsteinen, graue Festungsanlagen an der Küste. Besonders eindrucksvoll im Südwesten, in der Saintonge, sind die über 200 **romanischen Kirchen,** oftmals Stationen der Jakobspilger auf der Via Touronensis von Tours über Poitiers und Saintes nach Spanien. Während der Religionskriege wurde südlich der Loire eine Vielzahl der Kirchen zerstört, im Südwesten aber bewahrte wohl die einstige friedliche Koexistenz von Hugenotten und Katholiken viele Gotteshäuser vor radikaler Zerstörung.

Auffallend sind die ungeheuer dichten, fantasievollen Verzierungen an Fassaden, Kapitellen und Portalen. Den Skulpturen der meist in zwei Geschosse aufgeteilten Fassade lasen die Gläubigen die biblische Geschichte, den Kampf des Bösen gegen das Gute, der Lasterhaftigkeit gegen die Tugend ab.

Der **plastische Schmuck** vieler Saintongeaiser Kirchen legt die Vermutung nahe, daß die Steinmetze Affen, Elefanten, Krokodile und Monster den Erzählungen der Pilger oder der Kreuzzügler nachempfunden haben – Pranken, Schnäbel, Schwänze passen nicht immer zur Tierart. Einfache Gläubige wird die ausdrucksstarke Plastik tief beeindruckt haben: Der bewegte Faltenwurf der Gewänder an den Statuen, Gefühlsregungen in den Gesichtern, statt rhythmischer Bänder auch Fortsetzungsgeschichten, wie man sie an der Fassade der Kirche Saint-Nazaire in Corme-Royal sieht. Anregungen für abstrakte Motive sollen sich die Kirchengestalter auch in der irischen Ornamentik geholt haben; schon im 7. Jh. waren irische Pilgermönche ins Poitou gekommen. Die Fassaden, die großen Bildwände werden wie an Notre-Dame-la-Grande in Poitiers aufgebrochen, ja dreidimensional.

Am **Portal** wird meist nicht das Tympanon, das bogenförmige Feld, skulptural gestaltet, sondern die Archivolten, die rahmenden Bogenläufe. Plastisch sind sie so reich verziert, daß sie an die Kunstfertigkeit von Goldschmieden und Elfenbeinschnitzern erinnern. Die räumliche Tiefe des Eingangs übt eine starke Anziehungskraft aus. Neben der äußerlichen Pracht bleibt der Gedanke, die Pilger und Gläubigen zu belehren, ihnen Gottes Wort bildhaft nahezubringen, sie anzuregen, ihren eigenen Platz im Weltenlauf zu definieren. Betroffenheit, Angst, aber dann die Erlösung vor dem Weltengericht und Christi

Archivolten am Portal der
Abbaye aux Dames in Saintes

Himmelfahrt öffnen dem Betrach-
ter das Portal, das Tor zum Glauben.

Das Innere einer romanischen
Kirche steht in starkem Kontrast zu
der aufwühlenden Fassade. Medi-
tatives Halbdunkel besänftigt den
Gläubigen, denn die Seitenschiffe
sind nahezu gleich hoch wie das
Tonnengewölbe des Mittelschiffs,
so daß kein durchfensterter Ober-
gaden entsteht wie bei der Basilika.
Auch unter der Kuppelfolge aquita-
nisch beeinflußter Saalkirchen dehnt
sich das Innere zu schlichter Größe. An den **Kapitellen** aber findet

die Skulptur ihre Fortsetzung: Bänder, Friese, einander umschlingen-
de Menschen und Monster, florale
Formen – der leibhaftige Dämon
scheint mitunter die Gläubigen zu
verlachen. Böse Mächte spielen
mit dem Schicksal der Menschheit.
Das Gute in Gestalt etwa von Rit-
tern wie in Sainte-Radegonde in
Talmont, die vor Drachen beschüt-
zen, sie töten, wird polarisierend
dagegengesetzt. Auch Gleichnis-
sen oder Prophezeiungen aus der
Bibel wird Gestalt verliehen.

Selten findet man in der Saintonge **Fresken und Wandmale-
reien.** In Saint-Savin-sur-Gartempe
jedoch birgt die ehemalige Abteikirche Saint-Savin den größten Zy-
klus romanischer Wandmalerei
Frankreichs. Die Kirche ist mit ei-

ner nahezu durchgängigen Halbtonne eingewölbt, ohne Gurtbogen im Mittelschiff. So bot sich eine große, glatte Fläche als Bildträger. Wie in einem Comic werden die Schöpfungsgeschichte, Noahs Leben, der Zug des Volkes Israel durch das Rote Meer, der Turmbau zu Babel und Szenen aus dem Leben von Abraham und Joseph ›aufgerollt‹. Besonders schön ist die Darstellung, wie Noah zwei Vögel und ein Lamm opfert und einen Weinstock pflanzt.

Viele der schlichten romanischen Hallenkirchen mußten auch große Pilgerströme aufnehmen können. Seit der ›Entdeckung‹ des Jakobusgrabes in Spanien im frühen Mittelalter wallfahrten Pilger über die Via Touronensis, von Saint-Denis bei Paris über Tours, Poitiers, Saintes und die Pyrenäen nach Santiago de Compostela. In Pons in der Haute-Saintonge ist noch eines der Hospize erhalten, in denen einst kranke Pilger gepflegt wurden. Entlang der **Pilgerroute** spiegelt auch die Bauweise der Kirchen die Bedeutung der Jakobswallfahrt wider. Saint-Eutrope in Saintes ist als Doppelkirche angelegt, die Krypta in ihren Ausmaßen so geräumig wie das Kirchenschiff darüber. So störten Pilger nicht die Messe. Strahlenförmig gehen die Kapellen, Radialkapellen genannt, vom Chor mit Umgang ab. Vor den Altären in den Kapellen defilierten die Pilger, während die Messe im Hauptschiff zelebriert wurde.

Der Plantagenet-Stil

Der gotische Stil setzte sich im Südwesten nicht annähernd so weitgehend durch wie in der Ile de France. Eine Verschmelzung gotischer Stilelemente mit poitevinischer Bautradition erlebte ihren Höhepunkt im frühen 13. Jh. Heinrich Plantagenet, Graf von Anjou, hatte 1162 zusammen mit seiner Frau Eleonore die Kathedrale von Poitiers gestiftet. Angevinische Gewölbe und eine große poitevinische Halle zeugen von dem selbstbewußten Umgang mit neuer und bewährter Architektur.

Auch profane Bauten wie den großen Gerichtssaal im ehemaligen Grafenpalast von Poitiers prägte der neue Stil. Der gotische Flamboyant-Stil dagegen war zur Verzierung von Türmen und Portalen sehr beliebt. Beispiele für die Renaissancekunst finden sich im Westen Frankreichs eher selten und hauptsächlich in den Städten: Heinrich IV. schenkte La Rochelle ein prächtiges Rathaus, in Saint-Martin auf der Ile de Ré entzückt das Hôtel de Clerjotte.

Verteidigungsarchitektur an der Küste

Dem Bau des Marinearsenals in Rochefort ist es geschuldet, daß die Inseln und Küstenstädte der Charente-Maritime im 17. Jh. so massive Befestigungsanlagen bekamen. Um die Trichtermündung der Cha-

Das Fort Boyard wurde mitten im Meer
errichtet

rente herum schlossen diese einen
Schutzwall gegen Angriffe von See.

Sébastien le Prestre de Vauban
(1633–1707), Festungsbaumeister
unter Ludwig XIV., ließ die vorhandenen Festungsanlagen aus dem
16. und 17. Jh. zu modernen, militärischen Verteidigungsplätzen ausbauen. Charakteristisch ist die
sternförmige Ummantelung der Zitadellen; an ihren Ecken befinden
sich jeweils Bastionen, auf deren
Plattformen die Kanonen aufgestellt wurden. Die Festungen selbst
wurden mit einem tiefen Graben
umgeben. Dem monumentalen,
trutzigen Aussehen der Anlagen
ließ Vauban mit repräsentativen
Toren im klassizistischen Stil königliche Pracht verleihen.

Napoleon I. verstärkte diesen
Schutzschild an der Küste mit den
Festungen Enet bei Fouras, Liédot
auf der Ile d'Aix und dem Fort Boyard im Meer. Napoleon glaubte,
damit den Zugang zur Charente
definitiv abschirmen zu können.
Ein 68 m langes, 31 m breites und
28 m hohes Oval aus hellbraunem
Sandstein steht seither weithin
sichtbar in der Meerenge. Allerdings wurde von dort nie ein Kanonenschuß abgegeben.

Die einfachen Fischerhäuser

Mittlerweise sind sie, dank der
Nähe zum Meer, ein Vermögen
wert. In der Charente-Maritime
sind die Fischerhäuschen sehr einfach, nicht unterkellert und nur
ebenerdig, dicht aneinandergebaut
zum Schutz gegen den Wind. Häufig wurden sie mit Treibholz von
gestrandeten Schiffen ausgetäfelt,
die Zimmer pastellfarben gestrichen, die Fensterläden in den Farben der Fischerboote bunt bemalt.

Typisch für die Küste sind die niedrigen
Fischerhäuser – hier auf der Ile d'Aix

Literatur

Der schwarze Teerstreifen am
Haussockel dient genauso wie
beim Schiffsrumpf dazu, Nässe
abzuhalten. Nur selten hatten die
Fischer am Haus einen Garten.
Meist lagen die Gemüsegärten außerhalb des eigentlichen Dorf-
kerns.

In Marais Breton und Marais
Poitevin fallen die reetgedeckten
bourrines auf. In diesen niedrigen
Katen lebten die Bauern mit ihrem
Vieh unter einem Dach.

Die Region Poitou-Charentes und
die Vendée beschrieben Schriftsteller von François Rabelais über
Honoré de Balzac bis zu Georges
Simenon als eine Landschaft der
Nuancen, sanft und zwischen zwei
Kulturen gelegen, zwischen der
keltischen Bretagne und Aquitanien.

François Rabelais (1494–1553)
lebte sechs Jahre im Poitou als
Mönch in Fontenay-le-Comte und
Maillezais im Marais Poitevin sowie als Student im lebhaften Poitiers. In der Benediktiner-Abtei Li-

anderer einen riesigen Zahn. Auf wundersame Weise ›säte‹ die Fee die Städte Melle, La Rochelle, Saintes… Raymondin plagte die Neugier und Eifersucht, er brach sein Gelübde und schaute seiner Ehefrau durch ein Astloch in der Wand beim Baden zu. Vor seinen Augen verwandelte sich Melusine in ein Fischweib, das den Verrat bemerkt und zum Fenster hinausfliegt.

In der Renaissance stieg Angoulême, ähnlich wie Poitiers, zu einem bedeutenden Zentrum der Literatur auf. Das schöngeistige Geschwisterpaar Franz I. (1494–1547) und Margarete von Angoulême (1492–1549) zog Künstler und Dichter in die Stadt. Die mehrsprachige Margarete galt als eine der gebildetsten Frauen ihrer Zeit, sie selbst schrieb die dem Dekamerone verwandte Novellensammlung »Heptameron«.

gugé im Süden von Poitiers schrieb er in seinem kleinen Turmkämmerchen an dem Abenteuerroman »Gargantua und Pantagruel«. Dessen Held Pantagruel entsprang der Familie einer wunderschönen Sagengestalt, der Fee Melusine, die sich mit dem Neffen des Grafen von Poitiers, Raymondin, verheiratet hatte. Und zwar unter der Bedingung, daß er ihr nie beim samstäglichen Bade zuschauen dürfe, sie ihn aber zu einem der reichsten Edelmänner des Königreiches machen würde. Die zauberhafte Melusine schenkte neun merkwürdig verunstalteten Söhnen das Leben. Der eine hatte nur ein Auge, ein

Jean Calvin (1509–1564) suchte 1533 bei seinem Freund Louis du Tillet in Angoulême Zuflucht. Drei Jahre lang arbeitete er an seinem wichtigsten Werk »Institutio Religionis Christianae«, in dem er seinen Beitrag zur reformatorischen Theologie, die stark rational bestimmte Prädestinationslehre, darlegt: Die menschliche Freiheit seien der Allwissenheit und Allmacht Gottes untergeordnet, nur Taufe und Kommunion als Sakramente zugelassen. Erstmals wird die französische Sprache in der Wissenschaft verwendet. Knapp, klar und mit leidenschaftlichem Ernst bringt Calvin seine Argumente vor. Sein Werk wurde zensiert, öffentlich verbrannt und wurde trotzdem zum Bestseller. Neben der Bibel gehörte es zu den meistgelesenen Büchern im Frankreich des 16. Jh.

Auch Honoré de Balzac (1799–1850) war zu Gast in der Stadt über dem Charente-Tal. Er war unsterblich in die Gattin seines Gastgebers, des Direktors der Staatlichen Pulvermühle von Angoulême, verliebt. Zulma Carraud erwiderte diese leidenschaftliche Liebe nicht. Trotzdem war Balzac in dieser Zeit sehr produktiv. Er beendete seinen »Louis Lambert«. Mit detailgenauen Ortskenntnissen beschreibt er das Leben in der französischen Provinz in seinem Roman »Verlorene Illusionen«. Zentrales Thema ist darin die Papierindustrie in der Stadt am Fluß und die soziale Kluft zwischen der Unterstadt L'Houmeau und der Oberstadt: »Droben der Adel und die Macht, drunter der Handel und das Geld, zwei soziale Zonen, die auf allen Gebieten einander feindlich sind«. Auch in »Glanz und Elend der Kurtisanen« läßt Balzac Erlebnisse aus Angoulême einfließen.

Nur auf der Durchreise befand sich im Jahr 1838 Prosper Mérimée (1803–1870). Auch er war von den Frauen hingerissen, in den »Memoiren eines Touristen«, dem Tagebuch, das er während seiner Reisen in Frankreich als Inspektor für Denkmalpflege führte, schreibt er schwärmerisch über die wunderschönen Augenbrauen der Da-

men in Angoulême: »Das ist wirklich der Bogen aus Ebenholz, von dem in ›Tausendundeine Nacht‹ erzählt wird.«

Der in der Saintonge, in Rochefort, geborene Pierre Loti war der Weltenbummler schlechthin und einer der wichtigsten Vertreter des Exotismus in Frankreich. Fast alle seine Bücher – wie »Nach Isfahan« oder »Sahara« – sind Reisebeschreibungen ferner Länder. Lediglich in seinen Kindheitserinnerungen »Roman d'un Enfant« schildert der Marinekapitän seine Heimat, in der er bis zum Alter von 16 Jahren »wie eine Treibhauspflanze gehegt und gepflegt und vor allen schädlichen Einflüssen sorgfältig bewahrt« wurde (s. S. 150f.).

Der Schriftsteller, der die meisten Romane in der Region angesiedelt hat, war Georges Simenon – ausgerechnet ein Belgier. Simenon verbrachte rund 13 Jahre, von 1932 bis 1945, an der Atlantikküste, mal wohnte er im Hotel de France in La Rochelle, mal im Schloß La Terre Neuve in der Vendée oder in einem Haus. 1938 bezog der unstete Globetrotter und Freizeitkapitän mit seiner Frau Tigy ein Häuschen bei Nieul-sur-Mer. In der Biographie von Stanley B. Eskin heißt es: »Begeistert schlüpfte er wieder in die Rolle des Gentleman-Bauern, der sich um Ernte, Gärten und Viehbestände kümmert, ausreitet, mit den Nachbarn über landwirtschaftliche Probleme redet und mit Fischern, Austernzüchtern und Muschelsammlern auf gutem Fuße steht.« Genauso erinnern sich auch die wenigen Zeitzeugen an den prominenten Herrn in Marsilly. 1939 lud Simenon einmal André Gide zu sich nach Nieul-sur-Mer an den Atlantik ein. Er schreibt: »Ich wage nicht, Sie hierher einzuladen. Aber trotzdem, wenn Sie eines Tages Lust auf Winde vom Ozean, große Kaminfeuer, verschlissenes Dekor hätten und darauf, ungehobelte Menschen am Werk zu sehen, *des laboureurs de mer*, die die Muschelfelder im Ozean beackern, dann geben Sie mir Bescheid. Sie wissen, daß ich sehr glücklich darüber wäre.«

In der Muschelhochburg Aiguillon-sur-Mer wohnt er im Hôtel du Port und arbeitet an »Die Wahrheit über Bébé Donge« (1940). »Das Haus des Richters« (1942) steht noch heute grau und trist wie damals in dem Fischerdörfchen. Auch wenn Simenon die kleinen Orte in der Bucht von Aiguillon nicht detailgenau beschreibt – mit einem erstaunlichen Gefühl für den Lebensrhythmus der Bewohner trifft er exakt ihre Stimmung, und beim Lesen seines Romans »Le coup de vague« (1939) kann man sich bildhaft die Szenerie um das Café de la Poste vorstellen, in dem die Männer eine Partie Belote spielen.

In La Rochelle saß Simenon mit Vorliebe im Café de la Paix. Die bürgerliche Seele der Stadt fängt er gestochen scharf in dem Roman »Die Flucht der Flamen« (1947) ein, der auf einer wahren Begebenheit basiert, denn während des Krieges war der Schriftsteller Kommissar für belgische Flüchtlinge in La Rochelle.

In »Die schielende Marie« (1951) hat er Fouras ein Denkmal gesetzt, und in Les Sables d'Olonne ließ er Kommissar Maigret seinen Urlaub verbringen. »Maigret macht Ferien« (1947), indem er hier einen Mordfall löst, während Madame Maigret nach einer Blinddarmoperation im Krankenhaus liegt.

Der Sanftheit der Charentaiser Landschaft und der Stadt Angoulême in der Mitte des 19. Jh. widmet Françoise Sagan (geb. 1935) ihren Roman »Stehendes Gewitter« (1983). Eingebettet in eine Liebesgeschichte erzählt die Schriftstellerin en passant vom Leben in einer französischen Provinz. Der Held des Romans schwärmt vom Land zu Füßen Angoulêmes: »Unwillkürlich blieb ich stehen, betrachtete das Tal. Bedeckt mit blau-, gelb- oder weißschimmernden, silbernen, funkelnden Tautropfen, erschien mir dieses Land wie ein riesiger, nicht eßbarer und herrlicher Kuchen«.

Film

Seitdem der Fischereihafen vom Bassin des Chalutiers an die Pointe de Chef de Baie bei La Pallice verlegt wurde, hat sich auch die Gegend im traditionellen Hafen- und

Matrosenviertel von La Rochelle verändert. Weltruhm erlangten die U-Boot-Hangare und der Boulevard de la Soif, die Straße der Dirnen, in dem Hollywood-Film »Das Boot« (1981) unter der Regie von Wolfgang Petersen. Die Rochelaiser erinnern sich noch gut an die Dreharbeiten Anfang der 1980er Jahre, manche von ihnen waren Statisten: Groß und blond mußten die Männer für die Geschichte um die letzte Fahrt eines deutschen U-Boots im Zweiten Weltkrieg sein.

Seit den 30er Jahren hat man Filme an der Küste, vornehmlich in La Rochelle und auf der Ile de Ré gedreht. Claude Sautet filmte 1969 für »Die Dinge des Lebens« mit Romy Schneider und Michel Piccoli auf einer kleinen Landstraße bei Sainte-Marie auf der Ile de Ré den tödlichen Autounfall der Hauptfigur. 1982 verläßt Philippe Noiret in »Stern des Nordens« nach dem Roman »Der Untermieter« (1933) von Simenon unter den Augen von Simone Signoret den Hafen von Saint-Martin Richtung Straflager in Cayenne. Den größten Rummel aber verursachten 1961 die Dreharbeiten zu dem Film »Der längste Tag«. Regisseur Darryl Zanuck brachte die Insulaner dazu, ihre weißen Häuser mit aufgemaltem normannischen Fachwerk zu versehen. In den Geschützbunkern und am Strand La Conche wurde die Alliierten-Landung am 6. Juni 1944 in der Normandie nachgestellt.

Aus Küche und Keller – Kulinarische Streifzüge

An der Küste zwischen Nantes und Royan werden **Muscheln** auf vielerlei raffinierte, aber auch einfache Art zubereitet. Das Angebot beim Fischhändler oder Austernzüchter ist frisch und reichhaltig, Pfahlmuscheln kauft man nach Litern, das entspricht einem Kilogramm, Austern im Dutzend. Die Wahl von Fisch, Krustentieren und Austern in der *criée,* der Versteigerungshalle, ist meist Chefsache. Charron gilt als beste Adresse für *moules de bouchot* (Pfahlmuscheln), in Aiguillon-sur-Mer, der Hochburg der Muschelzüchter, wird dazu eine köstliche Soße aus Weißwein, Sahne, Nelken und Lorbeer geköchelt. Die *mouclade* ist das Regionalgericht der Charente par excellence und Stolz jeder Hausfrau, vor allem, wenn Monsieur die *moules* selbst gepflückt hat. In einer safrangelben, mit Schnittlauch und Curry gewürzten Ei-Sahnesoße aus Muschelsud, Schalotten und Weißwein türmen sich die halben Schalen der Miesmuscheln. Die Soße tropft von den Fingern – es hilft nichts, die Schalen müssen mit der Hand herausgefischt werden. Silberne Schälchen mit kühlem Wasser und Zitrone werden automatisch im Restaurant bereitgestellt. Eine rustikale *eclade* bekommt man seltener zu essen, denn die Muscheln im Pinienna-

Pikantes Muschelgericht: Mouclade

delbett werden über dem offenen Feuer im Restaurant gegart und nehmen – nicht nur sie – einen harzig-rauchigen Geschmack an. *Moules marinières* sind der Klassiker unter den Rezepten, im heißen Sud aus Zwiebeln, Kräutern und Weißwein schmecken sie besonders an kühlen Tagen. Auch *Moules frites* (Miesmuscheln mit Pommes) sind ein weit verbreitetes, köstliches Gericht.

Eine eben geöffnete, frische **Auster** kann kaum verbessert werden. Etwas Zitrone und ein Butterbrot, dazu ein Schluck trockener Weißwein aus dem Haut-Poitou, ein Muscadet de Sèvre et Maine oder ein kleiner Inselwein von der Ile de Ré, der Geschmack des Meeres kann in einer einzigen Auster liegen. Pikanter schmeckt sie mit einer Vinaigrettesoße und feingeschnittenen Zwiebelchen oder auch zu einer scharfen *merguez,* einem gegrillten Würstchen aus grobem Schweinemett. Auf Dorffesten gibt es häufig auch *huîtres chaudes,* in der Schale gegrillte Austern.

Im allgemeinen lebt die Küche im Poitou, der Vendée und den beiden Departements an der Charente mit dem Vorurteil, es gäbe nichts weiter als *plateau de fruits de mer* (Meeresfrüchteplatte), Muscheln, Austern oder Fisch zu essen, allenfalls mit Cognac und Wein verfeinert. Tatsächlich werden Meeresfrüchte und Fisch an der Küste in allen Variationen, von raffiniert-leicht bis deftig, zubereitet. Billig sind Neptuns Schätze trotzdem nicht. Deshalb wird in vielen Familien selber gefischt und gesammelt. Als Beilage haben sich neben Reis oder Salzkartoffeln von den Inseln übrigens hausgemachte Nudeln etabliert.

In den alten Provinzen Aunis, Angoumois, Saintonge und Poitou lassen sich überdies aber auch typische, bisweilen skurrile Speisen entdecken, die dem mitteleuropäischen und auch französischen Gaumen fremd geblieben sind. Eine Küche der Armen, die heute in Verbindung mit dem, was die Küste bietet, üppiger geworden ist. Ein traditionelles Gericht ist das *farci poitevin,* eine Art Krautwickel mit

Immer frisch: Meeresfrüchte

allerlei Gemüse, Kartoffeln, Eiern und Entenspeck oder die *monjhettes,* weiße Bohnen aus dem Marais Poitevin.

Zum Aperitif offeriert man meist einen Pineau, schön kühl und eher trocken muß er sein (s. S. 203). Man kann ihn pur oder in einer Charentaiser Melone genießen. Auch ein Glas Rosé, ein Fief Vendéen Richelieu von der Küste nördlich von Les Sables d'Olonne vielleicht, paßt hervorragend als Auftakt. Als Entrée schmeckt ein Hummer *(homard)* von der Ile d'Yeu im nördlichen Teil der Vendée natürlich besonders frisch. *Cuisses de grenouille* (Froschschenkel) sind eine ohne moralische Bedenken gern gegessene Spezialität in der Bocage. Gänse gehören zum vertrauten Federvieh, *foie gras* (Gänseleber) mit Zwiebel-

konfitüre findet man im Nordwesten der Vendée. *Jambon fumé,* geräucherter Schinken, schmeckt köstlich im Hinterland der Bocage. Schnecken heißen im Marais Poitevin *lumas* und werden in einer Sauce aus Rotwein und Speck serviert, an der Charente aber köcheln die *cagouilles* in einer Gemüsebrühe und werden anschließend mit Schinkenstreifen und einem *bouquet garni* gebraten. Eine einfache *éperlure* aus fritierten Fischchen schmeckt am besten direkt am Meer, die Fischsuppe wird angereichert mit in Knoblauch und Petersilie gerösteten Brotwürfelchen, hausgemachter *rouille* (scharfe Mayonnaise), Reibkäse und Crème fraîche. Gegrillte Sardinen stehen auf nahezu jeder Speisekarte an der Küste.

Als *plat principal,* als Hauptgericht, ist Aalfrikassee beliebt. Der wendige Fisch wird in den Kanälen der Marais Salants und auch in der Vie, dem Flüßchen nahe Saint-Gilles-Croix-de-Vie, geangelt. Mit Ehrfurcht in der Stimme sprechen die Menschen vom Seebarsch *(bar),* der zu den teuersten und beliebtesten Fischen an der französischen Atlantikküste zählt. Knusprig gegrillte *rougets* (Rotbarben), mit Anchovis-Butter sind ein Genuß, Thunfisch *(thon)* wird munter ganz deftig gebraten – in der Gegend von Nantes, wo Kohl angebaut wird, kann auch gerne *choux* als Beilage fungieren. Rindfleisch wandert meist als Ragout in die Töpfe, die *daube des Charentes* ist ein typisches Gericht, das früher stundenlang in einem Kessel im offenen Kamin vor sich hin schmurgelte, mit einem kräftigen Schuß Cognac ›angeheitert‹. Curé Nantais (Nantaiser Priester) und Chabichou heißen die Ziegenkäse aus der Gegend von Nantes und dem Poitou. Sie sorgen für eine milde Zäsur vor dem Nachtisch. Eine *crème brûlée* mit Angelikawurz im Gebiet des Marais Poitevin oder auch nach einem deftigen Menü eine *tourte au fromage,* der schwarz verbrannte Käsekuchen. An der Küste ißt man mit Vorliebe Beeren oder *fromage blanc* (Quark) zu einer Galette, einem mürben Butterkuchen.

Besonders köstlich schmeckt zum Essen ein dunkelgebackenes Landbrot mit gesalzener Butter aus Surgères, der Charentaiser Milchstube. Am besten zu Fisch passen die Inselweine oder trockene Lagen aus dem Haut-Poitou. Der Muscadet de Sèvre et Maine und der Muscadet de Sèvre kommen aus der Gegend von Clisson südlich von Nantes und schmecken leicht spritzig. Sie sind etwas fruchtiger im Geschmack als der leichte, helle Gros Plant, der aus der weißen Folle blanche gekeltert wird. Als Abschluß krönt ein wohlriechender, alter Cognac das Menü.

UNTERWEGS

AN DER FRANZÖSISCHEN ATLANTIKKÜSTE

Vendée
Poitou
Charente-Maritime
Entlang der Charente

Vendée

In Saint-Gilles-Croix-de-Vie

Nantes und seine prächtigen Bürgerhäuser • Im Land von König Blaubart • An der Mündung der Loire • Ausflug in die Sommerfrische nach Pornic • Zum sagenumwobenen Lac de Grand-Lieu • Kanäle und Marschwiesen im Marais Breton • Historienspektakel am Puy du Fou • Bei Ebbe auf einer Wattstraße zur Ile de Noirmoutier • Inseltour auf der Ile d'Yeu • Zeugen der Vergangenheit: Menhire und Dolmen • Wo die Sardine in die Dose kommt • Bei den Fischern in Saint-Gilles-Croix-de-Vie • Vom Badeort Les Sables d'Olonne durch duftende Pinienwälder entlang dem Atlantik

Nantes

Wenn es in Nantes nicht regnet, dann weht zumindest ein belebender Wind vom Meer. Scheint die Sonne, fängt die graue Stadt an zu strahlen. Der Atlantik ist 50 km entfernt, am ehemals betriebsamen Hafen stehen zum großen Teil leere Lagerhallen, da heute Saint-Nazaire seine Rolle übernommen hat. Die Hauptstadt der Region Pays de la Loire mit ihren 250 000 Einwohnern ist eigentlich eine Insel zwischen der herben Bretagne und den lieblichen Landschaften der Charente.

Der Surrealist André Breton charakterisierte Nantes in seinem Roman »Nadja« als »die einzige Stadt in Frankreich neben Paris, in der ich den Eindruck habe, daß mir etwas Lohnendes begegnen kann«,

und der Schriftsteller Julien Gracq, in Nantes aufgewachsen, bezeichnete sie sogar als die am wenigsten provinzielle Großstadt neben Lyon und Straßburg.

Stadtgeschichte

Die erste Siedlung am Zusammenfluß von Loire, Erdre und Sèvre Nantaise wurde von dem keltischen Volksstamm der Namneten begründet, der der Stadt ihren Namen gab. Im 4. Jh. befestigten die Römer den kleinen Hafen. Der Ort war günstig gewählt, lag er doch am Übergang der Fluß- zur Meeresströmung.

Brandschatzend zogen die Normannen im 9. Jh. den Fluß herauf und wurden erst 100 Jahre später von dem bretonischen König Barbe-Torte vertrieben. Bis 1491 dauerte die bretonische Herrschaft, bis Anne de Bretagne sich mit dem König Frankreichs, Karl VIII., vermählte und Nantes Frankreich ›schenkte‹. 1598 erließ Heinrich IV. im Château des Ducs de Bretagne das Edikt von Nantes und sicherte den Hugenotten Religionsfreiheit zu.

Zwischen dem 16. und 18. Jh. gelangen die Reeder und Kaufleute zu sagenhaftem Reichtum. Ihr Wohlstand speiste sich aus dem

schwunghaften Dreieckshandel mit afrikanischen Sklaven für die Antillen. Dort erwarben die Reeder aus dem Verkaufserlös der Sklaven das in Europa begehrte Zuckerrohr. Täglich steuerten unzählige Segelschiffe mit Tabak, Baumwolle und Kaffee den Hafen an der Rue de la Fosse an. Der Reichtum spiegelt sich in der ständigen Vergrößerung der Stadt. Aus zahlreichen Bränden im Mittelalter klug geworden, baute man im 18. Jh. mit Stein und verzierte die prächtigen Bürgerhäuser mit fantasievollen Masken und Skulpturen aus Muschelkalk.

Nantes

Während der Französischen Revolution wurde der Sklavenhandel mit Übersee zunächst abgeschafft, so daß auch der Nachschub von den Antillen ausblieb. In schrecklicher Erinnerung blieb diese Epoche aber vor allem, weil 3000 ›Feinde der Revolution‹ unter der Terrorherrschaft von Jean-Baptiste Carrier in der Loire ertränkt wurden. Anstatt die Gefangenen zu guillotinieren, schickte er sie zum ›Baden‹ in den Fluß. 1794 wurde Carrier selbst in Nantes auf der Guillotine hingerichtet.

Geschwächt von der Kontinentalsperre unter Napoleon, erlebte die Stadt den Niedergang ihres Handels, der Fluß versandete, seine Seitenarme wurden zugeschüttet und überbaut. Wo einst die weißen Segel vor der reichen Kulisse der Stadthäuser auftauchten, fahren nun Autos. In der Stadtmitte, in der die Erdre in die Loire fließt, passiert man heute den Cours des 50 Otages. Die Ile Feydeau wird nicht mehr malerisch von der Loire umflossen, der Cours Franklin Roosevelt wurde in das ehemalige Flußbett einbetoniert.

Die ›Allee der 50 Geiseln‹ erinnert an die Hinrichtung von 50 Franzosen am 22. Oktober 1941 während der deutschen Besatzung im Zweiten Weltkrieg, die Vergeltungsmaßnahme für den Mord eines Widerstandskämpfers an einem deutschen Feldmarschall. 1943 wurde die Stadt bei einem Luftangriff erheblich zerstört.

Stadtrundgang

Drei mächtige Türme umgeben das trutzige **Château des Ducs de Bretagne,** mit dessen Bau Herzog Franz II. 1466 begann. Seine Tochter Anne de Bretagne wurde 1477 in der Tour Neuve, Teil des ersten Schlosses aus dem 12. Jh., geboren. Fast 40 Jahre vor ihrer Geburt war hier Gilles de Retz, der Frauen- und Kindermörder, eingekerkert (s. S. 54) gewesen. Die Überreste des Turms findet der Besucher im Schloßhof. Anne baute das Schloß weiter aus und heiratete gleich zweimal einen französischen König: 1491 Karl VIII., 1499 Ludwig XII. Durch diese politischen Heiraten fiel die Bretagne an Frankreich; Franz I. besiegelte 1532 das Ende der bretonischen Unabhängigkeit.

Das Schloß aus grauem bretonischen Granit, einst im Süden und Osten von der Loire umflossen, bot ein eindrucksvolles Bild und diente hier im Osten der Stadt der Einschüchterung etwaiger Feinde. Der Grand Logis, der große Wohntrakt des Schlosses, trägt zum Innenhof hin die Wappen von Anne und Ludwig XII.: Windhund und Stachelschwein. Der zierliche, gedrechselte Flamboyant-Stil des Gebäudes weist bereits erste Merkmale der italienischen Frührenaissance auf. Das **Musée des Salorges** ist im ersten Stock des Bâtiment du Harnachement, einem Armeemagazin aus dem 18. Jh., eingezogen. Heute kann man darin die Sammlung zweier Nantaiser Konservenfabrikanten zur Handels- und Industriegeschichte bewundern. Ein bunter Fächer aus Etiketten, Werbeplakaten, Schiffsmodellen, Illustrationen zur Kattun-Herstellung und zum Sklavenhandel tut sich auf. Das **Musée d'Art Populaire Regional** zeigt Trachten, Mobiliar, Schmiedewaren, Keramik und anderes Kunsthandwerk aus Nantes und der benachbarten Bretagne (Schloß und Museen 10–12 und 14–18 Uhr, Di und an Feiertagen geschl., letzte Führung um 16.15 Uhr).

Zur **Kathedrale Saint-Pierre** ist es nicht weit über die Allee Cours Saint-Pierre. Als die Normannen mordend in die Stadt einfielen, schnitten sie dem damaligen Bischof die Kehle durch und zerstörten das Gotteshaus. Auch von der romanischen Kirche zeugt nur noch die Krypta unter dem Chor, der gotische Bau von 1434 war bereits der dritte an dieser Stelle. Bis 1892 sollte seine Vollendung dauern, Bauteile wie der romanische Chor und der gotische Glockenturm wurden dafür abgerissen. Im Zweiten Weltkrieg bombardiert und 1972 bei einem Brand stark beschädigt, ist die Kirche, so wie man sie heute sieht, das Ergebnis einer perfekten Restaurierung. Sehenswert im lichten Innenraum ist das marmorne Grabmal in der Vierung: Allegorische Figuren, die vier Tugenden darstellen, bewachen die Figuren des Herzog der Bretagne, Franz II., und seiner Frau, Marguerite de Foix.

Von der Kirche führt der Weg ins **Quartier Bouffay** über die Place du Pilori zur Kirche Sainte-Croix und zur Place du Bouffay, dem Zentrum des lebhaften Viertels. Fachwerkhäuser aus dem 15. Jh. findet man in der Rue de la Juiverie und de la Bâclerie, schmalbrüstig drängen sie sich zwischen städtisch-elegante Häuser aus dem 18. Jh. Das Schmuckstück des Viertels ist die Maison du Change am gleichnamigen Platz, deren Fachwerk sorgfältig restauriert wurde. Beliebt ist das Quartier Bouffay auch wegen der vielen Restaurants mit internationaler Küche.

Straßencafés, Kinos, ein Blumenmarkt, junge Leute und Touristen beleben die **Place du Commerce,** wo einst am Ufer der Loire Segelschiffe gezimmert und Wein angeliefert wurden. Nach Plänen des Stadtarchitekten Mathurin Crucy entstand ab 1790 in klassizistischem Stil die Börse, die auch heute noch den Platz beherrscht.

Die großzügige Anlage der **Place Royale,** ein weiteres Werk des Architekten Crucy, verbindet mittelalterliche und klassizistische Baustile. Mittelpunkt des Platzes ist ein Brunnen aus blauem Granit von 1865 nach Entwürfen von Henri Driollet und Ducommun de Locle. Eine weibliche Statue verkörpert Nantes und überragt mit Weindolden behängt die gutgenährte Loire. Die vier Kinder Cher, Loiret, Sèvre und Erdre umgeben den mit Wasser freigebigen Mutterstrom. Wunderschön anzusehen sind die nahezu lebensechten Delphine, auf denen Knaben reiten.

Shopping bzw. ›crébillonner‹ geht man in Nantes in der **Rue Crébillon,** die leicht zur Place Graslin hin ansteigt. Mondäne Mode und einer der feinsten Patissiers Frankreichs, Philippe Jamin, locken auf Nantes' Einkaufsstraße.

Linker Hand liegt die **Passage Pommeraye.** Schon Gustave Flaubert ergötzte sich an dem Besuch der Passage, den er in seinen Reisetagebüchern »Über Feld und Strand« schildert: »Wir gingen in die Pommeraye-Passage, um chinesische Stores, türkische Sandalen oder Körbe vom Nil zu kaufen…«. Der Nantaiser Regisseur Jacques Demy setzte der 1843 eingeweihten Galerie mit »Une chambre en ville« (1982) und »Lola« (1960) ein filmisches Denkmal. Gläserne Oberlichter lassen mattes Tageslicht durch, Skulpturen an den Geländern begleiten den Besucher bis zum Ausgang an der Rue de la Fosse.

An der **Place Graslin** liegt »La Cigale«, eine Brasserie im schwelgerischen Stil der Wende zum 20. Jh. Auch dieser ovale Platz (1785) mit elegant-klassizistischer Bebauung wurde von Mathurin Crucy gestaltet. Gegenüber sind die Stufen unter den korinthischen Säulen des **Theaters** (1788) ein Treffpunkt der Nantaiser Jugend. Zum Ausklang lohnt ein Spaziergang unter den Bäumen der stillen **Cours Cambronne.** Den Fassaden der Häuserzeilen gab der Nantaiser Stadtar-

chitekt Mathurin Crucy im 18. Jh. hier ebenso ihr Gesicht wie den Wohn- und Handelshäusern der Kaufleute von Nantes auf der **Ile Feydeau.** Einst war dort das Zentrum des Nantaiser Wirtschaftslebens, heute müssen die Häuser vor dem Verfall gerettet werden.

Des großen Sohnes der Stadt wird außerhalb des Zentrums, im **Musée Jules Verne** an der Butte Sainte-Anne im bürgerlichen Wohnviertel Chantenay, gedacht. Dort entdecken Verehrer des Autors in einem Museum in der Rue de l'Hermitage allerlei Erinnerungsstücke und können auf einer Karte den Figuren seiner Bücher auf ihren Reisen in die weite Welt folgen (10–12 und 14–17 Uhr, Di sowie So vormittags geschl.).

ⓘ **Information:** *Office de Tourisme,* pl. du Commerce, 44000 Nantes, ✆ 02 40 20 60 00, Fax 02 40 89 11 99, Internet: www.nantes-tourisme.de

🛏 **Hotels:** *** *De France,* 24, rue Crébillon, ✆ 02 40 73 57 91, Fax 02 40 69 75 75. Beliebt in Künstlerkreisen, in den 1920er Jahren logierten hier die Surrealisten, heute sind es Schauspieler und Regisseure. *** *Graslin,* 1, rue Piron, ✆ 02 40 69 72 91, Fax 02 40 69 04 44. Ein paar Schritte vom La Cigale entfernt. *** *Jules Verne,* 3, rue Couëdic, ✆ 02 40 35 74 50, Fax 02 40 20 09 35. Modernes Hotel, nahe der Place Royale. ** *Amiral,* 26 bis, rue Scribe, ✆ 02 40 69 20 21, Fax 02 40 73 98 13. Freundliches, nett eingerichtetes Hotel in der Nähe der Place

Passage Pommeraye

Graslin. * *De l'Océan,* 11, rue De Lattre de Tassigny, ✆ 02 40 69 73 51. Sehr preisgünstig, junges Publikum

Jugendherberge: 2, place Manu, ✆ 02 40 29 29 20. Juli–Mitte Sept., in einer ehemaligen Tabak-Manufaktur, mit der Trambahn bis Haltestelle Manufaktur fahren

Restaurants: In Nantes wird deftiger gegessen als an der Küste. Wundern darf man sich nicht über Kohl zu Fisch, wir befinden uns im Land der Kohlköpfe! *La Cigale,* 4, place Graslin, ✆ 02 51 84 94 94. Bester Platz, um die Place Graslin zu genießen, Nantaiser Küche, tolle Stimmung. *Le Pressoir,* allée Turenne, ✆ 02 40 35 31 10. Charmantes Gebäude auf der Ile Feydeau, frische Marktküche und gute Weine. *Le Petit Flore,* 1, rue des Vieilles Douves,

Die Brasserie La Cigale

✆ 02 40 48 24 88. Kleines, preiswertes Restaurant bei der Place Royale. Etwas außerhalb über die D 751 in Basse-Goulaine an der Loire läßt es sich gut träumen: Gérard Ryngel serviert in der *Villa Mon Rêve* u. a. Aal in Muscadet, 506, bd. de la Loire, ✆ 02 40 03 55 50

Weitere Museen: *Musée des Beaux-Arts,* rue Georges Clemenceau (10–18.30 Uhr, So 11–18 Uhr, Fr bis 21 Uhr, Di und feiertags geschl.). Solide bis außergewöhnliche Gemäldesammlung von der italienischen Renaissance bis zur klassischen Moderne.

Nachtleben: *Le Pickwick,* 3, rue Rameau, ✆ 02 40 73 25 07, bis 4 Uhr. In der Nähe der Place Graslin, Treffpunkt für das junge Nantes

Markt: *Talensac,* rue de Talensac, vormittags außer Mo, eine Institution. *Bouffay,* place du Bouffay, vormittags außer Mo, kleiner Markt in der Altstadt

Bootsverleih: Rund um die Capitainerie auf der Ile de Versailles können Törns auf alten Jachten, Flußfahrten auf der Erdre und Motorboote gebucht werden. Auskünfte beim Fremdenverkehrsverein oder bei der Capitainerie, ✆ 02 40 37 04 62

Bahnhof: TGV-Verbindung nach Paris innerhalb von $2^1/_2$ Stunden, bd. de Stalingrad, Auskunft ✆ 08 36 35 35 35

Ausflug nach Clisson

Von Nantes aus empfiehlt sich ein Abstecher Richtung Süden nach Clisson, einem Weinstädtchen am Zusammenfluß von Sèvre Nantaise und Maine. Rote Dachziegel und

Die Schloßruine in Clisson steht im Kontrast zum italienisierenden Stil des Örtchens

zahlreiche Backsteinfriese an Fenstern, Portalen und Türmen bringen eine italienische Note in die sonst von spätmittelalterlicher Architektur geprägte Gegend.

Clisson wurde im Vendée-Aufstand 1793 völlig zerstört und im italienisierenden Stil, wie er damals in Europa Mode war, neu aufgebaut – der Kontrast zwischen der Schloßruine (13. Jh.) und der Villa La Garenne-Lemot, die an ein arkadisches Anwesen in Italien erinnert, könnte nicht größer ausfallen. Die Villa liegt in einem romantischen Park mit Eichen und Skulpturen oberhalb der Sèvre. Hier präsentiert der Fond Régional de l'Art Contemporain (FRAC) regelmäßig Ausstellungen zeitgenössischer Kunst. Seit 1990 arbeitet die Villa mit der Villa Medici in Rom zusammen, zudem findet jeden Sommer ein Festival für Alte Musik statt (Domaine de la Garenne-Lemot, Di–Do 10–13 und 14–18 Uhr, ✆ 02 40 03 96 79. Auch ein Spaziergang im hübschen Park (bis 20 Uhr geöffnet) lohnt sich.

ℹ️ Information: *Office de Tourisme,* 6, place de la Trinité, 44190 Clisson, ✆ 02 40 54 02 95

✕ Restaurant: *La Bonne Auberge,* 1, rue Olivier de Clisson, ✆ 02 40 54 01 90. Romantisches Ambiente, raffinierte Küche; leider 10.–31. Aug. geschl., ebenso So abends, Mo–Mi

Pays de Retz

An der Loire-Mündung

Vom Atlantik fahren so riesige Ozeandampfer Richtung Saint-Nazaire, daß es nicht verwundert, wenn ehemals Jules Verne schon im zarten Alter von zehn Jahren vom Fernweh geplagt wurde und am liebsten gleich als blinder Passagier mit einem dieser große Abenteuer versprechenden Schiffe bis zu den Antillen oder Mexiko gefahren wäre. 50 km fließt der Fluß von Nantes noch träge bis zur Mündung bei Saint-Nazaire, doch hier ist die Loire für große Schiffe mit viel Tiefgang bereits zu seicht. Die kleine Stadt **Paimbœuf** ist daher der Vorhafen von Nantes, in dem Frachtgut geladen wird. Die D 77 führt parallel zum Fluß bis an die gewaltige Brücke von Saint-Nazaire, zur Grenze von Bretagne und Pays de Retz. Dort wendet sich die Küstenstraße an der Pointe de Mindin nach Süden.

Ins Pays de Retz

Das Pays de Retz umschließt das Gebiet westlich von Nantes mit der Loire als natürlicher Grenze nach Norden, reicht nach Süden bis Por-

Pays de Retz und Ile de Noirmoutier

Die Hafenbucht von Pornic –
im Hintergrund das Château

nic und Machecoul zum Marais Breton. Im Hinterland liegt die flache, sumpfige Ebene des Lac de Grand-Lieu. Die Menschen hier verstehen sich weder als Bretonen noch als Poiteviner, sie haben sich notgedrungen zwischen diesen beiden gewaltigen Gebieten einrichten müssen. Einst Teil der historischen Provinz Vendeé, gehört der Landstrich heute zum Departement Loire-Atlantique und damit nicht zur vom Staat geschaffenen Verwaltungseinheit Poitou-Charentes sondern zur Region Pays de la Loire.

Pornic

Die vierspurig ausgebaute D 213 bringt einen flott von der Loire-Mündung nach Pornic, ein Badeörtchen, das seit dem 19. Jh. ein beliebtes Ferien- und Ausflugsziel für Familien aus dem Großraum Nantes ist. Zwischen zwei Felsklippen schneidet eine schmale Bucht weit in die felsige Küste ein, auf der südlichen Seite blicken prächtige Villen von einem Felsvorsprung auf die Côte de Jade, so getauft nach ihrem klaren grünen Wasser. Am nördlichen Ufer drücken sich Backsteinhäuser aus dem 19. Jh. am Kai entlang, hinter ihnen erhebt sich die Oberstadt von Pornic. Im

19. Jh. entdeckten die Nantaiser Pornic als beschaulichen Badeort, Maler entwickelten eine Vorliebe für das pittoreske Motiv am Meer. Auguste Renoir verewigte 1882 das Strandleben von Pornic in seinem Gemälde »Pornic-la-Plage«.

Am Hafeneingang von Pornic thront eine Burg, die ursprünglich im 10. Jh. von König Alain Barbe-Torte, genannt Zwirbelbart, zum

Schutz gegen die Normannenraub- züge errichtet worden war. Im 12.–14. Jh. wurde das **Château de Pornic** verstärkt; die Pechnasen des Bergfrieds und die abweisenden Mauern erinnern noch an die wehrhaften Zeiten, doch seit der Restaurierung durch den Architek- ten Viollet-le-Duc im 19. Jh. wirkt das Gebäude selbst sehr viel ro- mantischer. Die schiefergedeckten Türme reihen sich nun in die operettenhafte Architektur der Fe- rienvillen ein, die um 1900. errich- tet wurden. Auch Gilles de Retz (oder Rais), der französische Blau- bart (s. S. 54), war einmal Besitzer des Schlosses, drükkende Geldsor- gen zwangen ihn 1438 zum Ver- kauf mitsamt den Ländereien an Johann V., den Herzog der Bretag- ne.

Gilles de Rais

Der französische Blaubart

»Die Kapelle war einst voll von Goldzieraten und Seidenstoffen, von Weihrauchfässern, Leuchtern, Kelchen, Kreuzen, Edelsteinen, von Schüsseln aus vergoldetem Silber und Meßkannen aus Gold. Ein Chor von dreißig Sängern, Kaplänen und Musikern und Kindern sang dort Hymnen zu den Klängen einer Orgel, die sie auch auf Reisen mitnahmen. [...] dieses Schloß war eins der Schlösser des Gilles de Laval, Herrn von Rouci, Montmorency, Retz und Craon, des Generalstatthalters des Herzogs der Bretagne und Marschalls von Frankreich, der am 25. Oktober 1440 zu Nantes auf der Prée de la Madeleine als Falschmünzer, Zauberer, Sodomiter und Atheist verbrannt wurde.«

Gustave Flaubert berichtet hier in seinen Reisenotizen »Über Feld und Strand« über Tiffauges, ein Schloß im Süden von Clisson, das einst Gilles de Rais (auch Retz) gehörte. Er besaß Ländereien und Schlösser zuhauf: Von Pornic über Machecoul bis Pouzauges im Westen, der Statthalter des Herzogs der Bretagne und Feldmarschall Frankreichs, der Waffengefährte der Johanna von Orléans, verfügte über ungeheure Reichtümer. Seine Verschwendungssucht aber kostete ihn so viel, daß er versuchte, mit schwarzer Magie und Teufelsbeschwörung Geld zu zaubern.

1404 wurde Gilles de Rais im Pays de Retz geboren. Schon früh tat der Ritter sich durch sein schneidiges Draufgängertum, aber auch mit seiner Bildung und durch seinen Jähzorn hervor. Jeanne d'Arc setzte ihn 25jährig als Militärmarschall im Kampf gegen die Engländer ein. Nach Machecoul, in die historische Hauptstadt des Pays de Retz, kam er zurück, als Jeanne d'Arc in Rouen verbrannt worden war und er seinen politischen Einfluß verloren hatte. Mit Alchimie versuchte er Gold herzustellen, die Hilfe von Satan rief er bei blutrünstigen Opfermessen. Für diesen Hexensabbat lockte er unschuldige Kinder in sein Schloß. Die Bevölkerung lebte in Angst und Schrecken um ihre Kinder – bis Gilles de Rais schließlich 1440 wegen seiner Verbrechen zum Tode verurteilt und in Nantes gehängt und verbrannt wurde. Komponisten wie Jacques Offenbach oder Béla Bartók und Schriftsteller wie den Märchendichter Charles Perrault und den zeitgenössischen Autor Michel Tournier regte der rätselhafte Ritter seither immer wieder zu Geschichten vom ›Blaubart‹ an.

Im Schutz der Burg wuchs seit dem Mittelalter an einem steilen Felshang die Stadt. Die Rue Fernand de Mun führt durch die alte Festungsmauer zur Oberstadt mit den Häusern der Notabeln. Hinter der Kirche Saint-Gilles aus dem 19. Jh. hatten sich die Fischer in traditionell niedrigen Häusern angesiedelt. Enge Gassen und Durchgänge über steile Treppen verbinden die Ober- mit der Unterstadt am Hafen.

Das einfache Fischerleben war indes nicht das, was die illustren Sommergäste von einem Aufenthalt am Meer erwarteten. Sie logierten meist in schönen Villen bei Freunden oder in Hotels. Der Maler Max Ernst wohnte im Sommer 1925 in Nr. 7 der Rue Fernand de Mun, im Hôtel de France, dem heutigen Relais Saint-Gilles, in der Oberstadt von Pornic. Da saß er bei Regenwetter in seinem Hotelzimmer und starrte auf den Holzfußboden, »als mich eine Besessenheit packte, die mich erregt auf die von tausend Kratzern vertieften Furchen und Fußbodendielen starren ließ«. Er legte ein Blatt Papier auf die Dielen und rieb sie mit Graphit durch. Die Frottage als Technik der Surrealisten war geboren und gleichzeitig das Album der »Histoire naturelle«. Blätter und Vögel schienen darin aus feingemasertem Holz gestaltet. Auch Lenin verbrachte 1910 einen ganzen Monat mit seiner Frau in der Sommerfrische. An der Nr. 3 der Rue Mon-Désir, am Rande des Villenviertels an der Corniche de Gourmalon, verweist eine einfache Plakette auf den russischen Gast.

Pointe de Saint-Gildas

Von Pornic zur Landspitze von Saint-Gildas sind es knapp 20 km auf der D 286 und der D 751. Die Dörfer Sainte-Marie und Préfailles sind von Steilküste und Sandbuchten umgeben. Extravagant gestaltete Ferienvillen stehen in der zerklüfteten Felslandschaft am Meer. Weit vorgelagert gen Westen, von Heidelandschaft bedeckt, verkörpert Saint-Gildas noch ein Stück Bretagne. Schroffe Granitfelsen brechen die Flutwellen, der Leuchtturm blinkt warnend vor diesem für Schiffe nicht ungefährlichen Kap. Ob zur Ile de Noirmoutier oder hoch bis zum bretonischen La Baule, an Tagen mit klarer Sicht hat man einen herrlichen Weitblick.

Information: *Office de Tourisme,* place de la Gare, 44210 Pornic, ☎ 02 40 82 04 40, Fax 02 40 82 90 12

Hotels: *** *Alliance Thalassothérapie,* plage de la Source, ☎ 02 40 82 21 21, Fax 02 40 82 80 89. Meerblick, mit Zugang zum Strand. ** *Le Relais Saint-Gilles,* 7, rue Fernand de Mun, ☎ 02 40 82 02 25. Ruhig

Restaurants: *Le Jardin de l'Olivier,* 23, rue de Sables, ☎ 02 40 82 55 08. An einer kleinen Straße hinter dem Hafen, originelle Salate und Crêpes. *Le P'tit Nice,* 60, quai Leray, ☎ 02 40 82 26 43. Salon de thé und Crêperie, schöne Atmosphäre mit Blick auf den alten Hafen

Côte de Jade

 Nachtleben: *Casino,* quai Leray, ✆ 02 40 82 26 87. Spielcasino aus der Zeit um 1900. mit modernem Restaurant und Café. *Diskothek Le Viking,* Plage du Porteau, Sainte-Marie-sur-Mer, ✆ 02 40 82 02 85

Markt: In der Oberstadt, place des Halles, Do und So vormittags

Strände: Familienfreundliche Sandstrände vor felsigen Klippen: Plage de la Source, Plage de la Birochère vor Gourmalon, Plage de la Noëveillard, Grandes Vallées und Montbeau (hinter dem Jachthafen Richtung Pointe de Saint-Gildas)

Wandern: Eine 25 km lange Schleife des Wanderwegs (*Grande Randonnée*) Pays de Retz führt von Préfailles über den landschaftlich schönen, felsigen Landzipfel.

Lac de Grand-Lieu

Die Bucht von Bourgneuf reichte in der Antike weiter landeinwärts, bis an die heutigen Städte Bourgneuf-en-Retz und Machecoul. Im Laufe der Jahrtausende aber verlandete die flache Bucht, und aus den ehemaligen Hafenstädten wurden Siedlungen am Rande der Salzfelder des Marais Breton. Noch bis ins 17. Jh. verließen mit Salz beladene Schiffe diese Häfen, um den Handelspartnern in den nordischen Hansestädten die begehrte Tauschware zu bringen.

Die stille, melancholische Stimmung der Landschaft setzt sich zum Lac de Grand-Lieu hin fort. Auf der D 117 geht es durch kleine Wälder, über romantische Steinbrückchen und Bäche in die dunkle verwunschene Atmosphäre des

Lac de Grand-Lieu. Die Abgeschiedenheit des Ortes reizte zu allerhand Legenden und Deutungen, der Sage nach soll eine ganze Stadt im See versunken sein, als Strafe Gottes für das unsittliche Leben ihrer Bürger. Heiligabend um Mitternacht könne man immer noch die Glocken der Kirche von Herbauge klingen hören.

Im Sommer ist der See mit Schilf und schwimmenden Pflanzeninseln so zugewachsen, daß die Ufer nur schwer auszumachen sind und der See nur von **Passay** zu sehen ist. Da der See durch einen Kanal mit der Mündung der Loire verbunden ist, wechselt seine Fläche mit den Jahreszeiten: im Sommer 4000 ha, im Winter 8000 ha.

Nur Berufsfischer haben die Erlaubnis, im See zu fischen. Von flachen Barken werfen sie ihre Angeln aus. In der **Maison du Pêcheur** sind die eigenwilligen, ganz auf den See zugeschnittenen Angelwerkzeuge – schmale Reusen und flache Senknetze – zu besichtigen (10–12 und 15–18 Uhr). Das große Biotop mit über 200 Vogelarten steht unter Naturschutz.

In der **Maison du Lac** in Saint-Philbert-de-Grand-Lieu, südöstlich des Sees, werden Filme über seltene Vogelarten wie Silberreiher, Lachmöwen und Schilfrohrsänger am See und in den Sumpfgebieten gezeigt, auch Flora und Fauna werden erläutert (10–12 und 15–18 Uhr, im Winter bis 17 Uhr).

Mit dem Bau der Karolingerabtei **Saint-Philbert-de-Grand-Lieu** wurde im 9. Jh. begonnen. Bemerkenswert sind in dieser Kirche, die für den Sarkophag des hl. Philbert als erste Zwischenstation diente (s. S. 65), die wuchtigen Säulen im Kirchenschiff, die geometrisch-rhythmische Zierbänder aus rotem Ziegelstein und hellem Sandstein aufweisen.

Marais Breton

Einem Raster gleich durchziehen unzählige Kanäle die flache Sumpflandschaft des Marais Breton. Ein wohldurchdachtes Drainagesystem entwässert die Marschwiesen. Senknetze sind aufgehängt, Schleusen kontrollieren die Wasserläufe, Nilgras und mannshohe, wilde Gräser säumen die winzigen Kanalauen. Gegen Abend sind die Ufer in dieser grünen Idylle von zahlreichen Freizeitanglern bevölkert.

Im Frühjahr färbt sich das baumlose Marais grün, im Herbst bezaubert es mit blaurot blühendem Salzkraut und bizarr vertrockneten Sommerblüten. Über den 36 000 ha Wiesen und Kanälen liegt ein gleißendes Licht, der Ozean ist nicht weit. Hie und da strahlt eine weiß verputzte, reetgedeckte *Bourrine* (Kate) im Sonnenlicht. Die Menschen in dieser eigentümlichen Landschaft waren es früher gewöhnt, aus demselben Löß, aus dem sie ihre Deiche bauten, auch ihre einfachen Hütten zu formen. Der moderne Straßenbau hat die Isolation des Marais beendet, das

Puy du Fou

Geschichte mobilisiert die Massen

Soldaten in Holzpantinen und mit aufgepflanzten Bajonetten paradieren vor einer grellroten Ruinenkulisse, Bauern in Kniehosen und ebenfalls in Holzschuhen schwenken Dreschflegel und Mistgabeln im Takt, König und Hofstaat defilieren in edlen Kostümen mitsamt mehrspänniger Kutsche und buntgeschmückten Schimmeln an der vollbesetzten Tribüne vorbei, und Bäuerinnen vollführen zwischen goldgelben Kühen und blumengeschmückten Heuwagen – während sich am nachtschwarzen Himmel über bunten Wasserfontänen ein kolossales Feuerwerk entlädt – ausgelassene Freudentänze.

Wir befinden uns auf dem Puy du Fou, einem Berg in der Vendée, 70 km südöstlich von Nantes, auf dem findige Freizeitmanager in einem historischen Erlebnispark vor märchenhafter Naturkulisse das größte Schauspiel-Spektakel Europas inszenieren. 1977 wurde ein Verein gegründet, dem inzwischen 2500 Mitglieder angehören. Im Sommer mimen jeden Freitag- und Samstagabend 800 von ihnen Rollen in der Geschichte des Bauern Jacques Maupilier, vor dessen geistigem Auge sich die gesamte Geschichte der Region vom Vendée-Aufstand unter Charette bis zur deutschen Nazi-Okkupation abspielt. Kinder, Lehrlinge, Handwerker, Hausfrauen aus 15 Gemeinden im Umkreis sind mit Eifer und Spaß dabei. Einige von ihnen bekamen sogar eine Ausbildung, etwa zum Bühnenbeleuchter oder Pferdepfleger.

1793 erhoben sich Bauern und Adelige unter François de La Charette gegen die Republikaner. Zu groß schien ihnen das Unrecht bei der Hinrichtung von Ludwig XVI. Zudem wehrten sie sich dagegen, daß junge Bauernsöhne aus der Vendée zur Armee eingezogen wurden und die Priester, die den Eid auf die neue Regierung nicht ablegen wollten, grausam verfolgt wurden. Das Spektakel um den Vendée-Aufstand wirkt etwas pathetisch, doch hier, wo die Royalisten mit dem roten Herzflibustier auf der Brust 1793 gegen die Republikaner kämpften und in allernächster Nähe der Windmühlen auf dem Mont des Alouettes, von dem aus die Aufständischen ihren Truppen per Windflügel die Stellungen der Republikaner signalisierten, bleibt die Verve der Darsteller verständlich – allzu verheerend waren die Verwüstungen von Dörfern, Schlössern und Kirchen während der Vendée-Kriege. Rund 7 Mio. Zuschauer kamen bis jetzt, im Jahr brachte das computergesteuerte Happening mit Lasertechnik zuletzt 23 Mio. Francs ein, die zum Teil kulturellen und gemeinnützigen Zwecken zugeführt werden. Die Zuschauerränge fassen rund 13 000 Gäste, die An- und Abfahrt erfordert wegen zahlloser Reisebusse und enger Landsträßchen einigen Gleichmut.

Vorstellungen Mitte Juni bis Anfang Sept. 22 Uhr bzw. 22.30 Uhr; Informationen: Puy du Fou, 30, rue Georges Clemenceau, B. P. 25, 85590 Les Epesses, ✆ 02 51 64 11 11, Fax 02 51 57 35 47. Bei der Suche nach Unterkunft wendet man sich an das Office de Tourisme, pl. de Rougé, 49306 Cholet, ✆ 02 41 49 80 00, Fax 02 41 49 80 09.

Hotels: *** *Château Colbert,* place du Château, 49360 Maulévrier, ✆ 02 41 55 51 33, Fax 02 41 55 09 02. 20 km entfernt, prächtiges Schloß aus dem 19. Jh., mit Diner-Spectacle. ** *Auberge de la Bruyère,* 3, rue du Docteur-Barbanneau, 85700 Pouzauges, ✆ 02 51 91 93 46, Fax 02 51 57 08 18. 10 Min. entfernt, ruhig, mit schöner Aussichtsterrasse, überdachtem Schwimmbad, sehr guter regionaler Küche. ** *Auberge Vendéenne,* bd. du Poitou, La Trique über die N 149, 85290 Saint-Laurent-sur-Sèvre, ✆ 02 51 67 80 81, Fax 02 51 67 82 87. 10 km entfernt, rustikales Hotel mit Swimmingpool.

Von Günter Scheinpflug

Marais Breton

karge Leben der Maraîchins im 19. Jh. wird nun nur noch im **Ecomusée bei La Barre-de-Monts** gezeigt (Juli–Aug. Mo–Sa 10–19 Uhr, So 15–19 Uhr, Mitte März–Juni und Sept.–11. Nov. Di–Sa 10–12 und 14–18 Uhr).

Beauvoir-sur-Mer liegt 4 km vom Atlantik entfernt. Die D 948, die Zufahrtsstraße zum Meer, endet je nach Gezeitenwechsel buchstäblich im Wasser an der Passage du Gois zur Ile de Noirmoutier (s. S. 62). Die Insel lockt, bevor man sich aber dem spannenden Ereignis einer Straße, die aus dem Meer auftaucht, überläßt, sollte man das romanische Westportal (11. Jh.) der Kirche Saint-Philbert würdigen. Dort zeigt ein Buntglasfenster, wie Mönche 836 den Sarkophag des hl. Philbert in einer langen Prozession von der Ile de Noirmoutier bis zum Lac de Grand-Lieu überführten.

Ile de Noirmoutier

Große Schilder machen bei Beau-voir-sur-Mer mehrfach auf die Passage du Gois aufmerksam: Der 5,5 km lange Straßendamm zwischen dem Kontinent und der Ile de Noirmoutier ist jedoch nur bei Ebbe zu befahren. Eine großformatige, digitale Gezeitenuhr zeigt den aktuellen Wasserstand an. Bis eineinhalb Stunden vor und nach dem Höchststand der Ebbe kann die Straße durchs Meer im Sommer befahren werden – zweimal am Tag nur. Bei Flut dagegen muß man die kostenlose Brücke bei La Barre-de-Monts weiter südlich als Zufahrtsweg zur nördlichsten Insel der Vendée wählen. Die Brücke wurde bereits 1971 gebaut, eine vierspurige Straße durchschneidet seitdem brutal das ohnehin schon schmale Eiland. Nach Osten dezimieren Salzfelder die bewohnbare Fläche von 49 km² für die 9000 Einwohner. 70 % der Insel liegen unterhalb des Meeresspiegels, so daß eine 20 km lange Deichmauer schützend vorgebaut werden mußte. Im Westen dagegen bestimmen schöne, weitläufige Sandstrände und Wälder den Charakter von Noirmoutier.

Die traditionelle Inselarchitektur aus weißen Häusern mit kräftig blau gestrichenen Holztüren und roten Dachziegeln verleiht jedem Sonnentag Ferienstimmung. Ab Februar blühen die gelben Mimosen, im Sommer betört der Duft von Lavendel und Feigenbäumen. Zartrosa Brombeerblüten, uralte immergrüne Steineichen, Pinienwälder, kleine Sandstrände zwischen schwarzen Felsklippen und dahinter ein azurblaues Meer – der Maler Auguste Renoir schrieb über Noirmoutier: »Ein bezaubernder Ort, schön wie der Süden Frankreichs, doch mit einem Meer von ganz anderer Schönheit als das Mittelmeer.« Schmale Sandwege durchziehen die Pinienwälder, Familien zockeln mit Krabbennetz, Eimerchen und Schaufel gemütlich zum Baden.

Inselrundfahrt

In **Barbâtre,** einem langgestreckten Fischerdorf mit engen Straßen, stehen zwischen den alten, einfachen Fischerhäusern mittlerweile auch neuere Gebäude, doch auch hier bestimmen blau gestrichene Fensterläden, weißgekalkte Wände und Mäuerchen, Gärten mit blauen Hortensien und gelbem Ginster das Bild, und glücklicherweise darf auf der Insel nur einstöckig gebaut werden. Auch einige der einst 300 Mühlen blieben erhalten, etwa im Ortsteil Les Onchères. Eine ganz besondere Konstruktionsweise erlaubte es, ihr Dach zu drehen, so daß die Flügel immer zum Wind standen. Heute sind die meisten der 20 Mühlen nicht mehr intakt.

Bei der Weiterfahrt fallen rechts der Straße die grünen Kartoffelfelder vor den Poldern auf. Seit den

Eine Straße im Meer

Zweimal am Tag gibt es für ungefähr drei Stunden eine Straße zwischen Beauvoir-sur-Mer und Barbâtre auf der Ile de Noirmoutier. Vor dem Bau der Brücke holten die treuen Feriengäste regelmäßig im Sommer bei Ebbe ihren Citroën Méhari aus dem Schuppen. Der ist nicht nur für die Wüste sondern auch für das atlantische Salzwasser tauglich, weil die Plastikkarrosserie nicht so schnell Schaden nimmt. Mit diesem Wagen war der Gois, dessen Namen auf das lokale *goiser* (waten) zurückgehen soll, gut zu befahren. Im Schrittempo rumpelt man über eine 5,5 km lange, ausgewaschene Betonpiste; ihren Tiefpunkt erreicht sie ungefähr in der Mitte zwischen Frankreich und Noirmoutier. Auch wenn die Zeit zur Überfahrt längst überschritten ist, Autos fahren bis zur letzten Minute.

Den Fischern, Bootsbauern und Kartoffelbauern, die nicht nur während der Ferien auf der Insel leben, dagegen war die von den Gezeiten unabhängige Brücke willkommen, die seit 1971 Noirmoutier mit dem Festland verbindet. Die Schnellstraße auf der Insel selbst jedoch wird mittlerweile heftig bedauert. Eine Rennstrecke hätte es nicht unbedingt sein müssen, meinen die Noirmoutrins.

Seit Mitte des 18. Jh. schon existierte die ›flüchtige Liaison‹ der bei Flut überschwemmten Wattstraße. 1825 wurde sie so gepflastert, daß sie einigermaßen bequem befahrbar wurde. Jedoch wurde noch nie so viel Geld in den Gois investiert wie 1993 für die Tour de France. Jenseits der Brücke sauste die Radkarawane ein kurzes Stück über die Pointe de la Fosse, um dann über den Gois zurückzubrausen. Kein Rennfahrer mußte sich um die Flut sorgen. Zur Not hätte er, wie auch die Autofahrer, auf einem der Hochstände Zuflucht suchen und die nächste Ebbe abwarten können. Sie sind das einzige, was von der Straße bei Flut zu sehen ist und waren schon für viele Rettung in letzter Sekunde: Zwischen 1,30 m und 4 m rauscht die Flut über dem Gois zusammen!

1920er Jahren wird eine äußerst delikate, feinhäutige Kartoffel auf der Insel angebaut. Da sie es nicht verträgt, maschinell geerntet zu werden, verschwand La Bonnotte für 30 Jahre von den Kartoffeläckern. Erst seit wenigen Jahren bauen die Bauern die Delikatesse auf den algengedüngten Böden wieder an und ernten sie von Hand.

Vier Windmühlen aus dem 19. Jh. stehen an der schmalsten Stelle der Insel, an der Dune de la Cour kurz vor **La Guérinière,** einem ehemaligen Fischerdorf. Das Musée des Arts et Traditions Populaires gibt Einblicke in das Leben der Insulaner und ihren Alltag als Fischer, Holzschuhmacher, Salzbauern und Bauern. Handgeflochtene Weidenkörbe für Taschenkrebse, Fischertaschen, zarte Netze, das dunkle Mobiliar des zentralen Wohnraums, in dem zumeist ein Bett mit blauweißkarierten Vorhängen stand, machen die Vergangenheit von Noirmoutier lebendig (place de l'Eglise, Juli–Aug. 10–12 und 15–19 Uhr).

An der **Pointe de la Loire** hat man im duftenden Kieferwald den höchsten Punkt der Insel erreicht: Die Düne Pé de l'Herse mit einer Höhe von 27 m. Durch den Wald geht es zu dem Dorf **L'Epine.** Westwärts ist es windgeschützt von den hohen Dünen, nach Osten öffnen sich die flachen Wasserbecken der Marais Salants. Vor den niedrigen, weißen Fischerhäuschen blühen Stockrosen, die Sträßchen sind von halbhohen Steinmauern gesäumt, im Ort herrscht beschauliche Ruhe.

Der Strand von **L'Herbaudière,** einem lebhaften Fischerhafen mit 1400 Einwohnern im Norden von Noirmoutier, zählt mittlerweile zu den beliebtesten der Insel. Am Hafenbecken fahren die Fischer das ganze Jahr über aus oder arbeiten an ihren Booten. Hummer und Krustentiere zählen zu ihren Hauptfängen.

Von der Hafenmole aus sind die zwei Leuchttürme der **Ile du Pilier**

zu sehen, einer ehemaligen Einsiedelei von Zisterziensermönchen aus dem 12. Jh. Bei günstigem Wetter kann man dem Ilot mit einem Ausflugsboot einen Besuch abstatten (✆ 02 51 39 09 62, nur im Sommer, die Überfahrt dauert 20 Min.).

Le Grand-Vieil ist ein geruhsamer Familienbadeort, die kleinen Feriendomizile sind bis an den Strand gebaut. Dort wurde in den 1970er Jahren der französische Film über Liebe und Freundschaft, »César und Rosalie«, mit Yves Montand und Romy Schneider gedreht.

An der **Plage des Dames** werden alljährlich die neuesten Pariser Badeanzüge ausgeführt. Weiße Strandkabinen aus Holz geben einen eleganten Hintergrund à la Deauville ab, auf dem Holzsteg im Wasser läßt sich die sanft gekrümmte Badebucht am besten überschauen. Vom Strand empfiehlt sich ein Spaziergang an der Küste entlang Richtung Norden. Unter immergrünen Steineichen geht es leicht bergan zum Phare des Dames (von 1866), hinter dem Leuchtturm führt der Weg weiter zur Anse Rouge. Im Wald öffnen sich Ausblicke auf Klippen und Meer, umgeben von einer schon fast mediterranen Vegetation. An den Klippen der Plage de Souzeaux und hinter alten Festungsmauern bis weit in den Wald hinein übertreffen sich filmreife, bombastische Belle-Epoque-Villen an Stil und Größe – Zeugnisse der langen Vergangenheit von Noirmoutier als großbürgerlicher Sommerfrische.

Noirmoutier-en-l'Ile

Betrachtet man den Hauptort der Insel von der Brücke am Hafenkanal aus, steht die mittelalterliche Burg an der Place d'Armes im Zentrum der Stadt. Rechts davon ragt der massige Kirchturm von Saint-Philbert in den Himmel. Wölkchen spiegeln sich im Wasser der Marais Salants. Elegante Bürgerhäuser mit schmiedeeisernen Balkonen bilden eine geschlossene Front an der Place d'Armes. Eines der berühmtesten Gebäude, das der Familie Lebreton des Grapillières, heute **Hôtel d'Elbée,** ist zum Hafenkanal ausgerichtet. Gegenüber reihen sich am Kanal malerisch die Holzschuppen der Schiffszimmermänner, Bootsbauer und Salzgärtner aneinander. Bei Flut schaukeln Se-

gelschiffe und Fischkutter im Wasser, bei Ebbe hängen sie bizarr im Schlamm.

Der hl. Philbert starb 684 auf der Insel. Von seinen Ordensleuten wurde er in einer Krypta der Abteikapelle in einem Sarkophag aufgebahrt. Lange sollte er seine Ruhe nicht behalten, denn die Normannen fielen bei ihren Raubzügen auch über die Insel her und zerstör-

ten das Kloster. Die geistlichen Herren zogen in einer langen Prozession mit den Reliquien ihres Schutzpatrons nach Saint-Philbert-de-Grand-Lieu, verließen aber auch diese Abtei wieder und kamen erst 875 im burgundischen Tournus zur Ruhe. Karl der Kahle bot ihnen dort eine Heimstatt für die Reliquien. Die nach ihm benannte **Kirche Saint-Philbert** weist Stilelemente der Romanik und Gotik auf. In der Krypta unter dem romanischen Chor steht nur noch das leere Grabmal von Philbert, dem Nationalheiligen der Vendée.

Die **Burg** in Noirmoutier-en-l'Ile wirkt kahl und streng. Vor allem der 20 m hohe Bergfried (12./13. Jh.) beeindruckt als Befestigung gegenüber Feinden – es ist ein Niortaiser Charakteristikum, den Donjon so massiv zu verstärken. Ringsherum ist die Burg von einer Mauer mit Wehrgang umgeben, die die wunderbare Gelegenheit bietet, die Insel einmal von oben zu betrachten. Außer der Schönheit der symmetrisch angelegten Salzfelder entdeckt man von hier aus auch, was für traumhafte Gärten bisweilen hinter den Portalen der Bürgerhäuser angelegt wurden und was sich in den kleinen Gassen im Ort abspielt.

Im Vendée-Aufstand gewannen die Royalisten mit Charette an der

Noirmoutier-en-l'Ile mit Burg, Kirche und Salzfeldern

Pêche à pied

Was das Meer bei Ebbe preisgibt

Eine alte Tradition ist das Fischen zu Fuß, um das Meergetier zu fangen, das sich bei Niedrigwasser auf Felsen und an seichten Stellen aufhält. Ganze Menschenscharen strömen am Wochenende bei Ebbe an der Atlantikküste aus, um fürs sonntägliche Menü Austern und Muscheln zu sammeln. Colbert hatte den Bewohnern der Küste 1681 das Recht eingeräumt, kostenlos in diesen Meeresgärten ernten zu gehen und damit den täglichen Speisezettel anzureichern. Heute ist es ein Volkssport geworden: Man ›geht in die Austern‹, zum Krabben- und Muschelfischen. Selbst die kleinen *bigorneaux*, die Strandschnecken, werden mit einer Engelsgeduld gepflückt, geradeso wie andernorts Brombeeren oder Heidelbeeren.

Manche Stellen für *pêche à pied* sind nur Insidern bekannt, andere wiederum sind in Gefahr, so abgeräumt zu werden, daß die Meeresfrüchte nicht mehr nachwachsen. Hauptsächlich die Touristen zerstören durch Unwissenheit das für die Einheimischen seit Generationen kostbare Ökosystem. Manche wilden Austernbänke sind in den letzten Jahren regelrecht zertrampelt worden. Jeder naturbewußte Wattgänger weiß auch, daß man Steine nicht einfach umdrehen und dann liegenlassen darf. Man muß sie so zurücklegen, wie man sie vorgefunden hat. Muscheln oder Austern, die noch zu klein sind, dürfen nicht abgebrochen werden. Geht ein kleiner Taschenkrebs ins Krabbennetz, sollte man ihn ebenfalls ins Meer zurückwerfen.

Für Austern benötigt man ein kurzes kräftiges Messer, um sie vom felsigen Untergrund abzulösen, auch Miesmuscheln sitzen mitunter sehr fest. Herzmuscheln bilden bei fallendem Wasser kleine Buckel oder Doppellöcher im Sand und lassen sich mit einem Löffel ausgra-

Spitze zunächst die Oberhand und bezogen in der Burg Quartier. Ein General der Republikaner aber überschritt im Winter 1794 mit seinen Truppen die Passage du Gois, besiegte die Aufständischen und ließ 2000 von ihnen erschießen. D'Elbée, einer der Anführer der Vendéens, wurde in seinem Sessel vor dem Revolutionstribunal auf der Place d'Armes hingerichtet. Er war zu verletzt, um neben seinen Offizieren Haltung anzunehmen. Im **Burgmuseum** ist der angeblich echte Sessel, durchlöchert von Kugeln, als Erinnerungsstück zu

ben, Venus- und Teppichmuscheln findet man beim Umgraben mit einer Gabel. Die *couteaux,* die Messer- und Scheidenmuscheln, sind nur etwas für erfahrene Muschelsucher, denn obwohl auch sie sich durch ein Doppelloch bemerkbar machen, sind sie beim Herauszie-

hen doch leicht zu beschädigen. Für Miesmuscheln *(moules)* gilt als Mindestgröße 4 cm, die Herzmuscheln *(coques)* sollten 3 cm, die Venusmuscheln *(palourdes)* 3,5 cm groß sein. Bei den Austern geht es nach Gewicht, sie sollten mindestens so schwer sein wie ein Standardbrief. Die zarten *crevettes grises,* die grauen Krevetten, können im seichten Wasser gefischt werden. Die ›Beute‹ sollte mit frischem Meereswasser gewaschen und – verzehrt man sie nicht gleich – höchstens 24 Stunden bei 10 °C in einem feuchten Korb aufbewahrt werden.

bewundern. Neben der Heimatgeschichte der Insel und der Kulturgeschichte der Seefahrt (sehr schöne Galionsfiguren) sowie einer wertvollen Sammlung von englischem Porzellan kann man im Erdgeschoß allerhand Wissenswertes über die geologische Beschaffen-

heit von Noirmoutier erfahren (10–12.30 und 14–18 Uhr, außerhalb der Saison Di sowie 16. Nov.–31. Jan. geschl.).

An der Rue de l'Ecluse, der Schleusenstraße, die am Hafenkanal verläuft, sollte man hin und wieder einen Blick in die Werkstätten der Bootszimmerleute werfen. Drinnen wird geklopft und gehämmert, das notwendige Handwerkszeug und der Bootsbau aus Holz werden ausführlich im **Musée de la Construction Navale** präsentiert. Im dämmerigen Licht eines alten Salzhangars, eines *salorge,* hängen Aufrisse von Segelschiffen, Schiffsrümpfe, Kalfaterhammer, Fuchsschwänze und Feilen. Gleich nebenan sind einige alte ausgediente Boote im Schiffsfriedhof von Noirmoutier gestrandet (rue de l'Ecluse, 16. Juni–15. Sept. 10–19 Uhr, 1. April – 15. Juni 10–12.30 und 14.30–18.30 Uhr, Mo geschl.).

Links vom Schiffsbau-Museum bietet das **Maison du Sel** Salz zum Verkauf und gibt Einblick in die raffinierte Salzgewinnung am Atlantik (rue de l'Ecluse, Juli–Sept. 10–12 und 14–19 Uhr).

Information: *Office de Tourisme,* route du Pont, 85630 Barbâtre, ✆ 02 51 39 80 71. *Office de Tourisme,* quai Jean Bart, Les Salorges, 85330 Noirmoutier-en-l'Ile, ✆ 02 51 39 12 42. Hotel- und Campingplätze sollten frühzeitig, etwa im April, reserviert werden. Ferienwohnungen können auf der Ile de Noirmoutier nicht über das Office de Tourisme gebucht werden.

Hotels: *** *Fleur de Sel,* rue des Saulniers, Noirmoutier-en-l'Ile, ✆ 02 51 39 21 59, Fax 02 51 39 75 66. Sehr maritim eingerichtete Zimmer. *Saint-Paul,* 15, rue du Maréchal Foch, Bois de la Chaise, ✆ 02 51 39 05 63, Fax 02 51 39 73 98. Herrschaftliches

Anwesen, ruhig, mitten im Bois de la Chaise. *Punta Lara,* Chemin de la Noure, La Guérinière, ✆ 02 51 39 11 58. Moderne Ferienanlage zwischen Tamarisken direkt am Meer. *Les Prateaux,* 8, allée du Tambourin, Bois de la Chaise, ✆ 02 51 39 12 52, Fax 02 51 39 46 28. Ruhiges Hotel mit hübschen Veranden. *Général d'Elbée,* place d'Armes, Noirmoutier-en-l'Ile, ✆ 02 51 39 10 29. Leben wie im 18. Jh. mit Blick auf den Hafen oder etwas moderner, aber beschaulich mit Blick auf Garten und Pool. ** *Les Douves,* 11, rue des Douves, Noirmoutier-en-l'Ile, ✆ 02 51 39 02 72, Fax 02 51 39 73 09. Logis de France am Schloßgraben. *Koat ar Mor,* 37, av. Joseph Pineau, Noirmoutier-en-l'Ile, ✆ 02 51 39 08 97, kein Fax. Im Chaletstil mit Bruchsteinen und weißgestrichenen Veranden

Camping: *Le Midi,* Barbâtre, ✆ 02 51 39 63 74, ab April. An der feinsandigen Arée-Bucht. *Les Onchères,* Barbâtre, ✆ 02 51 39 81 31, ab April. *La Pointe,* L'Herbaudière, ✆ 02 51 39 16 70, ab Mai. *L'Oasis de la Clère,* bei Bois de la Chaise, ✆ 02 51 39 21 44, ab Mai. Im Wald von Bois de la Chaise. *La Vendette,* Noirmoutier-en-l'Ile, ✆ 02 51 39 06 24, ab April – geöffnet bis jeweils Ende Sept.

Restaurants: *Le Grand Four,* 1, rue de la Cure, ✆ 02 51 39 61 97. Gleich beim Schloß, eine der beliebtesten Adressen der Insel. *L'Anse Rouge,* Bois de la Chaise, ✆ 02 51 39 05 63. Beliebter Familientreff.

Cafés: *Le Café Noir,* quai Jean Bart, ✆ 02 51 39 00 75. Treffpunkt der Insel mit köstlichen kleinen Gerichten, manchmal Live-Musik, am Hafenkanal, bis 2 Uhr. *Iodé,* 13, rue du Vieil Hôpital, ✆ 02 51 39 55 49. Kleine Meeresspezialitäten zum Apéritif, maritim eingerichtet

Nachtleben: *Diskothek La Calorge,* route de Noirmoutier, ✆ 02 51 39 80 09. Techno für junge Leute

Schiffsverbindungen: Zur Ile d'Yeu von der Pointe de la Fosse bei der Brücke. Karten sind dort oder beim Touristenbüro erhältlich. Von Juli bis September kann man mit dem Boot *La Pimpante* von Pornic nach Noirmoutier übersetzten. Informationen beim Office de Tourisme von Pornic, ✆ 02 40 82 49 43

Fahrradverleih: *Cycl'Her,* 1, rue du Centre, Barbâtre, ✆ 02 51 39 80 61

Einkaufen: *Côté Port,* 15, quai Cassard. In einer ehemaligen Segelmacherwerkstatt läßt sich alles finden, um das Haus nach Fischerart einzurichten. *Carita,* 7, rue Piet. Schicke französische Badeanzüge. In L'Herbaudière: *Leroux,* 39, rue du Port. Die besten Butterplätzchen der Insel.

Markt: In Noirmoutier-en-l'Ile: Fr (April–Sept.) auf der Place de la République, von Juni bis Sept. tgl. in den Dörfern auf der Insel

Wandern: Sechs Rundwanderwege führen über die Insel, ein rucksackbepackter Storch grüßt als Maskottchen von den Weghinweisen.

Ile d'Yeu

Die Ile d'Yeu liegt 17,5 km vor der Küste, auf der Höhe von Notre-Dame-de-Monts draußen im Meer, erreichbar nur per Schiff: Die Insel hat sich bis heute ihre wildromantische Schönheit bewahren können. Im Sommer und Winter blühen gelbe Mimosen, spanischer Ginster und Tamarisken setzen bunte Tupfer in die Landschaft. Zum Festland hin erinnern die Sandstrände an die Küste der Vendée, nach Südwesten wirkt die felsige Côte Sauvage sehr bretonisch.

450 Fischer gehen auf der Ile d'Yeu ihrem Beruf nach. Die etwa 120 Boote sind gut ausgerüstet, es heißt, die Islais wären mutige Männer und Gefahren gewohnt. Die Rettungsaktion im Jahr 1917 für die Besatzung des norwegischen Schiffs »Ymer« vor der Ile d'Yeu ist noch nach 80 Jahren in schrecklicher Erinnerung. Bei minus 15 °C geriet das Rettungsboot aus Joinville selbst in Seenot, die Ankerkette brach in schwerer See, die »Paul-Tourreil« wurde bis zur bretonischen Insel Raguenés fortgerissen. Elf Männer, fünf Norweger und sechs Franzosen, erfroren.

Auf der Insel sind nicht allzu viele Autos und Zweiräder unterwegs. Lediglich jeder siebte der 5000 Inselbewohner ist motorisiert. Für Touristen stehen nur wenige Mietwagen bereit. Als ungeschriebene moralische Verpflichtung für die Verleiher gilt: Die Insel ist, so weit es geht, autofrei zu halten. Aber nicht mal Fahrräder sind unbedingt nötig, auch zu Fuß läßt sich die Insel gut erkunden: Von der Pointe du But bis zur Pointe des Corbeaux mißt sie 9,8 km in der Länge, in der Breite sind es gerade mal 3,7 km.

Stille Klippen und Heide mit Hunderten von Pflanzenarten sind auf der Südseite, zur Côte Sauvage hin, zu finden. Dort wachsen seltene Orchideen, Malteserkreuz und längstvergessene Wiesenblumen, die um die Gunst der Schmetterlinge konkurrieren. Wer Glück hat, sieht einen Schwalbenschwanz oder eine Totenkopfsphinx vorbeiflattern. Die Grasnarbe reicht bisweilen bis an gezackte Felsvorsprünge, auf denen junge Möwen erste Flugversuche wagen, tief unter sich das azurblaue, klare Wasser.

Inselrundfahrt

Zunächst beginnt die Inseltour recht profan, denn **Port Joinville** empfängt den Besucher nach der einstündigen Überfahrt in einem professionellen Schiffsbahnhof zwischen modernen Hafenanlagen. Zwei Dampfer von der Compagnie Yeu-Continent, die »Insula Oya II« (nach dem über 1000 Jahre alten Namen von Yeu benannt) und die »Vendée« gehören zur Inselflotte.

In Port Joinville konzentriert sich am Vormittag das Inselleben. Es werden Einkäufe gemacht – im Sommer haben kaum mehr Geschäfte geöffnet als im Winter, das Angebot wird aber den Bedürfnis-

sen der Feriengäste angepaßt. Die Buchhandlung ist gut sortiert mit Presse aus aller Welt. In den Cafés sitzen Fischer und Tageswanderer beisammen, am Imbißstand gibt es Muscheln mit Knoblauch, allerhand Andenkenstände bieten Post-

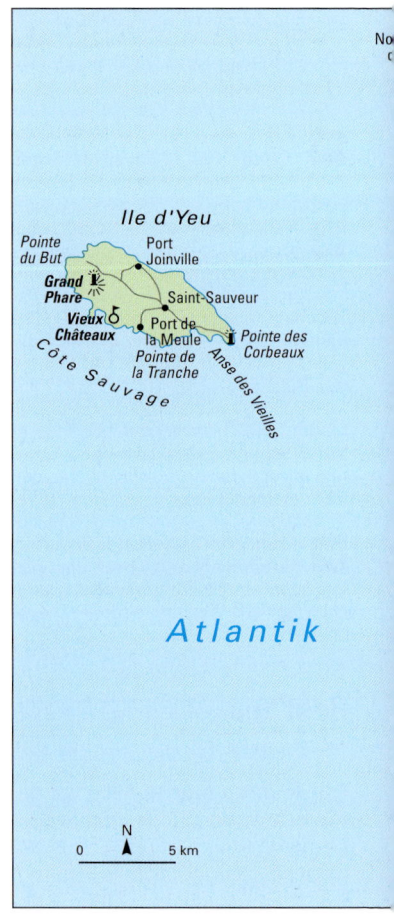

Ile d'Yeu und die Küste des Marais Vendéen

karten, Armbänder und dergleichen an. Den Weg zum Friedhof von Port Joinville finden die zumeist älteren Semester, um dem Grab von Marschall Pétain einen Besuch abzustatten. Der nach fünf Jahren Festungshaft in der Zitadelle

Pierre-Levée 1951 in einem Haus in Joinville verstorbene ›Held von Verdun‹, Vichy-Chef und Nazikollaborateur fand hier seine letzte Ruhestätte.

Mit dem Fahrrad geht es *au bout du monde,* ›ans Ende der Welt‹. So

nennen die Einheimischen die Landspitze **Pointe des Corbeaux.** Es gibt keine *pistes cyclables* (Radwege), es wird nur zwischen *voies bitumées,* asphaltierten Straßen, und *voies carrossables non bitumées,* nicht asphaltierten Wirtschaftswegen, unterschieden. Zypressen, Pinien und Farn säumen die Straßen, ab und zu blitzt ein weißes Haus zwischen Bäumen vor. Das knallige Blau der Fensterläden wird manchmal durch sonniges Zitronengelb oder kräftiges Orange abgelöst. Die Farbauswahl läßt nicht unbedingt Rückschlüsse auf den Geschmack der Bewohner zu. Was von der Bootsfarbe übrigblieb, wurde für die Holzläden verwendet. Die schwarze Teerfarbe am Haussockel schützt vor Feuchtigkeit.

Ein flacher Sandstrand nach dem andern verspricht Badefreuden für Familien, auf Felsklippen hat man Sicht auf den Kontinent. Melancholiker mögen bei trübem Wetter und aufgewühlter See schwer an der Inseleinsamkeit tragen. Glaubt man der Legende, dann soll an der Pointe des Corbeaux einmal ein Rabe einen Eremiten ernährt haben. Die südlichste Ecke der Insel ist dort von rauhen Felsen eingefaßt, ein weiß-rot geringelter Leuchtturm überragt seit Kriegsende wieder die Landspitze, die Deutschen hatten seinen Vorgänger 1944 zerstört.

Weiter geht es in Richtung La Croix. Zum Strand von La Vieille schlägt man einen Feldweg ein und biegt bei Les Tchinettes nach links ab. Eine weite Bucht, die **Anse des Vieilles,** öffnet sich östlich der Pointe des Corbeaux, und ihr Strand gilt, weit zurückliegend und windgeschützt zwischen den großen Ausläufern dieser Landspitze und der Pointe de la Tranche, als schönster der Insel.

Vom Strand fährt man den Berg hoch, folgt dem Chemin des Vieilles bei einem kleinen Parkplatz und biegt bei der zweiten Kreuzung in den großen Weg nach links. Er endet in einem Fußpfad. Zwischen Meer und Straße liegen der **Menhir du Sud** oder des Soux und die **Dolmen du Pain et du Beurre** auf einer sanften Anhöhe hinter der Plage des Soux, steinerne Zeugen aus grauer Vorzeit. Auch ohne Badegelüste ist die Bucht einen Abstecher wert. Auf steilen Serpentinen geht es bergab durch eine herrliche Pflanzenwelt bis zu einer Felswand. Unten angekommen bleibt die Wahl zwischen dem linken und dem rechten Bereich, die von einer hohen Felswand getrennt werden. Rechts ist das Baden gefährlich, französische Familienclans bevorzugen den linken Strandabschnitt.

Wieder zurück radeln wir oben auf dem Hauptweg und wenden uns nach links, nach Westen, zum Port de la Meule. An der vierten Kreuzung geht es links zur **Pierre Tremblante,** einem ›bebenden‹ Menhir auf der Klippe von Taillée. Wer in der Mitte daraufklopft, bringt ihn ganz leicht zum Schwin-

Port de la Meule auf der Ile d'Yeu

gen. Um nach Port de la Meule zu kommen, kehrt man auf den Feldweg zurück und biegt an der dritten Weggabelung nach links. Das schlichte weiße Wallfahrtskirchlein für Seefahrer, **Notre-Dame de Bonne Nouvelle,** ist das älteste der Insel und stammt aus dem 15. Jh. Auf dem Kirchplatz finden sich Radfahrer und Wanderer ein, um auf den Hafen von La Meule hinunterzublicken, der in einem kleinen Küsteneinschnitt liegt.

Dort hinunter gelangt man über den Feldweg nach La Meule auf der Rue de Ker Rabaud bis zur Kreuzung Port de la Meule. Hier führt die Straße nach links steil bis zu einem kleinen Parkplatz hinten am Hafenbecken von **Port de la Meule.** Zwischen Steilklippen stehen nur ein paar kleine Holzhütten am Hafenkai; die Einwohner von La Meule haben sich aus Furcht vor großen Fluten mit ihrem Dorf weiter ins Inselinnere zurückgezogen. Halbrunde Weidenkörbe deuten schon auf den Hauptfang der Fischer hin, die von hier aufs Meer hinausfahren, um Hummer zu fangen. Ihre Reusen lassen sie mitunter so lange im Wasser, bis eine *cuisine* drin ist, die Menge an Fischen, Langusten und Hummer, die eine achtköpfige Familie als Mahlzeit vertilgt.

Bei La Meule fahren wir über den Chemin Sainte-Catherine und den Chemin du Pré Taraud am Dorf entlang bis zu der Stelle, wo sich der Feldweg gabelt. Dort schlagen wir den linken Weg ein und folgen diesem bis zum **Vieux Château**. Seit dem 14. Jh. trotzte die Burg den Angriffen von Spaniern und Engländern. Im 16. Jh. wurde sie von den damaligen Herren, den Rieux d'Assérac, ein letztes Mal verstärkt. Ludwig XIV. ließ sie schließlich mit Kanonenkugeln beschießen, damit fortan kein Feind oder Seeräuber auf die Idee käme, sich auf ihr festzusetzen. Wie ein wildes Korsarennest wirkt die Ruine noch heute, die aus dem Fels zu wachsen scheint. Bei Flut strömt das Wasser in einen tiefen Felsengraben, der die Burginsel von den Steilklippen trennt. Zwei der vier Türme tragen noch ihren Pechnasenkranz. Anstelle einer Zugbrücke führt ein Holzsteg ins Festungsinnere, während das Meer in der Tiefe zwischen den Felsen tost. Schwindelsicher sollte man

schon sein, die Türme haben keine Geländer.

Richtung Westen führt die Rundfahrt dicht entlang den Klippen bis zur **Pointe de la But.** Mächtige Felsen türmen sich davor, für Boote eine sehr gefährliche Stelle. Das Leuchtfeuer des Grand Phare, ungefähr 2 km inseleinwärts, sendet in der Nacht alle fünf Sekunden ein Lichtsignal aus. Auf den Felsbrocken der Chiens Perrins sichert zusätzlich eine gelb-schwarz geringelte Bake den gefährlichen Küstenabschnitt.

Auf dem Feldweg geht es weiter nach Norden und Richtung Port Joinville. Der **Dolmen de la Planche à Puare** bildet einen hübschen Abschluß der Inseltour. Flache Granitschieferplatten ruhen übereinander und halten dem Nordwest-Wind erstaunlich gut stand. Nun geht es

auf die geteerte Straße und in sanften Windungen leicht bergab zurück zur Inselhauptstadt.

Auf Yeu gibt es eine Handvoll kleinerer Dörfer, das größte davon ist Saint-Sauveur, auch Le Bourg genannt. Bis zum 17. Jh. residierte dort ein Seneschall, der im Namen des Königs von Frankreich für die Verteidigung der Insel sorgte. Schmuckstück von Saint-Sauveur ist die romanische Kirche in der Ortsmitte. Blendbogen und Arkaden zieren in rhythmischer Abfolge den Turm. Das Kirchenschiff ist im neugotischen Stil des 19. Jh. gehalten.

In den Dörfchen wachsen wie in der Bretagne lilablaue Hortensienbüsche vor den weißen Häusern. Überdies lautet der Ortsname vielleicht Ker Arnaud oder Ker Poiraud. Doch die scheinbar bretonische Vorsilbe *ker* soll aus dem niederpoitevinischen *Querui* entstanden sein, die zu *Queri* wurde, dann zu *Keri* und schließlich zu *Ker*. Das Wort *Querui* war im Marais Vendéen sehr verbreitet und bezeichnete die Wiesen, auf denen Bauern ihren Weizen trockneten.

Information: *Office de Tourisme,* place du Marché, 85350 Port Joinville, ☎ 02 51 58 32 58

Hotels: *** *Atlantic Hôtel,* quai Carnot, ☎ 02 51 58 38 80, Fax 02 51 58 35 92. Am Hafen. ** *Flux Hôtel,* rue Pierre Henry, ☎ 02 51 58 36 25, Fax 02 51 59 44 57. Mit privatem Strand und einem Restaurant, in dem sich Gäste sogar ihren Fischfang zubereiten lassen können. ** *Les Voyageurs,* quai Carnot, ☎ 02 51 58 36 88 51, Fax 02 51 58 76 16. Hotel mit Restaurant und zünftiger Fischerkneipe. **Chambres d'Hôte, Appartements und Ferienhäuser:** Information und Reservierung beim Office de Tourisme oder bei Agence de l'Océan, rue Calypso, Port Joinville, ☎ 02 51 58 51 13 und Agence de l'Ile, ☎ 02 51 58 37 45

Camping: *Camping Municipal,* Marais de la Guerche, ☎ 02 51 58 34 20. Einfach, aber unter Pinien, schön gelegen, nicht weit vom Strand Les Conches

Restaurants: *La Marée,* rue Pierre Henry, ☎ 02 51 58 41 33. Im Flux-Hôtel, traditionelle französische Küche. *Crêperie de la Meule,* La Meule, ☎ 02 51 58 38 85. Crêpes

Fahrradverleih: Um die Natur zu schützen, bittet das Syndicat d'Initiative darum, auf Wegen und Straßen zu bleiben und nicht mit Mountainbikes über die Wiesen zu fahren. *La Roue libre,* quai de la Mairie, ☎ 02 51 59 20 70. *Loc'n Fun,* 11, quai Carnot, ☎ 02 51 58 36 08. *Vélo Prom'nade,* 15, quai de la Mairie, ☎ 02 51 58 43 22

Schiffsverbindung: Compagnie Yeu-Continent (ganzjährig), Gare de l'Ile d'Yeu, mit Fahrzeugen, ☎ 02 51 58 36 66, Fax 02 51 59 43 25. Gare de Fromentine, mit Fahrzeugen, ☎ 02 51 49 59 69, Fax 02 51 49 59 70. Garcie Ferrande (von Saint-Gilles, nur in der Hauptsaison), Bureau de Saint-Gilles-Croix-de-Vie, ☎ 02 51 55 45 42, Hin- und Rückfahrt kostet ca. 140 FF, Fahrräder müssen angemeldet werden und kosten zusätzlich. Selbst in der Vorsaison ist es besser zu reservieren, in der Hauptsaison sogar einen Monat im voraus. In jedem Fall muß man sich minde-

stens eine halbe Stunde vor der Abfahrt einfinden, um die Tickets abzuholen. In Fromentine kann das Auto an einem bewachten Parkplatz abgestellt werden, die Autoschlüssel werden abgegeben und mit der grünen Versicherungskarte wieder ausgelöst. Abends kann die Überfahrt kühl werden – wer leicht friert, sollte früh am Hafen sein, um sich einen Platz unter Deck zu suchen.

Die Küste des Marais Vendéen

Am Übergang vom Marais Breton zum Marais Vendéen türmen sich meterhohe Wanderdünen, denen erst seit Mitte des 19. Jh. Einhalt geboten wurde. Steineichen-, Kiefern- und Akazienwälder wurden angepflanzt. Im Lauf der Zeit entstand eine traumhaft schöne, hügelige Heide zwischen Dünen und Wald, der das Pays de Monts nun seinen Namen verdankt. Erst zu Beginn des 20. Jh. begann der Badetourismus, doch seit den 50er Jahren wurde die Küste, besonders in Saint-Jean-de-Monts, mit mehrstöckigen Appartementhäusern zugebaut, die den ursprünglichen Charme der kleinen Orte zerstört haben. Was versöhnt, sind die breiten Strände der Côte de Lumière, auf denen Beachvolleyball gespielt wird, Strandsegler entlangsausen und Sandburgen gebaut werden.

Hummerkörbe

Kaum 100 m links und rechts der Touristenzentren wird es überdies zunehmend ruhiger.

Notre-Dame-de-Monts

Um die kleine Dorfkirche Notre-Dame gruppieren sich Restaurant, Cafés und Geschäfte. Alte und moderne Ferienresidenzen sind zum Meer hin symmetrisch angeordnet, in der Fußgängerzone gibt es Live-Musik und Karaoke in kleinen Touristenrestaurants. An warmen Sommerabenden herrscht pure Jahrmarktsstimmung. Am Strand überrascht ein Café mit Holzveranda und Türmchen wie in der Zeit um 1900. Freiluftkino am Wasser und Beachvolleyball-Turniere verheißen außer den fantastischen Bade- und Surffreuden reichlich modernen Sommerspaß.

ⓘ Information: *Office de tourisme,* place de la Mairie, 85690 Notre-Dame-de-Monts, ☎ 02 51 58 84 97

☕ Café: *La Fraîcheur,* plage de Notre-Dame-de-Monts. Auch bei schlechtem Wetter ist das Café ein zauberhafter Ort mit Blick auf die Atlantikwellen

Saint-Jean-de-Monts

Die kilometerlangen, feinen Sandstrände sind seit Mitte des 19. Jh. für Liebhaber des Atlantiks beliebtes Ferienziel. Seit den 1950er Jahren versucht man, Touristenmassen in

Wohnblocks und auf Campingplätzen unterzubringen. Zahllose Straßen führen durch den 800 ha großen Kiefernwald zur Plage des Demoiselles. Ein 18-Loch-Golf, Strandsegeln, Reiten, Surfen, Kinderclub, Thalasso-Therapie – Saint-Jean bietet jedem etwas.

Information: *Office de Tourisme,* Palais des Congrès, 27, esplanade de la Mer, 85160 Saint-Jean-de-Monts, ✆ 02 51 58 00 48

Saint-Hilaire-de-Riez

Die auch hier kilometerlangen Sandstrände von Saint-Hilaire sind nun durchbrochen von kleinen Felsenbuchten. Der Ort besteht aus zwei Kommunen: Notre-Dame-de-Riez ist zum Marais und zur Vie hingewandt, Saint-Hilaire-de-Riez besitzt einen Segelhafen am Meer.

Information: *Office de Tourisme,* 21, pl. Gaston-Pateau, 85270 Saint-Hilaire-de-Riez, ✆ 02 51 54 31 97

Saint-Gilles-Croix-de-Vie

Richtung Sion folgt man dem Wegweiser D 6a. Pittoresk verläuft die **Corniche Vendéenne,** die Küstenstraße, in 10 m Höhe über dem Meer. Das Trou du Diable, ein Felsloch, durch das die Flut hereindonnert, und die Cinq Pineaux, zwei große Felsenriffs, wurden 1922 als Naturdenkmäler eingestuft.

Der klangvolle Doppelname des Orts entspringt der 1967 vollzogenen Eheschließung zweier Gemeinden, zwischen Saint-Gilles und Croix-de-Vie. Beide liegen an der Vie und ihrem Nebenflüßchen Jaunay, die zusammen in einem engen Mäander ins Meer fließen. Das Leben an Jacht- und Fischerhafen läuft hier noch geruhsam ab. Der Fischfang hat sich als Lebenserwerb halten können, der Hafen steht an zehnter Stelle in Frankreich. War es bis zum 17. Jh. Kabeljau, so sind es heute Sardinen, die hier ihre Abnehmer finden.

Information: *Office de Tourisme,* bd. de l'Egalité, 85800 Saint-Gilles-Croix-de-Vie, ✆ 02 51 55 03 66, Fax 02 51 55 69 60

Hotels: ***Les Embruns, 16, bd. de la Mer, ✆ 02 51 55 11 40, Fax 02 51 55 11 20. Mit Blick aufs Meer. ** *Saint-Gilles,* 27, quai du Port Fidèle, ✆ 02 51 55 32 74, Fax 02 51 55 66 88. Nettes, kleines Hotel an der Vie. Beide Hotels haben ein Restaurant.

Camping: ****Les Bahamas Beach, 168, route des Sables, ✆ 02 51 54 69 16, April–15. Sept. Neu angelegt. ***Les Cyprès, route des Sables, ✆ 02 51 55 38 98, Ostern–30. Sept. Sehr schön im Wald in Strandnähe angelegt. ** *Petit Pavillon,* 181, route des Sables, ✆ 02 51 55 14 63, Ostern–20. Sept.

Strände: Lange, flache Sandstrände. Die Grande Plage vor der Dune de la Garenne und den Dunes de Jaunay ist traumhaft schön, aber überlaufen, denn sie liegt vor den Appartementhäusern und Hotels. Richtung Süden gestaltet sich der Strandbesuch ruhiger.

Die Schönheit aus dem Ozean

Sardinen

Die grünblau schimmernde Schönheit aus dem Meer war im 18. Jh. der Star unter den Fischen. Zu Beginn des 19. Jh. schrieb der Kritiker Grimod de la Reynière: »Wer nie fangfrische Sardinen aß, hat eine der wichtigsten paradiesischen Freuden dieser niederen Welt noch nicht versucht.« Die zahlreichen Konservenfabriken mußten in den vergangenen Jahrzehnten allerdings schließen, weil die Fischer von der Ile de Noirmoutier, der Ile d'Yeu und aus Les Sables d'Olonne keine Sardinen mehr gefangen haben; der Markt verlangt nicht mehr danach, die Definition von paradiesischem Genuß ist eine andere geworden.

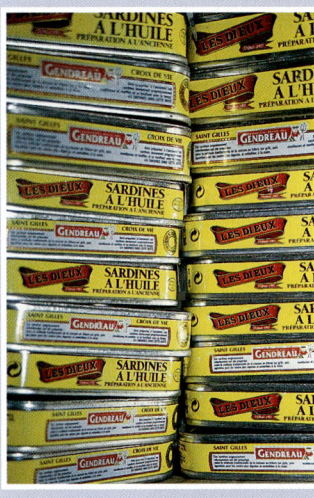

Die meisten Sardinen und vor allem Anchovis werden heutzutage nach Spanien verkauft.

Die Frauen von Saint-Gilles folgen nun nicht mehr der Fabriksirene von Tertrais gleich neben dem Quartier Marocain, dem alten Fischerviertel. In die ehemalige Sardinen-Confiserie von 1850 ist ein Kulturzentrum eingezogen. Nur noch bei Gendreau auf der Anhöhe über der Stadt werden Sardinen in hübschen Dosen verpackt. Die Confrérie des Sardiniers wacht über Tradition und Qualität dieser feinschmeckenden Fischdelikatesse.

In der Maison du Pêcheur (22, rue du Maroc) in Saint-Gilles erwartet den Besucher das liebevoll nachgestaltete Interieur eines Fischerhaushalts aus den 1920er Jahren. Was fehlt, ist nur noch der Geruch von Fisch und Meer. Aber auch ohne den kann man sich gut vorstellen, wie gekocht und geschlafen wurde, wo der Fischer seine Netze reinigte und flickte (Juni–15. Sept. 10–12 und 15–18 Uhr, Di und So geschl.).

Brem-sur-Mer

Einsame Strände auch in der Hochsaison findet man zwischen Saint-Gilles-Croix-de-Vie und Les Sables d'Olonne. Diese Küstenstraße ist sehr schön zu fahren, bei La Sausaie muß man dafür nach rechts einbiegen. An der Parée-Plage von Brétignolles locken Strandhotels und Bars. Segler und Surfer finden hier einen natürlichen Hafen, der von den bisweilen spitz aufragenden Felsen abgeschirmt wird. Die Küstenstraße führt auf die D 38 zurück und in das 3,5 km entfernte Brem-sur-Mer, wo noch heute in kleinen Weinfeldern der Lieblingswein von Kardinal Richelieu, der Fief du Cardinal, gehegt wird. Der Rosé des Fiefs Vendéens ist eine regionale Spezialität, ein VDQS, weniger fruchtig als die Mareuil-Weine und als Mischung aus den Rebsorten Franc Blanc und Gamay angenehm trocken.

Les Sables d'Olonne

Den allerschönsten Blick auf Les Sables d'Olonne sollte man sich nicht entgehen lassen und deshalb nicht in die Stadtmitte sondern weiter Richtung Talmont-Saint-Hilaire auf der D 949 fahren. Auf der Höhe von Les Arpents Village geht es rechts ab, nach zwei kleinen Weilern Richtung Baie de Cayola bis an die Küste. Von hier aus

meint man, in der Ferne hinter den felsigen Küstenvorsprüngen eine Art Manhattan zu erkennen. Da stehen blendend weiße Gebäude wie eine Mauer vorm Atlantik, Betonklötze bilden eine Skyline wie jenseits des Ozeans. Bei Flut ist sie vom dicken Gischtnebel der Wellen eingehüllt.

Das Auto kann man an einer der zahlreichen Einbuchtungen über den Klippen abstellen, entlang der Küstenstraße einen Spaziergang machen und sich – bei Flut – dem Meerspektakel am ›Höllenbrunnen‹, dem **Puits d'Enfer,** hingeben. Mit dem Auto führt die Tour dann weiter über die kurvenreiche Corniche, die D 32b, direkt am Rand der Klippen entlang mit Blick auf die Felsenbrandung geradeaus nach Les Sables d'Olonne auf die Uferpromenade Le Remblai.

Les Sables d'Olonne hat im Zweiten Weltkrieg schwer gelitten, nur wenige Belle-Epoque-Villen im Zuckerbäckerstil stehen vereinzelt zwischen neuen Appartmenthäusern vor der gleißend hellen Atlantikküste, hier Côte de Lumière genannt. Der riesige, 2 km lange Sandstrand Le Remblai an der Bucht ist direkt nach Süden ausgerichtet und somit ein einzigartiger Sonnenspeicher.

Folgt man der Promenade de l'Amiral Lafargue Richtung Hafeneinfahrt, reicht der Blick weit hinüber bis zu dem Leuchtturm am Hafen und der Landzunge Saint-Nicolas. Zur Hafeneinfahrt ist es eine gute Viertelstunde zu Fuß. Auf

Les Sables d'Olonne, der bekannteste
Badeort der Vendée

der linken Seite der Fahrrinne liegt
das stille Fischerstädtchen **La
Chaume** mit niedrigen weißen
Häusern, das noch ganz von der
Tradition des Fischerhandwerks geprägt ist. Kamelien und Glyzinien
ranken über die weißgetünchten
Mauern, die Gassen erzählen allein durch ihre Namen allerhand
romantische Geschichten: Soupir,
Amour, Hasard-Seufzer, Liebe, Zufall... Unübersehbar steht die zin-
nengesäumte **Tour d'Arundel** am
Eingang des Städtchens. Die Aus-
sichtsplattform bietet einen wunderschönen Panoramablick auf die
Bucht und die restaurierte Prieuré
Saint-Nicolas (12. Jh.).

Gegenüber pulsiert das Leben
im geschäftigen **Hafenviertel,** wo
das Personal der Fischereien rund
um den Handels- und Fischerhafen
arbeitet. Der Port des Sables ran-
giert an fünfter Stelle in Frankreich.
Bis in die 1950er Jahre wurden in
den Docks der großen Bootsbauer
die elegant-wendigen Thunfisch-
boote nach dem englischen Vorbild des Dundy gebaut. Im Hafen
liegen heute im *bassin à flot*, dem
Fluthafenbecken hinter der Schleuse, hauptsächlich Trawler (*chalutiers*) vor Anker oder werden in den
Trockendocks und den Werften repariert. Die Kutter sind zwischen
10 und 23 m lang, oft sind die
Mannschaften zwei Wochen unterwegs, etwa nach Island. Was genau
den Fischern ins Netz oder die
Reusen gegangen ist, kann man an
einer aktuellen Tafel im Hafen ab-

lesen. Per Funk teilen die Boote mit, wieviel Langusten, Seeteufel oder Rochen sie gefangen haben. Das heizt den Wettbewerb schon vor der Versteigerung in der *criée,* der Versteigerungshalle, an.

Vom Hafenkai aus kann man auf Entdeckungstour in das **Quartier du Passage** gehen. Über die Rue Bisson gelangt man zur Kirche Notre-Dame-de-Bon-Port aus dem 17. Jh., deren Türme das Stadtbild dominieren. Sie von außen zu betrachten fällt schwer, weil die Häuser ringsum so dicht stehen. Von dem weichen, bei Sonnenlicht strahlend weißen Kalksandstein haben sich im Laufe der Zeit die schönen fein ziselierten Verzierungen im Stil der Spätrenaissance aufgelöst wie abgelutschtes Zuckerwerk.

Der Weg durch die engen Gassen der **Altstadt** führt steil nach oben. Richtig heimelig wirken die schmalbrüstigen Stadthäuser aus dem Mittelalter mit ihren hübschen maritimen ›Hausmarken‹. Eckhäuser stehen ganz schnittig an winzigen Kreuzungen. Die Markthalle an der Rue du Palais wurde 1991 komplett renoviert, der lichte Belle-Epoque-Pavillon von 1890 nahezu filmkulissenreif kopiert.

Weniger verwinkelt, etwas bürgerlicher ist das Viertel um den Justizpalast. Dahinter sind die Straßen um die Place de Commerce breiter; ehemalige Ferienvillen zwischen schönen Stadtpalais erinnern an die Sommer der Vorkriegszeit. Im Hôtel du Relais (17. Jh.) in der Nr. 72 der Rue Napoléon ist im **Musée des Guerres de Vendée** eine der besten Ausstellungen zu den Vendée-Kriegen zu sehen. Patriotisch sein hieß nach der Revolution, hinter der neuen Republik zu stehen. Les Sables und der Süden der Vendée mit der Bischofsstadt

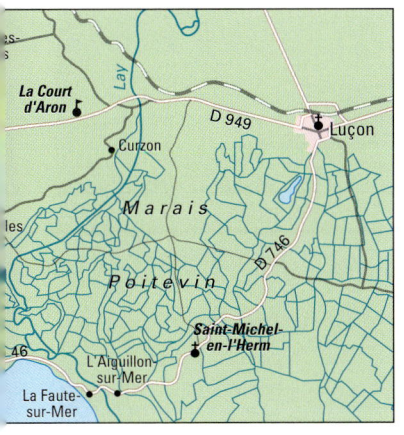

Luçon hielten als einzige während des Vendée-Aufstandes zu der jungen Republik. In Wachs geformt erscheinen die Republikaner Hoche, Kléber und Danton, sowie die Anführer der Aufständischen, Charette, Stofflet und d'Elbée. Korrespondenzen, Karten und Dokumente vermitteln einen einigermaßen neutralen Eindruck auf die Zeit nach der Revolution (Juni–10. Sept. 10.30–12 und 15–19 Uhr).

In der Nähe der Place Louis XI, an der Rue de Verdun, befindet sich das **Musée Sainte-Croix.** In der ehemaligen Benediktiner-Abtei Sainte-Croix, heute ein Kulturzentrum, werden Werke von Künstlern wie Paul-Emile Pajot, Gaston Chaissac und Victor Brauner präsentiert. Auch das Interesse an der Industrie- und Heimatgeschichte wird gestillt: Alte Trachten und Bootsmodelle illustrieren Leben und Handwerk in der Stadt am

Von Les Sables d'Olonne
nach La Tranche-sur-Mer

Meer (Okt.–14. Juni 14.30–17.30 Uhr, Mo und an Feiertagen geschl., 15. Juni–30. Sept. 10–12 und 14.30–18.30 Uhr).

Information: *Office de Tourisme,* 1, promenade Joffre, B. P. 146, 85100 Les Sables d'Olonne, ✆ 02 51 96 85 85, Fax 02 51 96 85 71, Internet: www.ot-lessablesdolonne.fr. Juli–Aug. 9–19 Uhr, sonst 9–12.15 und 14–18.30 Uhr. Informationen über Ausfahrten mit Fischkuttern und einem alten Thunfischfangboot, über die Hafenbesichtigung mit Führer (der Besuch der Versteigerung in der *criée* ist eingeschlossen) und über Sportangebote wie Segeln und Surfen.

Hotels: ****Atlantic,* 5, promenade Georges Godet, ✆ 02 51 95 37 71, Fax 02 51 95 37 30. Hotel direkt an der Promenade mit überdachtem Swimmingpool und Meerblick. ****Les Roches Noires,* 12, promenade Clemenceau, ✆ 02 51 32 01 71, Fax 02 51 21 61 00. Hotel, in dem Simenon in den 1940er Jahren immer dasselbe Zimmer bezog, die Nr. 104. Den Ozean vor Augen, schrieb er dort die »Ferien von Maigret«. Das Frühstück wird in einem hübschen Salon mit Blick auf die Atlantikwellen serviert. ***Le Merle Blanc,* 59, av. Aristide Briand, ✆ 02 51 32 00 35, kein Fax. Wunderschönes Jahrhundertwendehotel in einer Stichstraße zur Promenade, teilweise mit Balkonzimmern und Blick aufs Meer, ruhiger kleiner Park mit Terrasse. ***Alizé,* 78, av. Alcide Gabaret, ✆ 02 51 32 44 90, kein Fax. In der Stadtmitte beim Musée Sainte-Croix. *Auberge vendéenne,* 36, rue des Remparts, ✆ 02 51 32 03 98, Fax

Die Landschaft bei Les Sables
d'Olonne ist weit und eben

02 51 32 02 05. Kleines Hotel in unmittelbarer Nähe zum Strand, nur 20. Juli–15. Sept. *De la Tour*, 46, rue du Dr Canteteau, ✆ 02 5195 38 48, kein Fax. Ruhig gelegen, im Herzen von La Chaume, nicht weit von den Hafenquais.

Camping: ****Les Roses,* rue des Roses, ✆ 02 51 95 10 42. Neu angelegter Campingplatz nicht weit vom Ozeanboulevard Remblai, 8. April–15. Okt. ****Les Dunes des Sables,* La Paracou – La Chaume, ✆ 02 51 32 31 21. Sehr schön gelegen auf einer Düne nördlich von La Chaume, toller Sandstrand Le Sauveterre (April–25. Sept.)

Restaurants: *Le Sloop,* 5, promenade Georges Godet, ✆ 02 51 95 37 71. Hervorragende Küche von Jean-Jacques Moissinac, seine Frau Marie-Hélène sorgt für die entspannte Atmosphäre, gute regionale Weinauswahl, direkt an der Promenade, Sonnenuntergang inbegriffen. Nicht ganz billig. *Chez Rosemonde,* 10, quai Georges V, ✆ 02 51 95 25 81. Ausgezeichnetes Fischrestaurant, sehr beliebt, in La Chaume mit Blick auf den Fischerhafen und das Quartier du Passage. *Les Charmettes,* 22, promenade Georges Clemenceau, ✆ 02 51 32 00 42. Kleines Restaurant mit Bar und Cafébetrieb auf zwei Etagen an der Promenade. Maritime Einrichtung und vernünftige Preise. *Aux p'tits oignons,* 22, quai Franqueville, ✆ 02 51 95 37 07. Sehr schön am Fischerhafen gelegen

Markt: *Halles Centrales,* rue des Halles (15. Juni–15. Sept. 8–13 Uhr, sonst Mo geschl.). *Marché Arago,* bd. Arago (8–13 Uhr). *Fischmarkt,* quai Franqueville (Mo–Sa 8.30–12.30 und 16–19.30 Uhr, So vorm.)

Strände: Le Remblai direkt am Ort: feiner Sandstrand, Le Tanchet: beliebt bei Surfern, La Paracou und Le Sauveterre: auf einer riesigen Düne hinter der Ile Vertîme und La Chaume. 20 km lange Felsküste mit kleinen Sandbuchten

 Regatta: Der Vendée Globe ist eine Einhand-Segelregatta um die Welt, im Alleingang ohne Zwischenaufenthalt. Alle vier Jahre wird sie in Port Olona, dem Jachthafen von Les Sables d'Olonne, gestartet. Die nächste findet 5. Nov. 2000 bis März 2001 statt.

Von Les Sables d'Olonne nach La Tranche-sur-Mer

Die große N 149 führt durch das ländliche Städtchen **Talmont-Saint-Hilaire,** das dem Verkehr gar nicht gewachsen ist. Oft kommt man mit dem Auto auf der Brücke der Payré zu stehen. Seit ein paar Jahren hat sich Talmont seiner maritimen Vergangenheit erinnert und in der Nähe des Dörfchens Bourgenay an der Küste einen Jachthafen angelegt. Freilich um den Preis, dabei eine unberührte Küstenlandschaft zu zerstören. Port Bourgenay ist nicht gerade eine Augenweide, dafür aber der einzige Tiefwasserhafen zwischen La Rochelle und Les Sables d'Olonne, in den man jederzeit einfahren kann.

 Information: *Office de Tourisme,* place du Château, 85 440 Talmont-Saint-Hilaire, ☎ 02 51 90 65 10

 Hotel: *** *Hôtel de Port Bourgenay,* ☎ 02 51 23 35 35, kein Fax Golfhotel, Anlage mit 18 Löchern

Restaurant: *Le Cottage,* 60, av. de Luçon, ☎ 02 51 96 04 61. Gelbweiß gestrichenes Landhäuschen mit hübschem Garten, mittlere Preislage

Strand: Le Veillon, auch Dinosaurier-Strand genannt, weil in den Felsplatten Abdrücke von den riesigen Urtieren gefunden wurden, die im Musée Sainte-Croix in Les Sables d'Olonne ausgestellt sind

An der Küste entlang

Wälder und Seewiesen liegen zwischen der D 949 im Hinterland und der D 21, die näher zur Küste verläuft. Die Orte Jard-sur-Mer und Saint-Vincent-sur-Jard liegen in dichten Wäldern. In Jard zweigen zahllose Fußwanderwege von der Straße ab und führen durch den Kiefern- und Eichenwald zum Meer und zu den Steilfelsen an der Landspitze von Payré.

Hotels: in Jard-sur Mer: *** *Parc de la Grange,* route de l'Abbaye, ☎ 02 51 33 44 88, Fax 02 51 33 40 58. Mit Swimmingpool, mitten im Wald. * *L'Océan,* Le Bourg, ☎ 02 51 33 40 45, Fax 02 51 33 98 15. Nicht weit bis zum Ozean und zum Haus von Clemenceau, mit Swimmingpool und Halbpension

Strände: Le Goulet, Ragnette (Saint-Vincent-sur-Jard), Boisvinet, La Mine (Jard-sur-Mer). La Mine kann nur zu Fuß durch den Wald erreicht werden. Die Wege sind ausgeschildert.

Das Haus von Georges Clemenceau

Einen außerordentlich poetischen und urwüchsigen Ort suchte sich der ehemalige französische Staatspräsident Georges Clemenceau (1841–1929) in Saint-Vincent-sur-Jard als Altersruhesitz aus. Nach der Niederlage bei den Präsidentschaftswahlen im Jahr 1920 bezog er für die symbolische Miete von einem Franc das Haus am Meer in seiner Heimat Vendée. Der Besitzer, der Colonel Trémont, vergalt wohl damit die Verdienste des alten Politikers während des Ersten Weltkriegs, der die Soldaten an der Front besuchte und ihnen moralisch den Rücken gestärkt hatte.

Den offenen Ozean vor sich, getrennt nur durch eine schützende Kaimauer und den Garten, so lebte, aß und arbeitete der ›Tiger‹ während seiner letzten Jahre. Clemenceau, der begeisterte Großwildjäger, verhalf der Stimmung am französischen Atlantik noch zu einer besonderen Note, indem er sich aus Reet, Stroh und Holzstöcken um einen Baumstamm herum eine überdachte Veranda vor seinen Salon bauen ließ. In dieser französisch-afrikanischen Melange kehrte er der Welt zumindest physisch den Rücken und schrieb an seinen Memoiren. Der museale Arbeitsplatz im Schlafzimmer, Salon, Eßküche und Gästezimmer sind ausstaffiert mit allerlei Erinnerungsstücken, wertvollen Möbeln und Jagdtrophäen. Besucher bekam er selten, sein Freund Monet fand das Haus zu spartanisch. Vom Garten aus hat man einen grandiosen Blick auf die benachbarte Pointe du Grouin du Cou im Süden und die Ile de Ré (März–Sept. 9–12 und 14–18 Uhr, Di geschl.).

Von Longeville nach La Tranche-sur-Mer

Der über 20 km lange Wald von Longeville erstreckt sich vom Ort bis zur Pointe du Grouin. Kaum ein Haus stört den Spaziergänger, Fußwege führen zu den Stränden, die D 105 verläuft hinter dem Wald. Über 10 km lang säumen drei sehr schöne Strände die Küste, und Longeville selbst ist in den letzten Jahren zu einem veritablen Surfparadies geworden.

 Strände: Le Bouil, Le Rocher und Les Conches (Fußwege), letzter ist besonders geeignet zum Surfen.

Von der D 105 biegt man nach ein paar Kilometern auf die D 91a ab und fährt durch den Wald von Longeville bis zum Leuchtturm von **La Tranche-sur-Mer.** Der Ort liegt an einer zugigen Ecke hinter der Landspitze von Grouin du Cou. Das Meer frißt sich so gierig vor, daß bestimmte Gebiete dort nicht bebaut werden dürfen. Eine mittelalterliche Kirche und der Friedhof sind schon Ende des 19. Jh. weggespült worden. Von Juli bis Aug. herrscht an der D 105 am späten Vormittag, wenn fürs Mittagessen eingekauft wird, viel Verkehr. Der Ort ist im Sommer ganz auf Baden und Surfen an den kilometerlangen Sandstränden Richtung Süden eingestellt.

Information: *Office de Tourisme,* place de la Liberté, 85360 La Tranche-sur-Mer, ✆ 02 51 30 33 96, Fax 02 51 27 78 71

 Hotels und Restaurants: Alle liegen am Meer: ** *L'Océan,* 49, rue Anatole France, ✆ 02 51 30 30 09, Fax 02 51 27 70 10. ** *Les Dunes,* 68, av. Maurice Samson, ✆ 02 51 30 32 27, Fax 02 51 27 78 30. Im Restaurant werden Meeresspezialitäten serviert. ** *Le Rêve,* 8, rue de l'Aunis, ✆ 02 51 30 34 06. Hotel mit Schwimmbad, besonders gute Küche, Spezialität Hummer

 Strände: Les Generelles und La Terrière sind beliebte Surfstrände, Clemenceau und Les Generelles eignen sich zum Windsurfen und Segeln

Windsurfregatta: im Juli, vom Festland zur Ile de Ré (26 km)

Menhire und Dolmen in der südlichen Vendée

Avrillé und Saint-Hilaire-la-Forêt

Von Talmont-Saint-Hilaire führt die D 949 durch sanft hügelige Landschaft bis zu dem Dorf Avrillé. Kurz davor liegt in einer Senke das imposante Renaissanceschloß **La Guignardière** von 1560 in einem weitläufigen Park. Im Château war man auf Vorratshaltung eingestellt, Küche und Keller im Erdgeschoß haben beachtliche Ausmaße, aber schließlich war der Hausherr, Jean Guignard, ja auch Brotbäcker von Heinrich II. (15. Juni–Ende Sept. 10–19 Uhr).

In **Avrillé** sind Dolmen und Menhire einen Abstecher wert.

An der Küste bei Aiguillon-sur-Mer

›Carnac Vendéen‹ wird der melancholische Landstrich mehr oder weniger stolz nach dem bretonischen Carnac genannt. Ein Fahrrad-Rundweg wurde von zwei Historikern ausgearbeitet (Plan erhältlich im C.A.I.R.N., s. rechts). Mit dem Auto können einzelne, wie der Dolmen de la Pierre Levée oder die Dolmen von Savatole bei Le Bernard, angefahren werden. Angesichts der massigen Steine überrascht die Geräumigkeit im Inneren der Gangdolmen aus der Zeit um 4500 v. Chr. Die Besitzer der Felder, auf denen die Dolmen stehen, wollten früher nicht selten dieses in ihren Augen von Feen sicher verzauberte Terrain loswerden, um Hof und Vieh vor bösen Schicksalen zu schützen.

In **Saint-Hilaire-la-Forêt** informiert das C.A.I.R.N., das archäologische Zentrum zur Erforschung der Jungsteinzeit, über das Leben unserer Vorfahren. Wie in grauer Vorzeit Feuer entfacht, getöpfert und gewebt wurde, der interessierte Besucher darf es sogar selbst ausprobieren (Juli–Aug. 10–12.30 und 14.30–19 Uhr, Mo geschl. April–Juni und Sept. 15–18 Uhr, Sa geschl.; erhältlich sind Informationen zu Fahrradrundwegen).

Information: *Office de Tourisme,* place de la Justice, 85440 Avrillé, ☎ 02 51 98 94 13

Camping: *Le Bois du Mouquet,* ℰ 02 51 98 90 33. Schön schattig gelegen unterhalb des Dorfes Richtung La-Tranche-sur-Mer

Auf dem Weg nach Luçon

Über die D 747 geht es durch stille Heckenlandschaft zurück zur D 949 Richtung Luçon. Das Renaissanceschloß **La Court d'Aron** besitzt einen schönen Rosenpark und andere Blütenpracht (Juli und Aug. 10–12 und 14–18.30 Uhr mit Führung, ℰ 02 51 30 81 82).

Sehr lieblich und einen kleinen Umweg von der D 949 wert, ist das Dorf **Curzon** an der D 46. Eine Brücke von 1746 überspannt das Flüßchen Lay, das von Norden durch die Salzfelder des Marais Poitevin bei L'Aiguillon-sur-Mer ins Meer fließt. Sehenswert ist die Krypta aus dem 11. Jh. unter der Dorfkirche wegen der romanischen Säulenkapitelle.

Luçon

Vor der Nordfassade der Kathedrale Notre-Dame haben die Bürger von Luçon Kardinal Richelieu (1585–1642) ein Denkmal gesetzt, der hier 1608 zum Bischof geweiht worden war. Luçon, seit 1317 Bischofssitz, ist eine lebhafte kleine Stadt, meist ist der Blick auf die Kathedrale durch den großen Markt auf der Place du Général Leclerc verstellt, und die Cafés an der Place des Acacias sind voll besetzt. Die 10 000 Einwohner zählende Stadt liegt in der Ebene des Bas-Poitou, am Rande des Marais Poitevin. Bis ins 15. Jh. lag Luçon direkt am Meer, danach ersetzte ein künstlich gegrabener Kanal den natürlichen Handelsweg. Bis ins 19. Jh. florierte der Handel mit Getreide, das Wahrzeichen der Stadt, der Hecht (lat. *lucio*), ist schon lange davor mit dem Meer verschwunden.

Der 85 m hohe gotische Turm der **Kathedrale Notre-Dame** sticht wie eine Pfeilspitze in den Himmel über der poitevinischen Ebene. In traditioneller dorischer, ionischer und korinthischer Säulenordnung gestaltete François Leduc, genannt Toscane, Ende des 17. Jh. die Hauptfassade im klassizistischen Stil. Im freundlich-hellen Innern der Kathedrale offenbart sich die Bedeutung des Bischofssitzes unter anderem in wertvollen Holztäfelungen und einem Baldachin aus dem 18. Jh. im Chor. Auch die Cavaillé-Col-Orgel aus dem 19. Jh. ist der Kathedrale würdig. Durch die linke Seitentür gelangt man zum Kreuzgang. Die Fenster über den Spitzarkaden der Galerie können ihren italienischen Einfluß nicht verleugnen. Hier finden sich zu Beginn des 16. Jh. – und dies ist sehr selten im Poitou – erste Renaissance-Rosen an den Fenstern.

Information: *Office de Tourisme,* square Edouard Herriot, 85400 Luçon, ℰ 02 51 56 36 52

Poitou

Marais Poitevin

Poitiers

Niort

Im Marais Poitevin

Kahnfahrt durch das Marais Poitevin • Spaziergänge in der geschichtsträchtigen Bischofsstadt Poitiers • Futuroscope – Hightech-Freizeitpark auf der grünen Wiese • Niort – einst Stadt der Gerbereien und Handschuhfabriken • Durch das liebliche Tal des Clain • Wallfahrtsstation Melle

Marais Poitevin – Die Kanallandschaft des ›Grünen Venedig‹

Der Charme des Marais Poitevin entgeht vielen Autofahrern, die allzu rasch auf der Nationalstraße zwischen Niort und La Rochelle dahinbrausen oder, von Nord-Westen her kommend, auf der N 137 über Chaillé-les-Marais und Marans achtlos das Land durchqueren. Freilich hat das trockengelegte Marais in der westlichen Hälfte an der Küste weit weniger zu bieten als das *marais mouillé* im Osten, der feuchte Teil, der *Venise Verte,* ›Grünes Venedig‹, genannt wird.

In einer der Ortschaften an der Sèvre Niortaise, zum Beispiel in Damvix, läßt man am besten sein Fahrzeug stehen und besteigt eine Barke. Hier scheinen die Uhren langsamer zu gehen, und für so manchen *maraîchin* verläuft das Leben noch im Takt der *pigouille,* des langen Bootshakens, mit dem er seinen Kahn im weitverzweigten Netz der Wasserstraßen gemäch-

lich dahingleiten läßt. *Le baté,* ein nach vorne spitz zulaufendes, hinten eckiges Boot mit flachem Boden ist von alters her das bevorzugte Fortbewegungs- und Transportmittel der Bauern. Werktags geht es darin zum Einkaufen ins nächste Dorf oder auf die Wiese zum Heuen, Kühe und Pferde werden darin ebenso befördert wie das frisch geschlagene Holz, und sonntags schippert die Familie zur Kirche.

Was also liegt näher, als selbst eine Kahnfahrt zu unternehmen? Fragt sich nur, ob mit oder ohne *guide,* der nicht nur die Führung übernimmt, sondern auch fachkundig das Paddel bedient. Für Anfänger ist die erste Wegstrecke mit einigen Zick-Zack-Fahrten verbunden. Auf einem detaillierten Plan, der beim Bootsverleih erhältlich ist, ist jeweils auf 100 m genau die Route auf Kanälen und Flüssen ausgewiesen, je nachdem, wie lange man unterwegs sein möchte, ob man es mit einer Stunde bewenden lassen will oder Lust hat, gleich einen ganzen Nachmittag lang das von Erlenbüschen, Weiden, Eschen und hohen Weißpappeln gesäumte Labyrinth zu erkunden, in dem genau auf die im Wasser oder am Ufer postierten Markierungen geachtet werden sollte: So mancher hat sich in dem 15 000 ha großen *marais mouillé* schon verirrt.

Einst war das Sumpfland viel größer. Im Mittelalter legten Mönche Weideland an, hoben Kanäle wie den Canal des Cinq Abbés aus, errichteten Deiche und legten Land trocken. Philipp der Kühne ließ den Kanal Achenale-Roi bauen. Von den größeren Wasserläufen, den *contrebots,* verteilt sich das Wasser bei Hochwasser in die kleineren Kanäle, die *rigoles,* von dort in noch kleinere, die *conches.* Dazwischen liegt überaus fruchtbares Acker- und Weideland, auf denen normannische oder Marais-Kühe weiden. In den Gärten gedeihen weiße Bohnen, Artischocken, Zwiebeln, Melonen, Zucchini und Knoblauch.

Große Anbauflächen für Weizen und Gerste sind besonders im *marais desséché* zu finden, im trockengelegten Teil, der inzwischen auf 31 000 ha angewachsen ist. Dort sind die landwirtschaftlichen Betriebe größer, dort haben die Bauern ungeachtet der mannigfachen ökologischen Bedenken Drainagen gelegt, Feuchtgebiete leergepumpt und mit riesigen Maschinen Flora und Fauna niedergewalzt, um lohnendere Flächen für Monokulturen zu schaffen. Die Proteste von rund 1500 Naturschützern, die sich in der Association Cantonale pour l'Etude et la Défense de l'Environnement dans le Marais (ACEDEM)

Im ›Grünen Venedig‹

Marais Poitevin

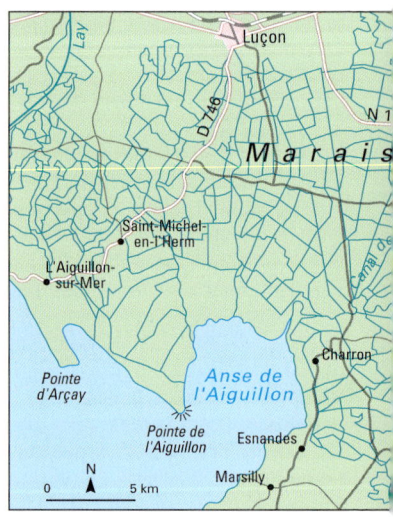

zusammenfinden, halfen bisher kaum. Der Bürgerinitiative fehlt es auch deshalb an Durchschlagskraft, weil das Marais Poitevin zu drei verschiedenen Departements gehört und damit gleich drei Verwaltungen untersteht: Charente-Maritime im Süden, Vendée im Westen und Deux-Sèvres im Osten. Indessen aber schreiten die Trockenlegungen voran. Denn von den EU-Subventionen für Getreide und Mais profitieren die Bauern unmittelbarer als von der Förderung des Naturschutzgebietes durch die Europäische Kommission. In der **Maison du Petit Poitou** in **Chaillé-les-Marais** (Juni–Aug. 10–19 Uhr, 15. März–11. Nov. 10–18 Uhr, So vormittags geschl.), in der auf die Kultur der Maraîchins und die Naturzerstörung aufmerksam gemacht wird, sprechen die Umweltschützer deshalb auch unverhohlen von ihren bornierten Zeitgenossen, denen das Hemd näher sei als die Hose.

Auf der beschaulichen Reise durch das zwar flächenmäßig geschrumpfte, aber immer noch bezaubernde ›grüne Venedig‹ staunen dennoch die Hobbypaddler über die Artenvielfalt, den Pflanzen-, Tier- und Insektenreichtum. Da blitzen purpurfarbene Bachstelzen zwischen gelben Schwertlilien, aschfarbene Reiher tauchen hinter riesigen Speiersträuchern auf, Wasserhühner mit gelb-roten

Schnäbeln nisten in Ufernähe, und nicht selten wird auch ein Fischotter oder ein Biber aufgeschreckt. Frösche aller Art tummeln sich zwischen gelben Wasserrosen und blauvioletten Iris. An manchen Stellen wachsen Salzkraut und die rosa blühenden Tamariskensträucher. Viele selten gewordene Vogelarten benützen das Marais auch als Zwischenstation auf ihrem Flug in ferne Länder, wie etwa die langschnabelige Uferschnepfe, die im Frühjahr zu ihren Nistplätzen in den Niederlanden startet. Häufig ziehen schwarze Reiher und Bussarde ihre Kreise, und wer Glück hat, erspäht in den Baumwipfeln einen goldenen Zeitgenossen, den Regenpfeifer.

Auch Angler sind hier in ihrem Paradies, es gibt Aale, Barsche,

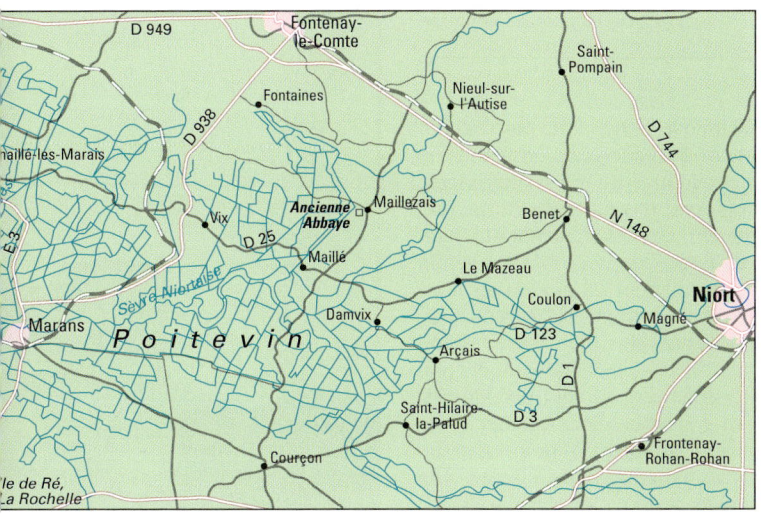

Karpfen und Rotfedern in großer Zahl. Mancherorts entlang der Wasserstraßen stehen auf den Grundstücken Wohnwagen oder kleine Hüttchen – eine Idylle, die inzwischen von zugereisten Pensionären und Feriengästen geprägt wird. Touristisches Zentrum des Marais Poitevin ist **Coulon** am nordöstlichen Rand des Sumpfgebietes. Die Kais der Sèvre Niortaise sind von den kalksteinweißen Häusern der Flußschiffer gesäumt, im Ortsinneren konzentriert sich das Dorfleben um die romanische Kirche aus dem 11. Jh., deren Südportal im 15. Jh. im gotischen Stil erneuert wurde. An der reizenden Place de la Coutume unten am Fluß erwarten den Besucher ein kleines Kulturzentrum, ein exzentrisches Buchantiquariat und die

Maison des Marais Mouillés, die über die Entstehung des Sumpfes informiert, über die Besiedlung und das Leben der Sumpfbewohner (10–12 und 14–19 Uhr, Mo geschl., Juli–Aug. 10–19 Uhr).

Die etwas abseits weiter westlich gelegene Ruine der Abtei von **Maillezais** wurde Ende des 10. Jh. von Guillaume Fier-à-Bras, Graf des Poitou, auf einer vom Meer umspülten Kalkinsel erbaut und dem Benediktinerorden übergeben. Von dem einst 90 m langen Gebäude mit ehemals sechs Glockentürmen sind nur der Narthex, die Wand des linken Seitenschiffes aus dem 11. Jh. und Teile des Querschiffes aus dem 14. Jh. erhalten. Wenn man Glück hat (und Geduld), schafft man es, das selbst als Ruine noch majestätisch wirkende

Die Abteiruine Maillezais

Gemäuer ohne eine der zahlreichen Besuchergruppen ganz für sich auf einem Foto zu verewigen. Während das Gotteshaus, das unter dem französischen Papst Johannes XXII. zu einem Bistum gehört hatte, in den Religionskriegen zu mehr als drei Vierteln zerstört wurde, ist das aus dem 14. Jh. stammende Klostergebäude mit ehemaligem Salzkeller, dem Refektorium der Mönche, einer Küche sowie einem Krankenzimmer noch gut erhalten. Richelieu, Bischof von Luçon, scheute jedoch die Kosten für den Wiederaufbau der Abteikirche und ließ den Bischofssitz nach La Rochelle verlegen.

Wenn eines der verliehenen Boote länger als eine Stunde überfällig ist und langsam die Abenddämmerung hereinbricht, wird die Suche aufgenommen. Mit der *pagaie,* mit dem schnell-schlagenden Paddel, dringt der Bootsführer rasch in das Kanalsystem vor, *à la petite tête,* hinten direkt am äußersten Bootsrand hockend. Nur nach Jahren der Übung ist ein solcher Balanceakt möglich, wie eine Nußschale reagiert der schwimmende Untersatz dabei auf die kleinste Bewegung. Je nachdem, wo der Mitfahrer sitzt, befindet sich nur ein geringer Teil des Barkenrumpfes im Wasser. Das läßt die Helfer schnell vorwärtskommen, binnen kürzester Zeit sind die Verschollengeglaubten aufgespürt. Auf dem kürzesten Weg geht es zurück zur Anlegestelle. Dann greift man freilich nochmals ins Portemonnaie, um die fällige Nachgebühr zu berappen – und legt gerne noch ein Trinkgeld obendrauf.

Information: *Office de Tourisme,* place de l'Eglise, 79510 Coulon, ✆ 05 49 35 99 29, Fax 05 49 35 84 31; außerhalb der Sommermonate ✆ 05 49 35 99 26. *Mairie,* 85420 Maillezais, ✆ 02 51 00 75 18

Hotels und Restaurants: *** *Au Marais,* 46–48, quai Louis Tardy, ✆ 05 49 35 90 43, Fax 05 49 35 81 98. Am Fluß gelegen, die himmelblauen Fensterläden wetteifern mit denen der typischen Marais-Häuser. ** *Le Central,* 4, rue d'Autremont,

☏ 05 49 35 90 20, Fax 05 49 35 81 07. Zimmer mit Blick auf die Place de Coulon und die Kirche, weitbekannte, gute regionale Küche. In der näheren Umgebung des Marais Poitevin läßt es sich hübsch nächtigen im *** *Logis Saint-Martin*, chemin de Pissot, 79400 Saint-Maixent-l'Ecole, ☏ 05 49 05 58 68, Fax 05 49 76 19 93. Im Nordosten von Niort, an der Sèvre Niortaise in einem wunderschönen Herrenhaus aus dem 17. Jh. *La Grange aux Roseaux,* Le Grand Port, 85420 Maillezais, ☏ 05 51 00 77 54. Nettes kleines Restaurant, regionale Spezialitäten. *Auberge de l'Ecluse,* an der D 123 zwischen Coulon und Arçais. Günstiges Spezialitätenrestaurant

❗ Rund ums Pferd: Das Marais Poitevin ist ein kleines Reiterparadies. Bis vor nicht allzu langer Zeit arbeiteten die Bauern mit Eseln, aus Pferdemist und Torf formten sie Brennmaterial. Von den Kanälen aus sieht man Pferde auf den Weiden. Was mit dem Auto unmöglich ist, hoch zu Roß kann man die Kanallandschaft gut durchqueren. Kutschen, Pferdewagen und Pferde gibt es im gesamten Regionalpark zu mieten. In Charron: Mme. Sansonnet, 35, rue Serpentine, ☏ 05 46 67 35 99. In Saint-Hilaire-La Palud: M. Loik Vincent, La Roche, ☏ 05 49 35 33 09. In Damvix: M. Braud, route de Maillé, ☏ 05 51 87 13 89

🚶 Wandern: Auf der Grande Randonnée Sèvre et Autise läßt sich sowohl das trockene als auch das feuchte Marais Poitevin entdecken. Fünf Rundwanderwege sind zwischen Maillezais und Vix sowie Bent und Coulon ausgezeichnet (IGN-Karten 1428 und 1528)

Von Günter Scheinpflug

Muschelzucht

Jeder Muschelzüchter *(mytiliculteur)* in der flachen Bucht von Aiguillon kennt die Stellen, wo er seine Muschelpfähle im Meer stehen hat. Sie tragen so klangvolle Namen wie Mouton Rothschild, La Marceline oder Les Iroquois. La Charron, eine Muschel, die in dem Gebiet vor dem Fischerdorf Charron gezüchtet wird, gilt als Delikatesse, und schmeckt den Menschen in der Vendée und Charente-Maritime am besten dottergelb und weich in der *mouclade,* einer Muschelsahnecurrysauce. 100 000 t Miesmuscheln im Jahr vertilgen die Franzosen, allein 10 % kommen aus Aiguillon, Charron, Esnandes und Marsilly.

Weit draußen im Meer im Pertuis Breton hängen die *filières,* 50 m lange, dicke, zwischen Pfosten gespannte Taue. An den Hanfseilen heften sich die Muschellarven fest und bleiben acht Monate den Fluten ausgesetzt, bis sie groß genug sind, um sie wie eine riesige Blutwurst, als *boudin,* in ein Netz zu packen und um die Eichenpflöcke zu wickeln, die in Küstennähe eingeschlagen sind. Dort werden sie Monate später gepflückt. Die Saison beginnt im Mai und endet nach Silvester.

Von weitem sehen die 7 m langen Pfähle bei Ebbe wie feine, schwarze Striche im Wasser aus. Sie sind dicht übersät mit Miesmuscheln. Kaum ein Fischer, der nicht mit dem Boot bei Flut zu den Muschelzäunen hinausfahren würde. Die Miesmuschelzucht wurde in der Bucht über Jahrhunderte ähnlich wie im Mittelalter betrieben; damals erfand ein schiffbrüchiger Ire namens Patrick Walton die einfache Technik. In den letzten 30 Jahren aber haben sich die Fischer gründlich umgestellt. Mit einer Jolle fahren sie zu ihren Motorkähnen

Poitiers

Poitiers, die Kapitale der Region Poitou-Charentes, erhebt sich malerisch auf einem Hügel über den beiden Flüssen Clain und Boivre. Vom rechten Ufer des Clain, von dem Plateau des Dunes unten im Vorort Saint-Saturnin, hat man den schönsten Blick auf die Altstadt. Rund 85 000 Einwohner zählt die ehemalige römische Provinzmetropole. Am Rathausplatz herrscht lockere Stimmung, die Straßencafés sind beliebter Treffpunkt für Studenten – es sind immerhin 30 000 eingeschrieben – und Einheimische. Poitiers ist eine ehemalige Händler- und Klosterstadt in ländlicher Umgebung, sehr bodenständig; städtisches Flair wie in Bordeaux, La Rochelle und Nantes fin-

hinaus, mit einem Kran im Boot holen sie die dicken *boudins* von den Pfählen und ›pflücken‹ die Muscheln. An Bord noch werden sie in Säcke abgepackt. Meist arbeitet die ganze Familie mit, an die 100 Betriebe leben in der Bucht von den Einkünften aus der Muschelzucht.

In der Maison de la Mytiliculture in Esnandes läßt sich die Technik der Pfahlmuschelzucht genauer studieren (April–Mitte Juni 14–19 Uhr, Mo geschl., Mitte Juni–Mitte Sept. 10–19 Uhr). Umweltschützer meinen, daß durch den Bau der Brücke zur Ile de Ré die Bucht in 100 Jahren im Schlamm versunken sein wird. An den Brückenpfeilern sammele sich Schlick, die Baie de l'Aiguillon und ihre Zuchtfelder wären ernsthaft in Gefahr!

det man hier nicht. Die Industrie hat einen breiten Gürtel um die Stadt gelegt, hauptsächlich sind es Zweigwerke großer Firmen wie Dassault, Michelin und Schlumberger. Auch die Altstadt wirkt hier und da trist, weil die historischen Fassaden vom dunklen Schmutz der Autoabgase überzogen sind (Stadtplan von Poitiers s. hintere Umschlaginnenklappe).

Stadtgeschichte

Aus dem einstigen ›Limonum‹ der Gallier wurde ›Pictavi‹, so benannt nach dem gallischen Volk der Pictaven. Der hl. Hilarius missionierte die Stadt im 4. Jh., und 732 kam es im heutigen Moussais-la-Bataille bei Poitiers zur entscheidenden Schlacht zwischen Christen und Arabern, zwischen Abend- und

Morgenland, aus der Karl Martell siegreich hervorging. Eleonore von Aquitanien verlieh der Stadt schon 1199 besondere Rechte. Noch 1356 wurde sie im Verlauf des Hundertjährigen Krieges immer wieder zum Zankapfel zwischen England und Frankreich. Beliebtes Ziel war die Stadt für Pilger auf dem Weg nach Compostela, denn wie eine Perle glänzte die Schönheit von Notre-Dame-la-Grande (12. Jh.) unter den zeitweise 70 Kirchen.

Mit der Regentschaft von Jean de Berry (1369–1416) kam Poitiers wieder unter französische Herrschaft, und ein aufwendiger, verschwenderischer Lebensstil hielt Einzug in die kleine Stadt. Der kunstsinnige Herzog umgab sich mit Vorliebe mit Künstlern und Architekten. Die Gebäude des 12. Jh., die noch aus der Zeit der Plantagenet stammten, ließ er komfortabler ausstatten. Neue Bauwerke, etwa das Grafenschloß mit der Grande Salle, wurden im Stil der Epoche, dem gotischen Flamboyant, umgestaltet. In diesem Saal wurde 1429 in einem dreiwöchigen Verhör Jeanne, das einfache Lothringer Bauernmädchen, von Theologen auf seine Glaubwürdigkeit geprüft. Selbst seine Jungfräulichkeit wurde in Frage gestellt. Die Vision, Frankreich, den König und Orléans vor der Belagerung zu retten, konnte schließlich auch ein Pakt mit dem Teufel sein. Bei einer Jungfrau aber würde jede diabolische Absicht verfehlen. Auf die Frage der Kommisssion, warum nicht Gott ohne Waffengewalt Frankreich aus den Klauen der Engländer retten würde, antwortete Johanna weise: »Die Krieger werden kämpfen und Gott wird den Sieg geben.« Mit kirchlichem Segen verließ Johanna am 10. April 1429 Poitiers und vertrieb die Engländer an der Spitze der französischen Truppen aus Orléans.

Zwei Jahre später, 1431, gründete König Karl VII. die Universität, die bald die berühmtesten Schriftsteller und Gelehrten Frankreichs anzog. François Rabelais ließ sich zu Beginn des 16. Jh. von Poitiers und der Landschaft des weiter westlich gelegenen Marais Poitevin zu seinem satirischen Romanzyklus »Gargantua und Pantagruel« inspirieren. Einige Male kam er nach Poitiers, in seinem Gefolge fanden auch die Dichter der Pléiade den Weg in die junge Universitätsstadt.

Die Bürger waren den Ideen Calvins gegenüber sehr aufgeschlossen und wünschten ernsthafte Absprachen zwischen den feindlichen Religionsparteien der Katholiken und Protestanten. Bei den ›Grands Jours‹, den Gerichtstagen, wurde noch einmal versucht zu schlichten. Allein, die Religionskriege hinterließen Poitiers zerstört und verarmt, die Stadt wurde mehrmals Schauplatz von heftigen Kämpfen zwischen Protestanten und Katholiken. Das ehemals reiche Geistesleben fand danach nie mehr zu seiner alten Blüte.

Rund um Notre-Dame-la-Grande

Notre-Dame-la-Grande, der wichtigste Anziehungspunkt der Stadt, ist eine der schönsten Kirchen Frankreichs, ein Kleinod romanischer Baukunst. Kamen im Mittelalter die Jakobspilger erschöpft und und abgequält schließlich in Poitiers an, wurden sie vom Anblick der reich geschmückten Fassade belohnt, einer wahren Augenweide. Auf der dreigeschossigen Skulpturenwand, eingefaßt von zwei Ecktürmen mit geschuppten Kegeldächern über massigen Bündelpfeilern, fanden sie reichlich Anschauungsmaterial, um über Gott, die Welt und den

Notre-Dame-la-Grande in Poitiers

Menschen zu meditieren. Ein tiefliegendes Archivoltenportal, flankiert von zwei Scheinportalen, lädt den Gläubigen in das Gotteshaus ein. Die virtuosen Flachreliefs darüber zeigen Adam und Eva, König Nebukadnezar von Babylonien, die Propheten Moses, Jeremia, Jesaja und Daniel, die das Wort Gottes in Händen halten. Das Fenster in der Mitte des zweiten Geschosses ist ebenso groß wie das Portal. In den Arkaden einer doppelten Blendbogenreihe links und rechts der Rosette stehen und sitzen die Statuen der zwölf Apostel. Im linken und rechten oberen Bogen sind der hl. Hilarius und sein Schüler, der hl. Martin, verewigt. So kostbar wie ein Medaillon wirkt die Mandorla darüber, in der Jesus mit zwei Engeln erscheint. Die überreichen, nahezu barocken Bordüren

an den Friesen sind typisch für den Spätstil der Romanik in der Mitte des 12. Jh. Die meisten Kirchen waren in jener Zeit bunt bemalt. Um diesen für heutige Augen gewöhnungsbedürftigen Eindruck zu wiederholen, projiziert man im Sommer bei Einbruch der Dunkelheit ein riesiges Farbdia auf die Kirchenfassade.

1080 ist die dreischiffige, 57 m lange Hallenkirche erstmals urkundlich erwähnt. Poitiers ist in dieser Zeit eine einzige Baustelle für Kirchen: Auch an Saint-Hilaire, Sainte-Radegonde und Saint-Jean-de-Montierneuf wird gearbeitet. Die poitevinischen Steinmetze geben in der Kirchenplastik den Ton an. Vornehmlich an den Fassaden wird die Fabulierlust exzessiv ausgelebt.

Rund um die Kirche muß im Mittelalter ein immenses Treiben geherrscht haben, denn unweit davon steht der ehemalige Grafenpalast aus dem 13. Jh., heute der **Justizpalast** mit klassizistischem Vorbau. Prächtig ragt die gemauerte Flamboyant-Giebelwand mit drei monumentalen Kaminen an der Südseite des Grafenschlosses auf. Herzog Jean ließ sie von seinem Architekten Guy de Dammartin am Ende des 14. Jh. errichten. Knapp 50 m in der Länge und 17 m in der Breite mißt der riesige Schloßsaal, die Salle des Pas-Perdus, auch Grande Salle genannt. Eleonore von Aquitanien hatte sich diesen feierlichen Audienzen und Versammlungen vorbehaltenen Saal

einrichten lassen; Jeanne d'Arc wurde hier auf die Probe gestellt. Ihre Statue steht im Garten der **Tour Maubergeon,** des unvollendeten Bergfrieds (12. Jh.) hinter dem Justizpalast zur Rue des Cordeliers.

Das **Hôtel de l'Echevinage** (15. Jh.), ehemals Universität und Schöffengericht, an der Rue Paul-Guillon, vereint Gotik und Renaissance. Nach links auf die Rue Gambetta stößt man auf den romanischen Glockenturm von **Saint-Porchaire** (15. Jh.). Jetzt wäre die Gelegenheit zum bummeln oder sich am nahegelegenen Rathausplatz in eines der Cafés zu setzen und vielleicht den ungehinderten Blick auf das **Rathaus** im historistischen Renaissancestil des 19. Jh. zu genießen. Gegenüber an der Ecke zur Rue Carnot steht das hübsche **Hôtel de Nieul** (18. Jh.).

Quartier Saint-Hilaire

Zum Quartier Saint-Hilaire geht es über die **Rue Carnot,** zentrale Straße seit dem 11. Jh., über die die Pilger in die Stadt kamen. Nette Restaurants und Lädchen säumen die Straße. Nach rechts geht es in die winzige **Rue Bourcany,** deren Name auf die lateinische Bedeutung ›Hundeburg‹ zurückgeht. Hier befand sich 100 n. Chr. ein römisches Amphitheater. Reste der Eingangstore sind zwischen ganz normalen Wohnhäusern noch zu erkennen, die Besitzer bezogen die antiken Fragmente in den Hausbau mit ein.

Das Café du Théâtre in Poitiers

In einem Restaurantgarten der Rue Carnot Nr. 37 sieht man von der Straße gar einen einsamen römischen Pfeiler aufragen. Dieses Viertel an der stark befahrenen und für Fußgänger nicht ungefährlichen Rue Carnot verbirgt unter Abgasschmutz so manches interessante Stadthaus. In der Parallelstraße, der Rue Renaudot, prangt einsam an dem modernen Gebäudekomplex der Nr. 65 das blaue UNESCO-Denkmalzeichen. Es handelt sich nicht um einen Irrtum. Das Restaurant »Saint-Hilaire« befindet sich im ehemaligen Weinkeller einer Abtei aus dem 12. Jh., die es nicht mehr gibt. Die Besitzer des Lokals, André und Danielle Point, haben

sich darum ganz auf das Abenteuer Mittelalter eingelassen und bieten tatsächlich ›alte‹ Speisen an, wie tagelang geköchelte Ragouts mit seltenen Kräutern.

Leicht hinunter geht es zur ehemaligen Grabkirche des Hilarius, die über dem Tal der Boivre im Süden der Stadt liegt. Im Jahre 368 starb der Missionar von Poitiers in diesem Viertel und ließ sich in der von ihm erbauten kleinen Kapelle Saint-Paul beerdigen. Das Kirchlein brannte immer wieder ab, deshalb entschloß man sich zu einem steinernen, dreischiffigen Bau. Bischof Fulbert von Chartres gilt als Initiator für den Bau von **Saint-Hilaire-le-Grand** ab 1083. Allerdings stellte der gezimmerte Dachstuhl noch immer eine Gefahrenquelle dar. Nach einem neuerlichen Brand im 12. Jh. entschloß man

Futuroscope

Raum und Zeit durchqueren im Kinosessel

Der zukunftsorientierte Freizeitpark mitten im touristisch unterentwik-
kelten Gebiet der Vienne entpuppte sich zu einem genialen Glücksfall
für die gesamte Region: Auf der grünen Wiese mit eigener Autobahn-
ausfahrt 7 km nördlich von Poitiers wurde 1987 das Futuroscope eröffnet. Von weitem wähnt man Außerirdische am Werk, die hier mit ihren Ufos gelandet sind.

In einem glasverkleideten Pavillon, zusammengesetzt aus einem
auf den Kopf gestellten Triumpfbogen mit einer Riesenkugel in der Mitte
empfängt kein geringerer als Christoph Kolumbus die Gäste an Bord
seines Schiffes Santa Maria: auf einer Riesenleinwand und dreidimensional. Das »Kinemax« sieht auf den ersten Blick aus wie ein halb ge-
kippter, halb in die Erde versunkener, abgebrochener Wolkenkratzer
oder wie überdimensionaler Bergkristall. Hinter den Spiegelfassaden
verbirgt sich ebenfalls ein Kino der Superlative. Rund 600 m² mißt der
installierte Flachbildschirm, auf dem die Zuschauer »Das Geheimnis
der Maya« ergründen können. Der Erlebnispark mit Kinderkarussells
und Rutschbahnen wuchs zu einem gigantischen Parc Européen de
l'Image auf inzwischen 70 ha Fläche an, in den jährlich rund 3 Mio.
Besucher strömen. In weiteren Pavillons und Lichtspieltheatern des
französischen Architekten Denis Laming werden visuelle und simu-
lierte Abenteuer geboten, etwa auf einem magischen Teppich, der auf
einem gläsernen Fußboden ›ausgerollt‹ wird. Hochauflösende Bild-
technik wird zum schwindelerregenden Seherlebnis in hydraulisch-
beweglichen Sesseln. Im ›dynamischen‹ Kino sausen die Zuschauer

sich, steinerne Gewölbe einzuzie-
hen. Im 16. Jh. dann stürzte der
Glockenturm ein und zerstörte
weite Teile des Langhauses. Noch
vor der Revolution wurde die Kirche an einen Demolisseur verkauft,
schon lange vorher aber hatten Einwohner die Kirche als Steinbruch
benutzt und ihre eigenen Häuser
gebaut. Erst vor 100 Jahren wurde

Saint-Hilaire restauriert und in den
heutigen Zustand versetzt.

Wunderschön anzusehen sind
die vier Kapellen an der Südseite
zur Rue du Doyenné, die an den
Chor (11. Jh.) angebaut wurden,
eine stilistische Anleihe aus der au-
vergnatischen Romanik – sonst
sind es meist fünf Kapellen. Wie
mit einem Zierband sind sie rings-

durch die idyllische Landschaft der Vienne, durch Wälder, Flußtäler, Schlösser und Städte. Eine wassersymphonische Lasershow am *Lac enchanté*, dem Zaubersee, entzückt die Theatergäste an heißen Sommerabenden. Für die Kleinen gibt es das ›musikalische Haus‹, eine blaue Leinwand mit Videotricks, virtuelle Spiele, ein Wasserlabyrinth und vieles mehr.

Auf dem weitläufigen Gelände dauert ein Besuch oft länger als geplant. Die Preise für Getränke sind akzeptabel, überwiegend wird Fast-Food geboten. Zu empfehlen sind daher eigener Proviant und eine Wasserflasche im Rucksack. In der flachen Ebene bei Poitiers wird es im Sommer ordentlich heiß! Zudem bilden sich vor den Kassen lange Besucherschlangen.

Zum Futuroscope gehört außerdem ein Technologie-, Informations- und Kongreßzentrum mit Ausbildungsstätten und Forschungslabors. 70 Unternehmen aus dem Computer- und Kommunikationssektor sind einem interaktiven Netz angeschlossen. Über 1500 Mitarbeiter arbeiten im hypermodernen Teleport an den Datenautobahnen der Zukunft, basteln an der Überwindung von Raum und Zeit. Die Visionen der Postmoderne – hier werden sie Wirklichkeit.

Öffnungszeiten: 30. März–10. Nov. 9–18 Uhr, Sa und So 9 Uhr bis Sonnenuntergang; Juli–Aug. tgl. bis Sonnenuntergang, Auskunft: Futuroscope, Destination, B.P. 2000, 68130 Jaunay-Clan ☎ 05 49 49 30 80, Fax 05 49 49 30 25, Internet: www.futuroscope.com.

herum mit außergewöhnlich fantasievollen Monstermasken, Tiergestalten und Blattwerk geschmückt.

Der Säulenwald im Inneren überrascht, ist jedoch auf die Umbaumaßnahmen im 12. Jh. zurückzuführen, aus denen am Ende sieben Kirchenschiffe hervorgingen. Im Mittelschiff wurden zusätzliche Stützpfeiler errichtet, um die ungeheure Last der Kuppel zu tragen. Andächtiges Licht fällt mattgolden in die Kirche. Aus echtem Gold war auch das Bodenmosaik im höhergelegten Querschiff, es ist im Original im Museum Sainte-Croix zu bewundern. In den Kapellen wurden Fresken freigelegt, die das Leben des hl. Martin darstellen. Eindrucksvoll ist auch die Grablegung des hl. Hilarius an einem Säulenkapitell im vorderen Teil des Chors. In der Krypta befindet sich hinter einem Eisengitter der Reliquienschrein des hl. Hilarius.

Die **Doyenné,** das Dekanshaus neben der Kirche im Stil der italienischen Renaissance, 1520 von Geoffroy d'Estissac, dem späteren Bischof der Abtei von Maillezais und Freund von Rabelais, gebaut, ist leider renovierungsbedürftig!

Rund um Saint-Pierre

Zur **Kathedrale Saint-Pierre** spaziert man am besten über die Grand' Rue, die schon in gallorömischer Zeit eine wichtige Handelsstraße war. Kunsthandwerker und interessante Geschäfte, hübsche Bürger- und Handelshäuser aus dem 16. und 17. Jh. säumen die belebte Straße, die nach rührigen Restaurierungsarbeiten wieder etwas von ihrem alten Glanz wiedergefunden hat. Saint-Pierre überragt mit ihren schwarzen Türmchen weithin sichtbar die Stadt. Die 100 m lange, dreischiffige, typisch poitevinische Hallenkirche mit angevinischen Gewölben weist außen deutlich gotische Stilelemente auf. Die drei Portale sind mit zierlichen Wimpergen bekrönt. Darüber prangt in der Mitte eine Fensterrose. Das märchenhafte Licht schimmert in der Kirche durch die Fenster (13. Jh.) der Apsis. Das reich geschnitzte und erzählerisch äußerst vergnügliche Chorgestühl zählt zu

den ältesten Frankreichs: Engel tragen Kronen, Maria mit dem Jesuskind, ein Mann, der ein Schwein tötet, der Baumeister bei der Arbeit, Tiere und Pflanzen.

Wie von einem anderen Stern wirkt daneben das **Zentrum Mendès-France,** zwischen dem Baptisterium Saint-Jean (4. Jh.) und der gotischen Kathedrale Saint-Pierre. Metallisch glänzt die Kuppel des Planetariums vor dem Gotteshaus; in dem modernen Gebäude werden Ausstellungen zur Evolution des Menschen gezeigt (1, place de la Cathédrale, 10–19 Uhr, Sa und So von 14–19 Uhr, Mo geschl.).

Das **Baptisterium Saint-Jean,** eine Taufkapelle aus der Mitte des 4. Jh., das älteste Zeugnis christlicher Baukunst in Frankreich, wäre im 19. Jh. schon fast das Opfer städtischer Bauwut geworden, wenn Prosper Mérimée in seiner Eigenschaft als Inspektor für Denkmalschutz nicht auch hier, ebenso wie im Fall des Germanicus-Bogens in Saintes, eingeschritten wäre. Nahezu 4 m tief unterhalb des heutigen Bodenniveaus liegt mittlerweile das Kleinod. An den rechteckigen Taufsaal schließen sich im Osten eine quadratische Apsis und zwei Kapellen (6./7. Jh.) an. Rote Backsteinbänder aus merowingischer Zeit beleben die Außenmauern, im Inneren kann man durch Fenster im Boden Fundstücke aus gallorömischer Zeit bewundern.

In dieser Zeit, im 6. Jh., lebte auch Radegunde, Germanenprinzessin aus Thüringen und verheiratet mit dem Mann, der sie ihrer Familie entführt hatte, Frankenkönig Chlothar. Gegen den Willen des Hofes und hauptsächlich um ihrem Mann und den lästigen Ehepflichten zu entkommen, zog sie sich ganz in das von ihr gegründete Kloster Sainte-Croix zurück, in dem sie 587 starb. Ihr Sarkophag wurde in die benachbarte Grabkapelle des Klosters gebracht. Ein wahrer Pilgerstrom ergoß sich daraufhin in die **Kirche Sainte-Radegonde.** Im 12. Jh. gestaltete man sie neu im romanischen Stil, im 13. Jh. dann wurde das Kirchenschiff in Angevinischer Gotik überbaut. Der eckige Glockenturm (12. Jh.) überragt das Portal in gotischem Flamboyant. Die Krypta unter dem Chor birgt den originalen Sarkophag von 587 mit den Überresten der Heiligen.

In einem modernen Gebäude anstelle der während der Revolution zerstörten Abtei befindet sich heute das **Musée Sainte-Croix.** Das Museum besitzt archäologische und kunsthistorische Schätze von der Römerzeit bis zur Moderne, darunter drei schöne Bronzegüsse von Camille Claudel (Juni–Sept. 10–12 und 13.15–18 Uhr, Di bis 20 Uhr, Sa und So 10–12 und 14–18 Uhr, Mo vorm. geschl.).

Einen Besuch wert ist im nördlichen Teil der Stadt das **Hôtel Fumé** in Nr. 8 der Rue Descartes, ein elegantes Stadtpalais aus dem 16. Jh. mit prachtvollen Lukarnen im filigranen Stil des Flamboyant. Nicht weit davon steht die romanische Abteikirche **Saint-Jean-de-Montier-**

neuf, 1096 von Papst Urban II. geweiht. Dank der Chronik (12. Jh.) eines Mönches des Kluniazenser-Ordens weiß man, daß das Kloster für 100 Mönche eingerichtet wurde und Zentrum eines belebten Mühlen- und Gerberviertels war. Die schlichte Fassade wäre sicherlich ähnlich reich verziert worden wie die von Notre-Dame-la-Grande, allein den Mönchen war durch den vorzeitigen Tod von Herzog Guy-Geoffroy-Guillaume von Aquitanien das Geld ausgegangen.

Information: *Office de Tourisme,* 8, rue des Grandes Ecoles, 86009 Poitiers, ☎ 05 49 41 21 24, Fax 05 49 88 65 84

Hotels: *** *Grand Hôtel ,* 28, rue Carnot, ☎ 05 49 60 90 60, Fax 05 49 62 81 89. Elegantes, komfortables Hotel in der Nähe des Rathausplatzes. ** *Hôtel de l'Europe,* 39, rue Carnot, ☎ 05 49 88 12 00, Fax 05 49 88 97 30. Ruhig gelegen, die Zimmer im alten Teil haben typisch französischen Charme. *Jules Ferry,* 27, rue Jules Ferry, ☎ 05 49 37 80 14, Fax 05 49 53 15 02. Einfach und preiswert, *Saint-Simplicien,* 43, rue Saint-Simplicien, ☎ 05 49 41 19 39, kein Fax. Kleines, sehr günstiges Hotel

Außerhalb von Poitiers in den Städtchen am Clain läßt es sich sehr schön wohnen. Von dort kann man einen Ausflug zum Futuroscope unternehmen oder im lieblichen Mäandertal des Clain wandern und Kanufahren. *** *Château de Vaumoret* (8 km östlich Poitiers), rue du Breuil Mingot, 86000 Poitiers, ☎ 05 49 61 32 11, Fax 05 49 01 04 54. Hübsches Schloß aus dem 17. Jh. im Grünen. *** *Chalet de Venise* (4 km südlich von Poitiers), 6, rue du Square, 86280 Saint-Benoît,

✆ 05 49 88 45 07, Fax 05 49 52 95 44. Das Hotel ist für sein Feinschmeckerrestaurant bekannt! *** *Manoir de Beauvoir* (5 km südöstl. von Poitiers), 635, rte. de Beauvoir, 86550 Mignaloux, ✆ 05 49 55 47 47, Fax 05 49 55 31 95. Traumhaft gelegenes Landhotel im Kolonialstil (19. Jh.) mit 18 Loch-Golfplatz und Schwimmbad. ** *Saint-Georges*, 12, Grand' Rue, 86370 Vivonne, ✆ 05 49 89 01 89, Fax 05 49 89 00 22. Stilvolles und gemütliches Ambiente in kleinem Städtchen mit gotischer Kirche am Clain, zum Teil behindertengerechte Zimmer

🍴 **Restaurants:** *Les Trois Piliers,* 37, rue Carnot, ✆ 05 49 55 07 03, So abends und Mo geschl. Der junge Chefkoch Jean-Yves Massonnet hat sich den einzigen Michelinstern der Gegend erkocht. *Le Saint-Hilaire,* 65, rue Renaudot, ✆ 05 49 41 15 45. Mittelalterliche Kräuterküche in denkmalgeschütztem romanischem Weinkeller. *Le Poitevin,* 76, rue Carnot, ✆ 05 49 88 35 04, So geschl. Rustikaler Rahmen für gute regionale Küche. *Le Câlin,* 30, rue Sylvain Drault, ✆ 05 49 88 02 22. Sympathisch und nicht teuer. *Le Saint-Hubert,* 13, rue Cloche-Perce. Die weißen Bistrostühle passen zwar nicht zu dem mittelalterlichen Haus, dafür gibt es handfestes, gutes Essen

🚉 **Bahnhof:** TGV-Anbindung nach Paris innerhalb von 2 Sunden, boulevard Pont-Achard, Auskunft ✆ 05 49 46 27 45

Kajakfahrertreffpunkt am Clain bei Saint-Benoît

Entlang der Boivre

Auf dem Weg nach Niort lohnt ein Umweg entlang der Boivre, die sich in ihrem kalkigen Flußbett ostwärts durch Wälder schlängelt. Man verläßt Poitiers Richtung Osten und folgt dem Flußlauf auf der D 6, fährt hinauf nach **Béruges.** Unterhalb des Orts steht ein hübsches Schloß aus dem 19. Jh., Richtung Lavausseau kann man im Wald die Ruinen einer mittelalterlichen Festung der Familie Lusignan erkennen, die Tour de Béruges. Hier hatten sich im 13. Jh. die Lusignans gegen den König von Frankreich verschanzt. Von der D 6 zweigt ein schmales Sträßlein, die C 3, nach links hinunter in den Wald zu den Überresten der Zisterzienserabtei Du Pin (12. Jh.). Auf der Straße geht es weiter durch den duftenden Kiefernwald nach Montreuil-Bonnin mit einer romanischen Kirche. Der Kirchplatz bietet einen wunderschönen Blick auf die Ruinen eines Schlosses von Richard Löwenherz am jenseitigen Flußufer.

In **Lavausseau** trifft man noch den letzten Gerber der Vienne, Yves Carbonnier, an. Ein Handwerk, das im nahegelegenen Niort, der einstigen Hochburg der Lederindustrie, nicht mehr zu finden ist. Vom 12.–14. Jh. lieferten die Gerber dieses Dorfes Leder an ein Hospiz des Kreuzritterordens hl. Johannes von Jerusalem, heute ist das historische Gebäude Sitz der Rat-hausverwaltung. 1192 wurde es in Lavausseau gebaut, um die Kreuzzügler im Gelobten Land mit Leder für Pferdegeschirr und Ritterausrüstung zu versorgen. Es riecht etwas streng bei Monsieur Carbonnier in der großen, halbdunklen Werkstatt, Keilriemen surren. Die Tierhaut wird erst wochenlang gesalzen und dann ein bis zwei Tage mit Gerbsäure geschmeidig gemacht. Dann trocknet sie noch etwa zwei Wochen, eingespannt in große Holzrahmen, bevor die Haut an ihrer Innenseite von der Gerbung wieder gesäubert und geglättet wird. Im Mittelalter arbeiteten die Gerber im Freien und wuschen ihre Häute in der Boivre. Statt Chromsalz und Aluminiumsulfat verwendeten sie eine Gerbsäure, die sie aus zerstoßener Kastanien- und Eichenrinde brauten (Juli–Sept. Mi und Fr 14.30–16 Uhr, ✆ 05 49 32 77 67).

Niort

Am Rande des Marais Poitevin liegt Niort auf zwei Hügeln über einem alten, idyllischen Seitenarm der Sèvre Niortaise. ›Hauptstadt der Versicherungen‹ nennt man sie in Frankreich, aber auch ›Stadt der Gerber und Handschuhe‹. Seit dem 14. Jh. schon übten die Niortaiser dieses Handwerk aus, und seit im 18. Jh. der Handel mit Kanada aufblühte, war Nachschub an Fellen für die Konfektion von Mili-

Niort

tärkleidung gesichert. Napoleons Feldzüge und Seeblockaden indessen schadeten auch diesem Berufszweig enorm. Sämtliche Firmen sind heute geschlossen, die berühmten Niortaiser Handschuhe gibt es hier nicht mehr zu kaufen. Die Stadt setzt heute auf Industriezweige wie die Spanplattenproduktion; knapp 60 000 Einwohner zählt sie.

In die Fußgängerzone von Alt-Niort macht man sich am besten von der Place de la Brèche auf. Viele kleine Geschäfte beleben die Straßen. Ein beliebtes Souvenir ist die Angelikawurzel, auch Engelwurz genannt, vor allem in flüssiger Form als Likör. In den Restaurants werden Speisen, etwa Forellen, mit der aromatischen Wurzel zubereitet. Auch der schwarz verbrannte runde Käsekuchen aus frischem Ziegenkäse, die Tourte au fromage, ist ein passendes Mitbringsel.

Mal fällt ein gotischer Torbogen an der Nr. 30 in der Rue Saint-Jean auf, mal eine Renaissancefassade am Hôtel d'Estissac in Nr. 3 der Rue du Petit Saint-Jean. Neben der Markthalle erhebt sich der massige Zwillingsdonjon (12. Jh.), unübersehbares Relikt einer Festungsanlage von Heinrich Plantagenet und seinem Sohn Richard Löwenherz. Heute ist darin das Ethnographische Museum untergebracht. Sehr interessant sind die nachgestellten Szenen aus dem Gerberhandwerk (9–12 und 14–18 Uhr, Di geschl.).

Auch der Aufstieg im Festungsturm lohnt, von der großen Terrasse bietet sich ein einmaliger Panoramablick zum Tal der Sèvre hinunter, zu den Anlagen des CAC, des städtischen Kulturzentrums, in einer ehemaligen Handschuhfabrik. Malerisch drängen sich mittelalterliche Häuser mit roten Dachziegeln und schmale Gassen am gegenüberliegenden Hügel unterhalb der Kirche Saint-André zusammen. Ihre spitzen Türme ragen 70 m in die Höhe. Ursprünglich romanisch, wurde die Kirche im vergangenen Jahrhundert im Stil des 14. Jh. restauriert.

Von den Markthallen aus geht es leicht bergan in alte Gassen mit klangvollen Namen. In Nr. 5 der Rue du Pont, der Maison Présidiale, wurde 1635 Françoise d'Aubigné, die spätere Marquise de Montespan und geheime Gemahlin Ludwigs XIV., geboren. In der Straße der durchbohrten Glocke, Rue Cloche-Perce, steht eine mittelalterliche Herberge, der **Logis de l'Hercule**. In diesem Haus wurde im 17. Jh. der erste Fall von Pest in Niort entdeckt. Während langer Monate kämpfte die Bevölkerung gegen die Seuche, als Medizin versuchte man es auch mit der heilenden Wirkung der Angelikawurzel (Sa 10–12.30 und 15–18 Uhr mit Führung).

Geradeaus geht es zur Rue du Soleil und zur Place Pilori, an der das **ehemalige Rathaus** von Niort (16. Jh.) steht (Pilori steht für Pranger), das mit seinen vier Türmen wie eine Ritterburg wirkt.

Information: *Office de Tourisme,* place de la Poste, 79000 Niort, ✆ 05 49 24 18 79, Fax 05 49 24 98 90

Hotels: *** *Grand Hôtel,* 32-34, av. de Paris, ✆ 05 49 24 22 21, Fax 05 49 24 42 41. Komfortables Hotel mit Garten, zentral gelegen. ** *Du Moulin,* 27, rue de l'Espingole, ✆ 05 49 09 09 07, Fax 05 49 09 19 40. An der Sèvre Niortaise, zentrumsnah, zweckmäßig eingerichtete Zimmer

Restaurants: *Relais Saint Antoine,* 1, avenue des Martyrs de la Résistance (Place de la Brèche), ✆ 05 49 24 02 76, Fax 05 49 24 79 11. Regionale Küche, kombiniert mit Nouvelle Cuisine. *Auberge de la Roussille,* La Roussille, Saint Lignaire (etwas westlich von der Stadt), ✆ 05 49 06 98 38, Fax 05 49 79 44 96. Neben der üppigen Dessert-Karte findet man hier die typische Küche des Marais Poitevin. *Le Villagio,* 2, rue de la Boule d'Or (Place de la Brèche), ✆ 05 49 28 23 37. Angenehme Abwechslung zur regionalen Küche – breitgefächerte italienische Kost

Markthalle und Donjon in Niort

Melle

Statt niedlicher Stoffbären werden im Pays Mellois südöstlich von Niort zottelige Esel und Fischotter als Souvenir angeboten. Baudet-Esel waren bis zur Einführung des Traktors des Menschen wichtigster Helfer für den Salztransport und zur Trockenlegung der Sümpfe. Besonders robuste Eselrassen wurden mit Stuten gekreuzt, deren Töchter wiederum mit einem Baudet-Esel. Um die Rasse vor dem Aussterben zu bewahren, wird das Maultier mit dem plüschigen Fell in der Gegend von Melle heutzutage nachgezüchtet.

Im Mittelalter gruben Bergleute unterirdische Galeriengänge in den Felsen, holten Blei und Silber für die Münzprägestätte der Herzöge von Aquitanien und der französischen Könige aus der Tiefe der **Mines du Roi.** Im **Karolingergarten** nahe der Silberminen findet man die Angelikawurzel, Karden- und Weberdistel, Kornrade und mehr – nahezu 150 verschiedene, oft längst vergessene Arten. Rheumatismus und Arthrose traten gehäuft bei den Arbeitern der Silberminen von Melle auf, sie sollten mit der *reine-des-prés,* mit der Königin der Wiesen, gelindert werden. Die Spiräe findet Eingang in das Wort Aspirin. Von der Weidenrinde, *la saule,* versprach man sich ebenso Linderung. Ihr gallischer Name *salico* taucht in der Salicylsäure, dem Schmerzmittel auf. Manche Pflanzen verstärkten jedoch den Effekt der Bleivergiftung noch, wie die *herba santonia,* die Wermut- oder Absinthpflanze (Minen und Gärten, Juni–Sept. 10–12 und 14.30–19.30 Uhr; Okt.–15. Nov. und März–Mai Sa, So und an Feiertagen 14.30–18.30 Uhr, ☎ 05 49 29 19 54).

Ein Kleinod romanischer Baukunst findet sich ebenfalls in Melle: die Kirche **Saint-Hilaire** (12. Jh.).

Die ehemalige Benediktiner-Abtei-kirche, Ziel zahlloser Pilger, gibt bis heute ein Rätsel auf. Über dem Portalbogen erscheint eine mehre-re Meter hohe Statue, der Reiter von Melle. Zu Füßen des Pferdes liegt eine Gestalt, die zu dem Reiter aufblickt. Ist der Reiter Kaiser Konstantin, der das Heidentum besiegt oder ein Graf auf dem Kreuzzug?

Der Reiter von Melle an Saint-Hilaire

Charente-Maritime

La Rochelle

Ile de Ré

Rochefort

Ile d'Aix

Ile d'Oléron

Royan

Segelboote im Hafen von Saint-Martin-en-Ré

La Rochelle – weltoffene Hafenstadt • Radeln zwischen Stränden und Salzgärten der Ile de Ré • Fort Boyard – eine Festung im Meer • Spaziergang auf der Ile d'Aix • Besuch der königlichen Seilmanufaktur in Rochefort • Pierre Loti und der Orient • Brouage – ehemaliger Salzhafen mit morbidem Charme • Sandstrände, Fischerhäfen, Weinfelder und Pinienwälder auf der Ile d'Oléron • Austernzentrum Marennes • Seebad Royan • Sainte-Radegonde – romanisches Kleinod an der Gironde

La Rochelle

Bei gleißendem Sonnenlicht werden die Verzierungen an den Fassaden der weißen Häuser von La Rochelle geradezu verschluckt. Bei Regenwetter wirken die eleganten Bürgerhäuser mit den Muschelkalkplastiken so nobel wie morbide. Zum Hafen hin an der Rue du Palais werden die Straßen schmal, Arkaden sind schützend vor die Geschäfte gebaut, monumentale Portale aus Schmiedeeisen bilden den Eingang zu palastähnlichen Banken- und Handelshäusern. Dahinter verbergen sich Innenhöfe, Gärten und Wirtschaftsgebäude. Geheimnisvoll schmale, gepflasterte Durchgänge, wie die Passage de la Commanderie, enden auf kleinen Plätzen. Gäßchen durchschneiden die Häuserfronten und kürzen den Weg ab zwischen den großen Straßen. Hie und da findet man glänzend-glattes Pflaster, wie in der Rue de l'Escale, das mit Ballaststeinen der Schiffe gelegt wurde. Zum Hafen öffnet sich die enge Stadt, der hufeisenförmige Vieux Port ist gesäumt von Bars und Fisch-Restaurants. Die Wahrzeichen der Stadt, die beiden massigen Wach- und Verteidigungstürme Saint-Nicolas und La Chaîne (14. Jh.) hüten die Pforte zum Ozean. Nicht jedem Segler ist das Erlebnis vergönnt, zwischen den Türmen durchzufahren, dazu braucht man eine besondere Erlaubnis oder einen Liegeplatz. Deshalb empfiehlt sich eine Fahrt mit dem Bus de Mer zum Port des Minimes.

Stadtgeschichte

La Rochelle lebt seit seiner Gründung 988 von der günstigen Lage am Meer. Aus einem unbedeutenden Fischerdorf auf einem kleinen Felsen, *rochella*, entstand dank der tatkräftigen Hilfe der Herzöge von

Aquitanien seit dem 12. Jh. eine blühende Handelsstadt. 1199 verlieh Eleonore von Aquitanien als Lehnsherrin auf ihrer Reise durch ihr Hoheitsgebiet La Rochelle einen Freibrief und befreite es von Abgaben.

War es 1627 der protestantische Bürgermeister Jean Guiton, der die Stadt bei der Belagerung durch

La Rochelle

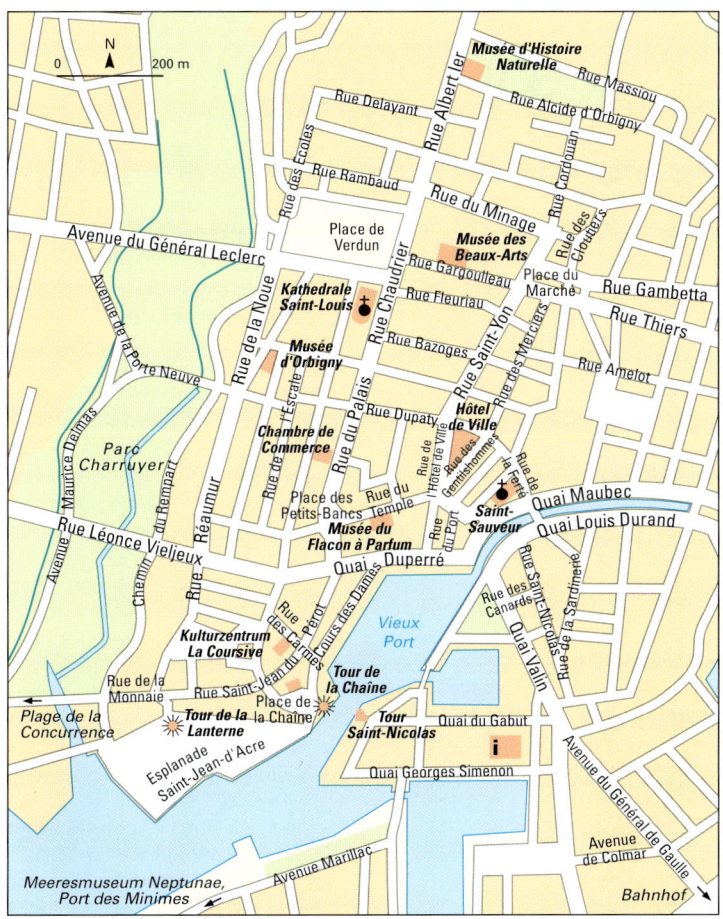

Die Tour de la Lanterne

Kardinal Richelieu zusammenhielt, so ist es heute der grüne Bürgermeister Michel Crépeau, der schon seit 1971 die Geschicke der Stadt lenkt. Stolz und weltoffen zeigen sich die Bürger von La Rochelle, gepaart mit einer gehörigen Portion Selbstbezogenheit. Ihr Blick geht geradeaus durch die Hafeneinfahrt gen Westen, aufs Meer, zu fernen Horizonten. Denn die heute rund 75 000 Einwohner zählende Hauptstadt des Aunis ist nicht nur Umschlagplatz, sondern über Jahrhunderte eine der wichtigsten und schönsten französischen Hafenstädte geblieben. Mehr denn je aber ist die Stadt heute auf den Tourismus angewiesen.

Rund um den Hafen

Am Quai Duperré fließt der Autoverkehr, Fußgänger kommen durchs Stadttor, die meisten streben an der Büste des Admirals Duperré vorbei auf den **Cours des Dames**. Dreh- und Angelpunkt war diese Stelle schon immer. An den Quais luden Fregatten und Schoner in den vergangenen Jahrhunderten Stapel mit Fellen, feinen Stoffen und Zuckerrohr ab. Mit Mustern gingen die Schiffskapitäne in die Stadt und zeigten sie den Händlern.

Hinter den Platanen der Cours des Dames steht eine Reihe von Bürgerhäusern aus dem 18. Jh. An der Ecke zur Rue des Carmes hängt eine riesige, steinerne Venusmuschel über dem Portal der ehemaligen Fischhalle. Seit den 80er Jahren ist dort das **Kulturzentrum La Coursive** eingezogen, Treffpunkt für die Rochelaiser Theaterszene, Forum für Chansonniers bei den ›Francofolies‹. Im Innern gelang mit dem Foyer unter der Lichtkuppel die Kombination von alter Bausubstanz mit modernen Elementen. Bei den Francofolies treten alljährlich am Wochenende vor dem 14. Juli, dem französischen Nationalfeiertag, Sänger und Bands auf. Hier begeistern Maxime Leforestier und Véronique Sanson ihre treuen Anhänger, Patricia Kaas begann auf den Brettern der Francofolies ihre Karriere. Sozialkritische Rap-Bands wie N.T.M. (*nique ta mère*), was etwa »pfeif' auf Deine Mutter« heißt, sorgen schon mal für Unruhe und ein Aufgebot der Polizei. Am Hafen dröhnt es abends vom großen Parkplatz Saint-Jean d'Acre bei der Tour de la Chaîne aus Lautsprechern beim Open-air-Konzert. Die Anwohner stöhnen, die Restaurantbesitzer gegenüber am Gabut freuen sich (Kartenvorbestellung über das Office de Tourisme).

Die **Tour de la Chaîne** fungierte einst als Kettenturm, von dem aus nachts die Hafeneinfahrt mit einer Kette zur Tour Saint-Nicolas versperrt wurde. Eine Lichtshow für Besucher erinnert an La Rochelle zur Zeit vor der Belagerung (10–12 und 14–18 Uhr).

Die Befestigungsanlagen zur See hin ließ Richelieu 1627 aus strategischen Interessen nicht schleifen, lediglich die Stadtmauern zum Landesinneren. Über Treppen geht es hoch zu den alten Festungsmauern, an bescheidenen Bürgerhäusern entlang zur **Tour de la Lanterne** (15. Jh.), dem ehemaligen Signalturm aus grauem Stein mit einer grazilen Turmspitze im Flamboyant-Stil (Mai–Okt. 10–19 Uhr, Nov.–März 10.30–17.30 Uhr). Schon beim Aufstieg gibt es die Graffiti ehemaliger Gefangener in den Turmwänden zu bewundern. Auch ein Segelschiff meißelten sie in ihre Kerkermauern. Von der zweiten Plattform aus überblickt man bei gutem Wetter die Gegend bis zur Ile d'Oléron, die rot gedeckten Dächer der Altstadt und kann die virtuosen Verzierungen, Krabben, Wasserspeier, an der Turmspitze von nahem betrachten.

Stadtbummel hinter der Grosse Horloge im Quartier de l'Hôtel de Ville

Die **Porte de la Grosse Horloge,** deren geschwungener, barocker Turmaufsatz Mitte des 18. Jh. entstand, bildet den Eingang zur Stadt von der Hafenseite aus.

Auch hinter dem Stadttor geht es lebhaft zu, auf der Place des Petits-Bancs kreuzen sich die Wege der Passanten vor der Statue des Rochelaiser Malers und Schriftstellers Eugène Fromentin. Im 13. Jh. stan-

Vieux Port ▷

den hier die Geldwechsler. An der Ecke zur Rue du Temple fällt ein Renaissancehaus mit bunten Glasfenstern und fein verzierten Fenstern. Geradeaus gelangt man zur Rue du Port, die vom Hafen heraufkommt und seit alters die bevorzugte Lastenstraße war, denn an ihrem Eingang stand eine Waage. Fachwerkhäuser, kleine Restaurants und Boutiquen, in Stein gehauene maritime Hausschilder bestimmen die Atmosphäre ringsum in den Sträßchen, die meisten sind Fußgängerzonen.

Halbrechts führt die Rue de l'Hôtel de Ville zum großen Platz vor dem **Rathaus** (Juni–Sept. 9–17 Uhr, Sa und So geschl.). Bei schönem Wetter sitzen die Menschen auf der Caféterrasse vor der Statue des mutigen Jean Guiton. Von außen wirkt das Hôtel de Ville wie eine hübsche Burg. Ecktürme, Zinnen und Pechnasen sind allerdings reine Dekoration, nicht zur Verteidigung gedacht und wie die hohe Außenmauer (15. Jh.) noch Teil des einstigen Schöffenamtes. Über dem Portal im gotischen Flamboyant prangt das Stadtwappen von La Rochelle, ein kunstvoll im Halbrelief in den Stein gemeißelter Zweimaster. Im Innenhof sieht man über einer großzügig geschwungenen Treppe einen Baldachin, der genauso wie der rechte Flügel im 19. Jh. restauriert wurde. Farbenfroh eingekleidet in lila-türkisen Pumphosen blickt eine Majolikafigur, die Heinrich IV. darstellt, aus

dem Türmchen darüber herab. Der König ließ den mittleren Renaissanceflügel 1595–1606 erbauen. Die Bürger der Stadt waren jedoch hell empört, als der hugenottische Heinrich von Navarra für den Königsthron von Frankreich 1593 zum katholischen Glauben konvertierte. Seine Devise lautete: »Paris ist eine Messe wert!« Er beendete die Hugenottenkriege und erließ 1598 das Edikt von Nantes. La Rochelle wurde ein wichtiger Sicherheitsplatz der Protestanten.

Im Rathaus zeigt der Schöffensaal eine Galerie von Wappen ehemaliger Bürgermeister und eine detailgenaue Gravur von der Belagerung der Stadt im Jahre 1628. Vom Ratssaal, der inzwischen zu klein für den Rochelaiser Stadtrat geworden ist, gelangt man in das ehemalige Kabinett von Jean Guiton. Gobelins aus Aubusson und Flandern zieren die holzvertäfelten Wände, in der Mitte des Büros steht der berühmte Schreibtisch von Guiton. Die Marmorplatte hat einen Sprung, so heftig schlug der kleine Bürgermeister mit der Faust respektive seinem Säbel auf den Tisch. Jedem, der sich den Katholiken während der Belagerung ergäbe, wollte er den Säbel ins Herz stoßen.

An der Rückseite des Rathauses, in der Rue des Gentilshommes, der Straße der Edelmänner, begegnet uns das Wappen mit dem Segelschiff wieder. Dort befand sich einst der Eingang für die neu gewählten Bürgermeister, die durch ihre Wahl dem Adel angehörten

(Juni–Sept. und am Wochenende, für Gruppen n. Vereinbarung ganzjährig, Informationen beim Office de Tourisme).

Rund um den Marktplatz

Vom Rathaus empfiehlt sich ein Bummel durch die **Rue des Merciers,** die Straße der Kurzhändler und älteste Handelsmeile der Stadt. Unter Arkaden drängt sich die Kundschaft. Schon im 14. Jh. hatten die Geschäftsleute das Recht, ihre Waren bis vor an die Straße feilzubieten. Ab und zu sollte man innehalten und einen Blick auf die gegenüberliegenden Häuser werfen. Die mit den ungeraden Hausnummern sind älter als die mit den geraden. In Nr. 3 (17. Jh.) wohnte Jean Guiton, Nr. 5, das ›Gesichterhaus‹, gehörte ebenfalls ihm. Büsten, Masken und Früchte schmükken die Fassade. Gegenüber ragen Wasserspeier in Gestalt von Delphinen, Frauen und Monstern aus den Hauswänden. Nr. 36 nimmt das Credo der fleißigen Rochelaiser auf: Gott erhört die Bescheidenen, *Dieu exauce les humbles.*

Das **Musée Rochelais de la Dernière Guerre** befindet sich in einem ehemaligen Luftschutzbunker der deutschen Marine in der Stadtmitte. Arbeits- und Schlafzimmer des Kommandanten, ein Saal, der auch als Tanzlokal »Schwarze Katze« diente, können auf Verabredung besichtigt werden (Information beim Office de Tourisme).

An Markttagen quellen die Stände der Fisch- und Gemüsehändler in und um die **Jugendstilmarkthalle** über. Gegenüber steht noch ein Fachwerkhaus (15. Jh.), in der winzigen Sackgasse ›Braucht man alles‹, Tout y Faut, entdeckt man ein hübsches Renaissancefenster. Hinter der Markthalle in der Rue des Cloutiers, der Nagelhändler, haben sich Geschäftchen und Restaurants eingerichtet. An der Ecke Rue du Minage und Cordouan steht der Pilori-Brunnen aus dem 16./17. Jh., das Wasser rinnt aus einem bärtigen Männerkopf.

Ins Händlerviertel

Die **Rue du Minage** steuerten in den letzten beiden Jahrhunderten hauptsächlich die Kutscher an, die Waren in der Stadt holten. Dort fanden sie Herbergen, dort wurde das Getreide gewogen. Breite Hoftore zeugen von dieser Geschäftigkeit. In Nr. 26 befand sich die Auberge du Cerf Montant, zum kletternden Hirsch. Das Zeichen eines Sattelmachers entdeckt man an der Ecke zur Rue Chaudrier.

Im **Café de la Paix,** dem letzten Jugendstilcafé von La Rochelle, an der Place de Verdun saß in den 30er Jahren der Schriftsteller Georges Simenon und schrieb an seinem Roman »Le Fou de Bergerac«.

Schräg gegenüber steht die große **Kathedrale Saint-Louis** aus dem 18. Jh., unübersehbares Zeichen für die wiedergewonnene

Macht der Katholiken in der Bischofsstadt.

Ein Abstecher in die **Rue Chaudrier,** eine Geschäftsstraße mit Arkaden aus dem 17. und 18. Jh., und ihre Querstraßen läßt erahnen, in welchem Reichtum die Handelsbürger einst lebten.

Das **Musée des Beaux-Arts** logiert im ehemaligen bischöflichen Palais (18. Jh.) in der Rue Gargoulleau. Bedeutend ist die Kollektion des 19. Jh. mit Werken von Camille Corot und Gustave Doré, sowie Stadtansichten aus dem 20. Jh. von Paul Signac und Albert Marquet (14–17 Uhr, Di geschl.).

Die nächste Querstraße, die Rue Fleuriau, ist nach einem verarmten Rochelaiser Bürgersohn benannt, der in Santo Domingo ein Vermögen mit Zuckerrohr machte und als reicher Mann in seine Heimatstadt zurückkehrte. 1780 ließ er sich in der Nr. 10 ein prächtiges dreiflügliges Stadtpalais bauen, mit einer klassizistischen Fassade zur Gartenseite. Das Museum ist wie ein reiches Bürgerhaus ausgestattet: wertvolle Möbel aus Akazienholz, Fayencen, Teppiche, Vorhänge des 18. Jh., ein Arbeitszimmer mit Landkarte und Globus. Von La Rochelle zogen viele Freiwillige aus dem Hinterland nach Kanada, um dort Dörfer aufzubauen. Händler suchten Reichtum auf den Antillen. Zahlreiche Ansichten des Hafens und von Schiffen aus dem 16. bis 19. Jh. illustrieren die Zeiten des Kolonialhandels und der Pionierfreude. Auf Dreiecks- und Sklaven-handel verweisen Fotos und Zeichnungen von den Indianern Nordamerikas und Nippesfiguren farbiger Sklaven aus den Kolonien (10.30–12.30 und 13.30–18 Uhr, So 15–18 Uhr).

Das Quartier Saint-Nicolas

Jenseits des Canal Maubec liegt an der Westseite des alten Hafens das **Quartier Saint-Nicolas,** ein ehemaliges Fischerviertel mit einer ganz eigenwilligen, sympathischen Atmosphäre. Der hl. Nicolas, der Schutzpatron der Fischer, die Sardinenstraße, die Straße der Enten deuten auf die ehemaligen Bewohner hin. Die vornehmen Rochelaiser hatten sich einst bretonische Fischer in die Stadt geholt und ihnen einen Platz am Rande des Zentrums angewiesen. Obwohl es nur wenige Schritte zum Quai Valin und zum Hafenbecken sind, ist es ruhig; jeder scheint jeden zu kennen, man setzt sich an den kleinen Platz, durchstöbert die Trödlerläden, kehrt bei »Chez Fred« oder im »Cave de la Guignette« ein. Vorne am Quai Valin ist wieder der ›Singsang‹ der Wanten an den Segelbooten zu hören.

Unweit der Tour Saint-Nicolas am Quai Simenon fallen kreidefarbene Pflastersteine aus Muschelkalk auf. Dieses Gestein ist weich, verwittert schnell, und es bilden sich nicht die kantigen, gefährlichen Riffe am Meeresgrund wie etwa in der Bretagne. Der Hafen von La Rochelle war deshalb für Schiffe leicht anzufahren. Heute ist in der **Tour Saint-Nicolas** eine Teilsammlung des Marine-Museums zur Entwicklung des Hafens seit dem 12. Jh. ausgestellt. Oben von der Terrasse ist der Blick auf die Grosse Horloge am Stadttorturm besonders schön (10–19 Uhr).

Das Viertel **Le Gabut** wirkt wie eine Hommage an den Handel mit den nordischen Ländern. Gelb, blau und rot sind die Holzhäuser gestrichen, seit kurzem erlaubt der Bürgermeister den Restaurants, ihre Tische auf Holzplanken ans Wasser zu stellen. Damit bietet sich eine wunderschöne Kulisse am Hafen bis zur Schirmpinie vor den Türmen. Dieser Baum gilt als das Symbol der Protestanten.

Port des Minimes

3200 Ankerplätze gibt es im modernen Jachthafen Les Minimes am Stadtrand von La Rochelle, der in den 70er Jahren mitsamt einer Satellitenstadt neu angelegt wurde. Er gilt als einer der größten Europas. Tag und Nacht können die drei Flutbecken angefahren werden, im Sommer herrscht kommunikatives Kommen und Gehen (rund um die Hafenanlagen findet man Segelschulen, Jachtenverleih, Bootsbedarf und ein großes **Aquarium,** an dem besonders Kinder Freude haben, denn sie können die Meereswelt in einem Wassertunnel von ganz nah betrachten (Mai–Juni 9–19 Uhr, Juli–Aug. 9–23 Uhr, Sept.–April 10–12 und 14–19 Uhr).

Im Quartier Saint-Nicolas

Richelieu kontra Guiton

Nach der Bluthochzeit 1572 in Paris zwischen Heinrich von Navarra und Margarete von Valois war La Rochelle ein Zufluchtsort für Protestanten und widerstand ein Jahr später erfolgreich der Belagerung durch die königliche Armee. Tausende katholischer Soldaten ließen dabei ihr Leben. Noch heute zucken Gesprächspartner zusammen, wenn das Stichwort ›Hugenotte‹ (abgeleitet von Eidgenosse) fällt. Kein Gebiet in Frankreich war nach 1640 so weitgreifend zum Protestantismus übergelaufen, so stark von Calvins Lehren beeinflußt wie die Region zwischen Angoulême, Saintes, La Rochelle und Poitiers. Und auf beiden Seiten gab es Opfer zu verzeichnen, die bis heute nicht vergessen und vergeben sind.

Beide Religionen existierten lange Zeit nebeneinander, man benutzte die gleichen Kirchen und prosperierte gemeinsam vom Handel mit Nordeuropa. Dieses wirtschaftliche Wachstum ohne Beteiligung des Königs von Frankreich war dem Ersten Minister von Ludwig XIII., Kardinal Richelieu, ein Dorn im Auge. Er propagierte das zentralistische Königtum, ein aufmüpfiger, reicher Stadtstaat war Sand im Getriebe des französischen Königreichs.

Die Situation eskalierte, als der englische Premier Buckingham den Rochelaiser Protestanten zu Hilfe kommen wollte und mit einer ganzen Flotte aus 60 Booten und 9000 Soldaten 1627 auf der Ile de Ré landete. Er meinte, die Insel als Festung benützen zu können, um die gesamte Küste zwischen Loire und Gironde zu kontrollieren. Richelieu erkannte die Brisanz der Lage, verjagte die Engländer und schnitt so der stolzen Handelsstadt ein für alle Mal den Nachschub ab. Der

In den ehemaligen Fischversteigerungshallen am Quai des Chalutiers ist das **Meeresmuseum Neptunea** eingezogen. Die France I, eine schwimmende Wetterstation, und ein Fischkutter liegen am Kai vor Anker. Von der Koje bis zur Dusche, von der Offiziersmesse bis zum Steuerpult, alles ist original erhalten. Für Groß und Klein ist es ein richtiges Abenteuer, auf den Schiffsleitern herumzuklettern. Filme über den Fischfang flimmern über Monitore im Bauch des Fischkutters. Ein Windkanal und ein Bassin für ferngesteuerte Segelboote sind weitere Attraktionen in den Museumshallen (10–18.30 Uhr, mit Café und maritimer Boutique).

ⓘ **Information:** *Office de Tourisme,* place de la Petite Sirène, Le Ga-

Kardinal, der einst als junger Bischof in Luçon gelebt hatte, statuierte für Ludwig XIII. ein Exempel, denn ganz Frankreich und Europa schaute auf La Rochelle. Würde es dem König gelingen, die protestantische Hausmacht am Atlantik zu zerschlagen? Innerhalb der Stadt formierten sich die Bürger um Jean Guiton, ihren neugewählten Bürgermeister, der fanatisch erklärte, jeden zu erdolchen, der sich dem König ergeben würde. Richelieu seinerseits ließ einen 12 km langen Damm um die Stadt herum errichten, ein Dutzend Bastionen anlegen, um die Stadt von See her vollkommen abzuschneiden. La Rochelle wurde ausgehungert. Die Bevölkerung ernährte sich zuletzt sogar von Stiefeln, Ratten und schließlich von Leichen. Erst dann, nach 16 Monaten Belagerung, ergab sich Jean Guiton im Oktober 1628.

Nur ein Viertel der 28 000 Einwohner hatte den Kampf der Rochelaiser um Freiheit und Religion überlebt. Richelieu gewährte ihnen zwar das Recht, ihre Religion auszuüben, alle anderen Rechte nahm er ihnen. Viele der Calvinisten wanderten nach Holland oder in die Neue Welt aus, jedoch gibt es nach wie vor in La Rochelle eine protestantische Gemeinde. Ludwig XIV. sandte bezahlte Dragoneure aus, um Protestanten zu drangsalieren, sie unter Androhung von Strafe dazu zu bringen, von ihrem Glauben abzulassen. Der König forderte die katholische Staatskirche. Selbst 1685, nach der Aufhebung des Edikt von Nantes, als eine halbe Million Hugenotten das Land Richtung Norden verließ und eine beträchtliche Lücke im Handelswesen hinterließ, blieben die Protestanten ihrer Religion treu. Offiziell schworen sie ihrem Glauben ab, heimlich trafen sie sich auf dem Land in der Saintonge in Scheunen, den *maisons d'oraison*. Im Freien hielten sie Gottesdienste ab unter dem Namen *église de désert*, Wüstenkirche, zur Erinnerung an den Auszug des Volkes Israel aus Ägypten.

but, 17025 La Rochelle, ☎ 05 46 41 14 68, Fax 05 46 41 99 85, Internet: www.Ville-La Rochelle.fr. Die Stadt einmal anders kennenlernen kann man bei den Rondes de Nuit, den Nachtspaziergängen. Am Hafenbecken stehen die famosen gelben städtischen Fahrräder zum Ausleihen. Die ersten beiden Stunden sind gratis, und man darf die Räder sogar an Bord des Meer-Busses nehmen.

 Hotels: *** *France Angleterre et Champlain*, 20, rue Rambaud,

☎ 05 46 41 23 99, Fax 05 46 41 15 19. Traditionsreichstes Hotel der Stadt mit stilvoller Einrichtung, hinter der Place de Verdun. *** *De la Monnaie*, 4, rue de la Monnaie, ☎ 05 46 50 65 19, Fax 05 46 50 63 19. Ehemaliges Stadtpalais aus dem 17. Jh., in Hafennähe hinter der Tour de la Lanterne. *** *Le Yachtman*, 23, quai Valin, ☎ 05 46 42 0 68, Fax 05 46 41 81 24. Sympathisches Publikum, am Flutbecken beim Quartier Saint-Nicolas, Pool, preiswerte, tadellose Küche. ** *Du Commerce*, 6–12, pl. de Verdun, ✆ 05 46 41 08 22, Fax 05 46 41 74 85. Traditionell im französischen Stil eingerichtet; zum Apéritif kann man schräg gegenüber ins Café de la Paix gehen. ** *François Ier,* 15, rue Bazoges, ✆ 05 46 41 28 46, Fax 05 46 41 35 01. Im Viertel der reichen Kolonialhändler. * *La Marine,* 30, quai Duperré, ✆ 05 46 50 51 63. Einfach, am trubeligen Hafenbecken. * *De la Paix,* 14, rue Gargoulleau, ✆ 05 46 41 33 44, Fax 05 46 50 51 28. Familiäres Hotel zwischen Markt und Place de Verdun

Jugendherberge: *Auberge de Jeunesse,* av. des Minimes, ✆ 05 46 44 43 11. Eine der größten Herbergen Frankreichs in modernem Gebäude am Jachthafen

Restaurants: *Richard Coutanceau,* plage de la Concurrence, ✆ 05 46 41 48 19. Wirkt wie ein

Beim Musikfestival, den ›Francofolies‹

Strandbistro, aber das beste Essen der Stadt. *Chez André,* place de la Chaîne und 5, rue Saint-Jean, ✆ 05 46 41 28 24. Sympathische Atmosphäre, eine Institution in La Rochelle, reicht von einem Straßenzug zum andern, die Ober bestücken kennerhaft am hinteren Eingang die Meeresfrüchteplatten, raffinierte Fischgerichte. *Les Pêcheurs,* 2, place de la Chaîne, ✆ 05 46 41 25 16. Auf die delikaten Tagesmenüs außen an der Schiefertafel achten! *La Rose des Vins,* 16, rue des Cloutiers, ✆ 05 46 41 87 43. Winziges ›Zimmerrestaurant‹ in der Nähe der Markthalle. *Scomar,* Au Gabut, ✆ 05 46 41 13 15. Ein Hauch Provence am Atlantik. *Teatro Bettini Academia,* 1 u. 3, rue Thiers, ✆ 05 46 41 07 03. Hinter der Markthalle; bekannt für echtes italienisches Essen und gute Stimmung.

Cafés: *Le Café Chocolat Thé,* 30, rue Chaudrier. Salzige Quiches und exzellente Schokoladentörtchen. *Café de la Paix,* place de Verdun. Traditionelles Kaffeehaus, in dem Simenon

Stammgast war. *Le Café du Nord,* Le Gabut. Treffpunkt zum Nachtbummel

Diskotheken: *Saint James,* cours des Templiers. Rock-Musik in einer Londoner Metro-Station. *Le Triolet,* 8, rue des Carmes. Gute Musik nach einem Film im Programmkino von La Coursive

Einkaufen: *Michelle,* rue Chaudrier. Ausgesucht schöne Schuhe. *Année Lumière,* 14, rue des Cloutiers. Stoffe für Lampenschirme aller Art. *Le Weekend,* rue du Port. Raffinierte City-Kleidung für Madame und Mademoiselle. *Du même au pareil,* rue des Gentilshommes. Günstige klassische französische Kindermode. *La Marelle,* 42, rue Saint-Yon. Spiele aus aller Welt und Buchhandlung
Markt: place du Marché vormittags; So vormittags auch Fischmarkt in La Pallice. **Flohmarkt:** rue Saint-Nicolas, Juli–Aug. Do und Sa, Sept.–Juni Sa

Weitere Museen: *Musée du Flacon à Parfum,* 33, rue du Temple (Di–Sa 10–19 Uhr, Mo 15–19 Uhr, Juli–Aug. auch So 15–18 Uhr). Einzigartige Sammlung von Parfümflakons, Puderdosen und Verpackungen über einer Parfümerie. Erinnerung an die Zeit, als im Hafen von La Rochelle wertvolle Gewürze eintrafen.
Musée d'Histoire Naturelle, 28, rue Albert-Ier (Juni–Sept. 10–18 Uhr, Okt.–Mai 10–12 und 14–17 Uhr, So und an Feiertagen 14.30–17.30 Uhr, Mo geschl.). Seltsames und Wunderbares aus der Sammlung Lafaille, allein 4000 Muscheln in Reih und Glied sortiert.

Bootsverbindung: *Interîles,* 14 bis, Cours des Dames, ☏ 05 46 50 51 88. Regelmäßige Verbindungen mit der Ile de Ré und der Ile d'Aix, Kiosk und Abfahrt auch an der Esplanade Saint-Jean d'Acre

Bahnhof: TGV-Anbindung nach Paris innerhalb von 3 Stunden, Auskunft ☏ 08 36 35 35 35

Veranstaltungen: Um Pfingsten findet alljährlich die Internationale Segelwoche statt. Anfang Juli steht die Stadt im Zeichen des Internationalen Filmfestivals, um den 14. Juli starten die Francofolies, im Sept. findet Europas größte Bootsmesse Grand Pavois statt

Ile de Ré

Einst bestand die Ile de Ré aus vier Inseln: Ré, Loix, Ars und Les Portes. Seit dem 17. Jh. wird der Name Ré benutzt. Seit 1988 ist die Insel durch eine 3 km lange, gebührenpflichtige Brücke mit dem Festland verbunden. 32 km lang und 5 km breit ist die Insel, gebeugte Pinien, Tamarisken, Sandstrand und Meer erwarten den Besucher. Vor zumeist strahlend blauem Himmel reflektieren die weißen Fischerhäuser im Sommer die Sonnenstrahlen, pinkfarbene Stockrosen, die das Pflaster vor den Häusern aufbrechen, werfen zarte Schatten. Um diesen Liebreiz nicht zu zerstören, ist sogar die Farbe der Fensterläden auf der Insel, die unter Naturschutz steht, reglementiert. Blau, grün und grau gehören zur Farbskala. Neue Häuser dürfen nur im niedrigen Retaiser Stil mit flachen Dächern gebaut werden. Dadurch versuchen die Kommunen, den Inselcharakter gegen Spekulation und allzu beliebige Architektur zu wahren. Seit dem Brückenbau sind die Grundstückspreise sprunghaft gestiegen, eine Versuchung für manchen Bauern, an reiche Pariser Familien zu verkaufen. Denn Haupteinnahmequelle der Retaiser ist heute neben Wein- und Kartoffelanbau der Tourismus.

Neun größere Dörfer zählt die Insel, die Straßen sind kurvenreich, führen durch Ortschaften, Weinfelder und Wäldchen. Eine Süd- und eine Nordroute durchqueren die Insel.

Von Rivedoux nach La Flotte-en-Ré

Die Nordroute führt von Rivedoux durch Pinienwäldchen auf eine lichte Ebene mit Weizenfeldern

Ile de Ré und die Küste bei La Rochelle

und Heide, in der sich einsam die Ruine der **Abbaye Notre-Dame des Châteliers** (12.–15. Jh.) erhebt, ein mit Efeu zugewachsenes Gerippe aus hellen Sandsteinen. Nicht weit davon steht – nur zu Fuß zu erreichen – das **Fort de la Prée** (17. Jh.), die älteste militärische Anlage von Ré, an der Bucht von Sablanceaux.

Während der Fahrt bietet sich eine herrliche Sicht auf Wiesen und Meer. Um in die Ortsmitte und zum Hafen von **La Flotte** zu gelangen, verläßt man die Nordroute und biegt nach rechts. Das malerische hufeisenförmige Hafenbassin ist ringsum von hübschen Cafés und Restaurants gesäumt, darunter eine der besten Adressen für Fischgerichte auf der Insel. Daneben lockt der täglich stattfindende, üppige Markt in der Ortsmitte. Am Cours Félix Faure am Meer stehen charmante Stadtpalais, die im 18. Jh. für reiche Kaufleute gebaut wurden.

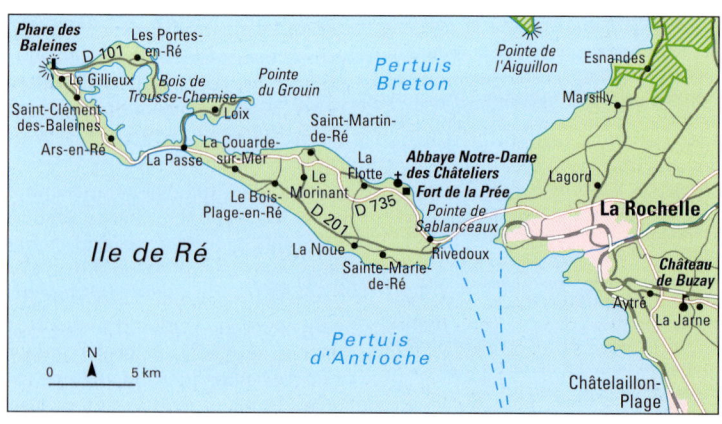

Windmühle in Le Bois

ℹ Information: *Office de Tourisme,* quai Sénac, 17630 La Flotte-en-Ré, ✆ 05 46 09 60 38, Fax 05 46 09 64 88

🛏 Hotels: **** *Richelieu,* 44, av. de la Plage, ✆ 05 46 09 60 70, Fax 05 46 09 50 59. Ein paar Schritte vom Strand entfernt, ein Luxushotel mit allem erdenklichen Komfort (Thalassobad) im Stil Louis-XVI eingerichtet, die Küche ist ausgezeichnet. ** *Le Français,* 1, cours Félix Faure, ✆ 05 46 09 60 06, Fax 05 46 09 58 77. Direkt am Hafenbassin gelegen mit sympathischem Restaurant

🍴 Restaurants: *L'Ecailler,* sur le Port, ✆ 05 46 09 56 40. Ruhige, elegante Atmosphäre, hervorragend zubereiteter Fisch. *Poissonnerie du Port,* 4, quai de Sénac, ✆ 05 46 09 68 22. Fischhandlung mit Degustation. *Le Lavardin,* 5, rue Henri-Lainé,

✆ 05 46 09 68 32. Ausgezeichnetes Fischrestaurant. *La Fiancée du Pirate,* 15, quai de Sénac, ✆ 05 46 09 68 04. Crêperie

🛒 Einkaufen: *La Chocolatière,* 1, rue du Marché. Ein Paradies für Naschkatzen. *Les Cafés Guignard,* 4, rue Gustave Dechezeaux. Feinste Auswahl an Kaffee- und Teesorten auch zum Probieren

⛺ Camping: *Les Peupliers,* an der D 735, ✆ 05 46 09 62 35, Fax 05 46 09 59 76. Einige Plätze mit Meerblick

Saint-Martin

Bald schon erheben sich hinter flachen Wiesen die abweisenden Festungsmauern von Saint-Martin und verraten von weitem die einstige Funktion der Stadt. Ludwig XIV.

Saint-Martin-en-Ré

hatte sie von seinem Architekten Vauban zur Verteidigungsanlage ausbauen lassen. Ein sternförmiger Festungsring umgibt die Stadt, in den ehemaligen Gräben weiden heute Esel, denen man als Touristenattraktion auch mal blau-weiß karierte Höschen überzieht – damit schützten die Retaiser früher ihre Tiere gegen Mückenstiche. Die mehr oder weniger schmeichelhafte Bezeichnung ›Saint-Tropez des Nordens‹ verdankt sich wohl den reichen Parisern, die Saint-Martin als schicken Sommertreffpunkt wählen.

Das Auto sollte an einem der großen Parkplätze am Stadtrand abgestellt werden, denn zum einen sind manche Straßen im Sommer gesperrt, zum andern herrscht ein dichtes Gedränge bei den Jachten am Hafenkai, und auch die Rue Sully, die Geschäftsstraße, ist voll von Menschen.

Von der Porte Toiras (17. Jh.) führt der Spaziergang zunächst zum Eingang der **Zitadelle,** die von einem sternförmigen Mauerring umgeben ist und heute als Gefängnis dient. Bis 1938 wurden von ihrem kleinen Hafen aus Gefangene in die Strafkolonien nach Guyana transportiert, darunter auch Hauptmann Dreyfus und Henri Carrère alias Papillon. Die Tristesse, die hier herrscht, verfliegt, wenn man über den **Rempart,** den Festungswall, zum schattigen und ruhigen Parc de la Barbette und zum Hafeneingang weiterflaniert. Das Ilôt, das Inselchen mit dem Gouverneurshaus, liegt mitten im Hafenbassin, hinter den Kais erheben sich die eleganten, zweigeschossigen Bürgerhäuser von Saint-Martin vor der Silhouette der gotischen Kirche.

Hinter dem Kai überquert man die Avenue Bouthilliers und gelangt zum **Hôtel de Clerjotte,** einem Stadtpalais und späteren Zeughaus aus dem 15. und 17. Jh. Ein gotischer Eckturm flankiert das Hauptgebäude, in dem das Musée Naval wertvolle Schiffsmodelle und alte Seefahrerkarten ausstellt und das Musée Ernest-Cognacq die heimatkundliche Sammlung des ehemaligen Bürgermeisters von La Couarde präsentiert. Selten in Westfrankreich sind die Renaissancearkaden und die Galerie im Innenhof des Museums (10–19 Uhr, Okt.–Juni 10–12 und 14–17 Uhr, Mo und Di geschl.).

An der Ecke zum Quai Job Foran hat sich eine sehenswerte Muschelgalerie in einem ehemaligen Reederhaus mit wehrhaftem Turm (16. Jh.) einquartiert. Bars und Restaurants säumen den Quai de la Poitevinière. Angler, Surfer und Segler finden bei Bedarf Ösen, Haken und dergleichen in einschlägigen Geschäften.

Vom Hafenkai aus führen drei Straßen zur **Kirche Saint-Martin** hinauf, die durch romantische, kopfsteingepflasterte Gäßchen untereinander verbunden sind. Das Gotteshaus hat eine wechselvolle, architektonisch gesehen eine kuriose Vergangenheit. Die Mauern des einstigen Glockenturms sehen

aus wie abgesägt, zierliche Türmchen im Flamboyant-Stil ragen über sie hinaus. Diese Zerstörung wurde der Kirche während der Religionskriege beigebracht. Toiras, der Anführer der königlichen Truppen auf der Ile de Ré während der Belagerung von La Rochelle, ließ dann noch die Deckengewölbe abschlagen, um die Engländer daran zu hindern, vom Kirchendach Kanonen abzufeuern. Beim Wiederaufbau im 18./19. Jh. wurde die Kirchenanlage um 180 Grad gedreht, der Haupteingang mit dem Glockenturm zeigt nun nach Osten. Im Innern zeugen die Spitzgewölbe der Seitenkapellen noch von der einstigen gotischen Pracht. Ein Erlebnis ist der Aufstieg über eine Holztreppe in den Glockenturm. Von oben läßt sich die sternförmige Anlage der Vaubanschen Zitadelle gut ausmachen.

Vom Kirchplatz geht es zur Place de la République. Im **Hôtel des Cadets-Gentilshommes** (18. Jh.) ist das Rathaus eingezogen; das Gebäude schenkte Ernest Cognacq, der Begründer des Pariser Kaufhauses La Samaritaine, seiner Heimatstadt.

Am Platz brennen abends bunte Lichter für die Boule-Spieler, in seiner Verlängerung, an der Rue de l'Hôpital, steht das einzige Krankenhaus der Insel. Nach vorheriger Absprache mit der Verwaltung kann dort die himmelblau getäfelte Apotheke und ihr wertvolles Interieur aus dem 18. Jh. bewundert werden (☎ 05 46 09 20 01).

ⓘ Information: *Office de Tourisme,* av. Bouthilliers, 17410 Saint-Martin-de-Ré, ☎ 05 46 09 20 06, Fax 05 46 09 06 18

🛏 Hotels: **** *La Résidence du Gouverneur,* rue des Gouverneurs, ☎ 05 46 09 70 00, Fax 05 46 09 14 87. Geschmackvolle Apart-Hotel-Anlage im ehemaligen Gouverneurspalast, mit überdachtem Schwimmbad und neuen Anbauten. *** *La Jetée,* quai Georges Clemenceau, ☎ 05 46 09 36 36, Fax 05 46 09 36 06. Hübsches Stadtpalais mit Innenhof. ** *Les Colonnes,* 19, quai Job Foran, ☎ 05 46 09 21 58, Fax 05 46 09 21 49. Von den Zimmern mit Hafenblick sieht man die Fischerboote ein- und ausfahren. *Hôtel du Port,* 29, quai de la Poitevinière, ☎ 05 46 09 21 21, Fax 05 46 09 06 85. Zimmer mit Blick aufs Meer, z. T. mit Mezzanine. Etwas außerhalb in Le Bois-Plage: *L'Océan,* 172, rue Saint-Martin, ☎ 05 46 09 23 07, Fax 05 46 09 05 40. Traumhaft schöne Sommerfrische (mit Restaurant)

✕ Restaurants: *La Baleine Bleu,* ilot du Port, ☎ 05 46 09 03 30. Auf der Hafeninsel, einladend mit Korbsesseln bestückt, excellente Küche. *Kiss me not,* 13, quai Clemenceau, ☎ 05 46 09 02 77. Romantisches Galerierestaurant mit Weinlaube. *Les Colonnes,* 19, quai Job Foran, ☎ 05 46 09 21 58. Traditioneller Treffpunkt für Familienessen und Aperitif. *Passé Simple,* rue Baron de Chantal, ☎ 05 46 09 10 61. Crêperie; im romantischen Innenhof blühen Hortensien; unbedingt reservieren

✿ Einkaufen: *Le Comptoir de l'Ile de Ré,* 17, quai Georges Clemenceau. Allerhand Dinge für Groß und Klein mit typisch französischem Chic. *La Treille Marine,* 4, place de la République. Altes und Neues berückend schön arrangiert

Inseltour mit dem Fahrrad

Die Tour startet an der Porte de Campani in Saint-Martin. Über den Festungsgraben geht es nach rechts auf den Fahrradweg Richtung Ars. Mit Blick aufs Meer radelt man an einem Weizenfeld bis an die Küste, biegt nach links und hat das Vergnügen, direkt am Wasser zu fahren. Nach ungefähr 2,5 km erreicht man die Salzfelder von Loix, die man durchquert. Bei Flut kreuzen kleine Jachten vor der Insel, denn Loix ist sehr beliebt bei Freizeitseglern.

Über die Passage, einen Holzsteg, geht es zum Hafen von **Loix.** In der Wassermühle wurden früher nicht nur Getreidekörner gemahlen, sondern mit dem Rückfluß aus ihrem Flutbassin auch die Kanäle der Salzfelder durchgespült.

Von dem stillen Platz am Hafen führt der Radweg nach links weiter am Meer bis zu einer Ferme Marine, dem Gehöft eines ›Meerbauern‹. Ziel ist die **Pointe de Grouin** mit einem Fort. Das wildromantische Kap wird gerne von Austernsammlern aufgesucht.

Von der Landspitze fährt man denselben Weg zurück und biegt bei der ersten Gelegenheit nach rechts ein. Typisch für die Küstenregion ist das Schiffsmodell, das im Kirchengewölbe der **Dorfkirche Sainte-Catherine** (19. Jh.) hängt.

Weiter geht es über die D 102 bis zum **Ecomusée du Sel,** einem Museum zur Geschichte der Salzgewinnung (10–12.30 und 14.30–19 Uhr). Zügig radelt man an den

Markt in La Flotte

rechteckigen Wasserbassins vorbei bis an die große Fahrstraße, die hier am Rand des dunklen, dichten Kiefernwaldes (Bois Henri IV.) verläuft. In La Passe geht es nach rechts auf dem Radweg bis zum Martray, der schmalsten Stelle der Insel. 40 m ist die Ile de Ré hier nur breit, das Meer liegt linker Hand hinter einem Deich zum Greifen nahe. Am Martray werden die besten Retaiser Austern gezüchtet, ganz frisch kann man sie in einer der Degustationen oder in den beiden Restaurants schlürfen.

Restaurants: *Le Martray* (mit Hotel), ☎ 05 46 29 40 04, Fax 05 46 29 41 19. *Cabane du Fier,* ☎ 05 46 29 64 84. Zünftiges Essen nach Fischerart, an warme Pullover denken!

Gut gestärkt geht es nach Ars durch ausgedehnte Salzfelder, auf denen vormittags und am frühen Abend die Salzbauern arbeiten. Der Blick gilt dem Kirchturm von **Ars,** dessen weißschwarze Bemalung lange Zeit den Schiffen auf dem Meer die Richtung wies. Ars ist wegen seines intakten Dorflebens, seiner verwinkelten Gassen und Stockrosen sehr beliebt. Zudem findet täglich im Juli und August ein großer Markt statt.

Der Radweg endet an einem kleinen Industriegebiet an der Straße zum Hafen, rechter Hand steht der massige, halbrunde Salzhangar der Kooperative, in dem tonnenweise Salz gelagert wird. Am Hafenkai stellt ein Maler im ehemaligen Bahnhof der Inselbahn seine Bilder aus. Bis in die 30er Jahre fuhr ein kleiner Zug täglich seine Runden über die Insel. Gegenüber im

135

nostalgischen Café du Commerce trifft sich alles, was gesehen werden möchte, auf der Terrasse. Der idyllische Hafen, in dem vor 100 Jahren noch eifrig Salz verladen wurde, lockt heute Segeljachten aller Art an, die über den Fier d'Ars, die große Bucht vor dem hübschen Ort, hereingleiten.

Das älteste Bauwerk der Ile de Ré, die Kirche Saint-Etienne, scheint im Platz versunken zu sein. Über ein paar Stufen steigt man zu ihrem Portal (12. Jh.) hinunter, das mit Rosetten und Palmen verziert ist. Niedrig duckt sich das Kirchenschiff unter dem Glockenturm im gotischen Flamboyantstil. Seine Spitze mißt bis zum Wetterhahn 41 m. Das Kircheninnere wird von einer mächtigen holzgeschnitzten Renaissancekanzel von 1614 dominiert. Der Aufstieg in den Glockenturm lohnt die Mühe, denn man kann bei guter Sicht bis zum Phare des Baleines blicken.

Information: *Office de Tourisme,* place Carnot, 17590 Ars-en-Ré, ☎ 05 46 29 46 09, Fax 05 46 29 68 30

Hotels: ** *Le Sénéchal,* 4, rue Gambetta, ☎ 05 46 29 40 42, kein Fax. Kleines Familienhotel. ** *Le Clocher,* place Carnot, ☎ 05 46 29 41 20, Fax 05 46 29 69 42. Nettes Hotel am Platz

Restaurants: *Bistrot de Bernard,* am Hafen, ☎ 05 46 29 40 26.

Raffinierte Meeresküche in maritimer Atmosphäre. *Café du Commerce,* ☎ 05 46 29 41 57. Mit Art-Déco-Objekten ausgestattetes Café mit Terrasse. *Aux Frères de la Côte,* ☎ 05 46 29 04 54. Strandbar mit alternativem Touch. *Le Grenier à Sel,* 20, rue de la Baie, ☎ 05 46 29 08 62. Retaiser Spezialitäten serviert in einem sonnigen Garten

Einkaufen: *Côté Jardin,* place du Marché. Ausgesucht schöne Gartenmöbel und Accessoires für den Garten. *La Ravalante,* am Hafen. Einrichtungsgegenstände mit klassisch eng-

Im Vogelschutzgebiet der Ile de Ré

lisch-französischem Touch. *Chez Sunny,* am Hafen. Liebevoll ausgesuchte Ferien-Garderobe

 Fahrradverleih: *Neveur,* 2, place de la Chapelle, ☎ 05 46 29 20 88

Zum Phare des Baleines

Der Radweg beginnt am großen Parkplatz der Sommer-Markthalle und führt durch Weinfelder bis zur Kreuzung Les Portes/Saint-Clément-des-Baleines. Nach links geht es zum Phare des Baleines, das Überqueren der D 735 ist etwas gefährlich, gemächlich geht es dann durch das ländliche, weit auseinandergezogene **Saint-Clément,** das aus fünf Weilern besteht. An der Dorfkirche vorbei fährt man geradeaus bis zum Weiler Le Gillieux und folgt der Straße bis zur Kreuzung an der Arche de Noë, einem Freizeitpark.

Salzbauern auf der Ile de Ré

Gut eingerieben gegen Schnaken, einen breitrandigen Strohhut auf dem Kopf, macht sich Madame Menuteau ins Salz auf. Den *simoussi* am Lenker – das ist der lange Salzzieher – radelt sie die Rue des Ormeaux von Ars hinunter. Noch mit über 70 Jahren bearbeitet die Retaiser Bäuerin zusammen mit ihrem Mann Marius ein Salzfeld in den Sümpfen von Ars-en-Ré. Wenn Enkel Louic in den Sommerferien auf Besuch kommt, wird er gleich miteingespannt und lernt vom Großvater, was der von seinem Vater gelernt hat.

Marius Menuteau, alterfahrener und rüstiger Ex-Präsident der Arsaier Kooperative, weiß nur zu gut, was passiert, wenn die *sauniers,* wie die Salzbauern genannt werden, ihre Felder brach liegen lassen. Sind die *marais salants,* die salzigen Sümpfe, erst einmal von *salicorne,* dem Salzkraut, überwachsen, wird das Mikroklima über dem jahrhundertealten Kulturland zerstört. Der feuchtwarme Dunst, der vom Salz aufgestiegen ist und Gewitterwolken abgehalten hat, würde fehlen, das Inselklima aus dem Gleichgewicht geraten. Besonders betroffen davon wären neben den *sauniers* die Winzer. Wein braucht Sonne, und Salz entsteht bei Trockenheit.

In den vergangenen Jahrhunderten hat sich an diesen klimatischen Bedingungen wenig geändert. Nur der Stellenwert des *gros sel* in der heutigen Konsumgesellschaft ist eher ein homöopathischer, so unbedeutend im Vergleich zur industriellen Produktion. Die Ile de Ré ist eine der letzten Bastionen der natürlichen Salzgewinnung am französischen Atlantik. Denn kaum jemand nimmt es noch auf sich, für ein paar Tonnen Salz die Abende am Sommer auf dem Salzfeld zu verbringen. Das chemisch reine Salz von den großen Salinen im Süden Frankreichs ist billiger und scheinbar sauberer als das grau-durchsichtige und grobkristallene aus dem Atlantik. Seine ursprüngliche Bedeutung, das Konservieren, verlor das Kristall vollends, als nach dem Zweiten Weltkrieg der Kühlschrank aufkam. Allenfalls die Verwendung als Reinigungs- und Heilmittel für Körper und Haushalt blieb dem Salz erhalten.

Schon die Wikinger hatten im 12. und 13. Jh. bei ihren Streifzügen vor der Küste das Salz als Konservierungsmittel für ihren Trockenfisch entdeckt. Regelmäßig kamen sie auf die Insel, um ihre Vorräte aufzufüllen und brachten den Inselbewohnern bei, wie Hering eingelegt wird. So die Legende. Und der Handel mit der ›rosa Meeresblume‹, der *fleur rose,* wie die noch ›jungfräuliche‹ Sole genannt wird, florierte. Allerdings sicherten sich daraufhin der König und die reichen Grundbesitzer aus dem Poitou und La Rochelle zusätzliche Einnahmen in Form einer Salzsteuer. Langandauernde Mißernten im 19. Jh. brachten die Salzbauern an den Rand ihrer Existenz. Als dann per Eisenbahn Steinsalz aus Ostfrankreich herübertransportiert werden konnte, wurde das jahrhundertealte Küstenmonopol gebrochen. Daher versuchten Grundbesitzer ihre Salzfelder zu veräußern. Doch die *sauniers* konnten die zum Kauf stehenden Salzfelder nicht erwerben, eher schon Winzer oder Handwerker. Zum gesellschaftlichen Wandel notierte 1866 der Bürgermeister von Ars: »Die Töchter werden Dienstmädchen

auf dem Kontinent, die Söhne gehen zur Gendarmerie oder werden Pfarrer.« Gerade mal an die 50 Salzbauern arbeiten heute noch im Salz, von einst 300 *sauniers* in Ars und den Dörfern Loix und Saint-Clément. Von jährlichen 24 000 t im 17. Jh. ist die Salzgewinnung auf knappe 900 t geschrumpft.

Die Felder der Familie Menuteau liegen in der Feuchtzone zwischen Dorf und Meer. Von weitem sehen die kleinen Salzpyramiden wie Schneehaufen aus. Barfuß steht Madame Menuteau auf einem der schmalen Weglein aus Lehm, die akkurat die rechteckigen Wasserbassins voneinander trennen. Virtuos zieht sie mit dem langen *simoussi* oder dem etwas kürzeren *souvron,* dem Salzsieber, den weißen Salzteppich ab. Im April hat man mit den Vorbereitungen begonnen, erst die Felder gesäubert, dann die Zuflußrohre geöffnet und das *marais* bewässert. Bei Wind und Wärme beginnen die Felder, ›salzig‹ zu werden. Wenn es wenig regnet, wird bis in den September hinein geerntet. Madame Menuteau beherrscht das Anhäufen des gräulich-weißen Minerals wie kaum eine andere. Sie liebt die Sommerabende im Salz. Nur die Schnaken, die stören sie.

Zum **Phare des Baleines,** einem 57 m hohen, eckigen Leuchtturm, ist es nun nicht mehr weit, die zahlreichen Andenkenstände, Busse und Autos sollten nicht abschrecken. Seinen Namen verdankt der Turm den Walen, die früher an diesem nördlichen Kap strandeten (Mai–Okt 10–12 und 14–18 Uhr, Okt.–April 11–12 und 15–17 Uhr).

Vom Parkplatz schlägt man die Richtung Les Portes ein und fährt, nun hinter den Dünen, auf dem Radweg bis zum Fahrradparkplatz. Von dort schweift der Blick über die traumhaft schöne Bucht mit langem Sandstrand und die Dünen der Conche des Baleines.

Der letzte Teil der Fahrradtour verläuft unter duftenden Pinien durch den Wald von Lizay bis nach **La Rivière,** einem Weiler mit kleinen Häusern, in denen sich im Sommer Künstler Ateliers einrichten. Dann muß man auf der D 101 weiterfahren, nach links dann bis zu einem großen Parkplatz vorradeln und diesen überqueren.

Nach rechts biegt man in eine schmale Straße ein, die zur Kirche führt und kommt schließlich an der Place de la Liberté heraus. Die Gemeinde **Les Portes** mit schicken Boutiquen und verträumten Gäßchen zieht sich bis zum Wald und Strand von Trousse Chemise. Wenn die Retaiserinnen früher bei Ebbe von Loix nach Portes waten wollten, mußten sie ihre Röcke schürzen, *trousser les chemises.* Für die Rückfahrt durchquert man das Vo-

gelschutzgebiet, die Réserve de Lilleau-des-Niges, zwischen Ars und Les Portes. In den gefluteten Meerwiesen spiegelt sich der Himmel, die stille Ebene aus Wasser, Sumpfwiesen und kleinen Erddeichen bildet einen idealen Ort für einige seltene Vogelarten, die hier ungestört nisten.

Hotel: *** *Le Chat Botté,* 20, rue de la Mairie, 17590 Saint-Clément, ☎ 05 46 29 21 93, Fax 05 46 29 29 97. Charmantes Familienhotel mit Garten und Innenhof, exzellente Küche

Restaurants: *Auberge de la Rivière,* am Dorfeingang von Les Portes, ☎ 05 46 29 54 55. Das Luxusrestaurant der Insel mit sympathischer Atmosphäre. *Le Chasse Marée,* Place de la Liberté, Les Portes, ☎ 05 46 29 52 03. Kleines Lokal mit maritimen Spezialitäten

Schiffsverbindungen: Nach La Rochelle, auf die Ile d'Aix, ins Charente-Tal: Interîles von Rivedoux-Sablanceaux (bei der Brücke), ☎ 05 46 09 87 27, sonst über die Verkehrsvereine

Von La Rochelle nach Fouras

Bei La Jarne liegt mitten im Wald das stattliche **Château de Buzay,** ein Schloß mit massigen ionischen Säulen und einem eleganten Park. Pierre-Etienne Harouard de Beignon war im 18. Jh. ein vermögender Kolonialherr in Santo Domingo und baute sich bei La Rochelle dieses prachtvolle Domizil (Juli–Aug. 14.30–17.30 Uhr, Mai–Juni und Sept.–Okt. für Gruppen und nach Voranmeldung).

Über die D 111 erreicht man **Châtelaillon-Plage,** einen Ort, der um die Jahrhundertwende am Reißbrett entworfen wurde. Sein über 4 km langer Strand ist im Sommer überfüllt. Moderne Ferienappartements stehen neben imposanten Villen. Ob maurisch oder gotisch, eine große architektonische Stilvielfalt ist vertreten. Südlich des Badeortes liegen ein Austernpark und das Zuchtgebiet der Bouchot-Muscheln; Baden kann man dort nicht mehr.

Ein großes Vogelschutzgebiet von etwa 250 ha Fläche liegt am Rande der Baie d'Yves, im Marais von **Yves.** Das Sumpfgebiet ist von kleinen Kanälen durchzogen, im Meer dehnen sich immense Austernparks und Muschelzäune aus. Vögel machen hier auf dem Weg ins Winterquartier – wie an vielen Stellen am Atlantik – Halt oder überwintern. Ringelgänse aus Sibirien z. B. ernähren sich vom Getier auf dem Seegras, der aschefarbene Brachvogel sucht mit seinem langen Schnabel nach Würmern im Schlick. Auch Silberreiher kann man am Rand der Sumpfbecken entdecken (Spaziergänge mit Führer sind möglich, ☏ 05 46 82 12 44, 27. Juni–4. Sept. 15–19 Uhr, Okt.–27. Juni So 14–18 Uhr).

Das kleine Städtchen **Fouras** liegt auf einer Halbinsel im Atlantik. Zum Meer hin stehen historizistische Villen unter alten Kastanienbäumen; kleine Stichstraßen führen zum Strand.

An der Pointe de la Fumée liegt der Landungssteg für die Schiffe von und zur Ile d'Aix. Vor dieser äußersten Landzunge wurde 1810 auf Anweisung Napoleons auf einem Felsen ein weiteres Bollwerk zur Verteidigung der Küste angelegt, das **Fort Enet.** Damit verstärkte Napoleon die Vaubansche Verteidigungsarchitektur noch, denn auch Fouras besaß schon seit dem 15. Jh. einen Donjon, der unter Vauban im 17. Jh. ausgebaut wurde. Die Plattform bietet einen Panorama-Blick auf die Umgebung und die Ile d'Aix (15. Juni–15. Sept. 15–18 Uhr, sonst nur So 15–18 Uhr). Im Juli 1815, als Napoleon den Kontinent verlassen mußte, wurde er auf der Fregatte »Saale« Richtung Ile d'Aix eingeschifft, seiner letzten Station vor der Fahrt ins Exil nach Sankt Helena. Der einstige Kaiser verließ Fouras übrigens auf den Schultern eines Matrosen, denn es war gerade Ebbe und die »Saale« lag weit draußen vor Anker.

Hotels: in Châtelaillon-Plage: ** *Majestic,* bd. de la Libération, ☏ 05 46 56 20 53, Fax 05 46 56 29 24. Nicht weit vom Meer, Traditionshaus. ** *Le Rivage,* 4, rue de la Plage, ☏ 05 46 56 25 79, Fax 05 46 56 19 03. Mit Meerblick. In Fouras: ** *Grand Hôtel des Bains,* rue du Général Bruncher, ☏ 05 46 84 03 44, Fax 05 46 84 58 26. Mit hübscher Aussicht am Meer gelegen

✗ **Restaurants:** *La Jetée,* Pointe de la Jetée, ✆ 05 46 84 60 43. Am äußersten Zipfel der Halbinsel, Fisch und Meeresfrüchte

🚢 **Schiffsverbindungen:** Zur Ile d'Aix, Ile d'Oléron, Ile de Ré und nach La Rochelle.

Ile d'Aix

Die Insel mit der Form einer Sichel führt ein recht beschauliches Dasein zwischen ihren großen Schwestern Ré und Oléron. Denn die Ile d'Aix hat keine feste Verbindung zum Kontinent. In den Sommermonaten verkehren täglich im Stundentakt kleine Dampfer zwischen der Spitze der Halbinsel Fouras, den Inseln und La Rochelle.

Inselrundfahrt

Die Boote steuern die Insel im Süden an, wo nach Plänen von Vauban im 18. Jh. das **Fort de la Rade** angelegt wurde. Die soliden Steinmauern der Festung stammen aus der Zeit von 1810, als Napoleon I. die Insel dauerhaft vor englischen Übergriffen schützen wollte.

Vom Hafenkai aus schleust ein einziger Weg die Sommertouristen über eine alte Zugbrücke ins Dorf **Le Bourg.** Zu Fuß oder per Fahrrad, denn Aix ist autofrei. Ein Fahrradverleih befindet sich direkt am Hafen, ein anderer im Dorf. Unter den alten Schirmpinien auf der Place Austerlitz, die Napoleon I. als Paradeplatz anlegen ließ, ist es angenehm schattig und ruhig. Zwei Straßen führen geradeaus zum Dorf, die Rue Napoléon und die Rue Gourgaud. Letztere kreuzt die Rue Marengo, in der ein strahlend rosafarbenes Fischerhaus zwischen all den weißgetünchten heraussticht. Wer sich für die Geschichte der Insel interessiert, sollte das **Maison de l'Empereur** in der Rue Napoléon aufsuchen. Unter den niedrigen Dorfhäusern fällt das Haus des Kaisers allein schon durch die zwei hohen Geschosse und das vorgesetzte klassizistische Portal auf. Napoleon I. ließ es 1809 für den Gouverneur von Aix errichten. Er selbst verbrachte dort seine letzte Nacht auf dem Kontinent, bevor er von den Engländern nach Sankt Helena verbannt wurde. Heute kann man dort sein ehemaliges Schlafzimmer und Erinnerungsstücke bewundern, darunter Napoleons Totenmaske (April–Okt. 10–12 und 14–18 Uhr, Di geschl.; im Winter 10–12 und 14–17 Uhr).

Eine Bäckerei, einige Andenkenläden, zum Teil mit sehr hübschen Perlmuttschmuck, ein Lebensmittelgeschäft, das Rathaus, die Post, ein Café, ab und zu ein Boot vor den Häusern: Allzu viel mehr gibt es nicht in Le Bourg, dem einzigen Inseldorf.

Ile d'Aix

Zwei Wege bieten sich an, das 3 km lange und 700 m breite Eiland zu erkunden. Zu Fuß kann man einen eineinhalbstündigen, in der Mitte abgekürzten, oder auch einen ausführlichen dreistündigen Rundgang über die Insel unternehmen. Am Ende der Rue Gourgaud, wo die kleine Pfarrkirche von Aix über einer romanischen Krypta aus dem 11. Jh. erbaut wurde, geht es

Ile d'Aix, Ile d'Oléron und die Atlantikküste von Châtellaillon bis zur Gironde

durch einen Durchgang in den Festungsmauern auf den Grand Chemin. Zuweilen begegnen einem französische Schulklassen auf einem Ausflug, die unter Bäumen eine Rast einlegen, umgeben von Weizenfeldern und Klatschmohn. Fahrradfahrer müssen mit knorrigen Wurzeln und Schlaglöchern rechnen, auch das Kopfsteinpflaster entlang des Festungsrings schüttelt den Proviant im Fahrradkorb ordentlich durch.

Über den Grand Chemin kommt man zur Gabelung Bois Joly. Hier biegt man rechts ab und folgt dem Weg bis zu einer seichten Bucht, der Anse du Saillant, mit Austernbänken und Sandstrand und weiter bis zum nordöstlichen, waldreichen Zipfel der **Pointe de Coudepont.** Der Rückweg führt zu *criques,* zu kleinen malerischen Felsbuchten, die so gar nicht atlantisch wirken, eher mediterran mit den dunkelgrünen Pinien. Ein Handtuch und Badeschuhe genügen im Sommer, um Erfrischung im klaren Wasser zu finden und sich am Rand der Felsen wiederaufzuwärmen.

Unweit der Buchten, im Wald versteckt, liegt das **Fort Liédot.** Diese kleine napoleonische Festung diente vor allem als Gefängnis, für Russen und Preußen genauso wie für die Pariser Kommunarden. Zuletzt war dort bis 1961 Ben Bella, der Anführer im Algerienaufstand, inhaftiert. Weiter führt der Rundweg bis zur Pointe Saint-Eulard, einem großen Felsvorsprung.

Von dort eröffnet sich der Ausblick auf die Rade des Basques, in der einst spanische Walfischfänger vor Anker gingen. Beim großen Sandstrand von Aix schließlich wird das Ufer flacher und ideal für Surfer und Segler.

Der Inselstreifzug endet an zwei rotgestreiften Leuchttürmen, die am Inselausläufer Anse de la Croix auftauchen, dicht beim Fort de la Rade. Wer bis zur Abfahrt des Dampfers noch Zeit hat, sollte auf den Sémaphore, den Signalturm, steigen und die Aussicht bis nach La Rochelle und Fouras genießen. Es ist wichtig, pünktlich zur Ablegestelle zu kommen, um sicher einen Platz für die Rückfahrt zu erhalten.

Hotels und Restaurants: *** *Napoléon,* rue Gourgaud, ☎ 05 46 84 66 02, Fax 05 46 84 69 70. Mit Bar und Restaurant; das einzige, kürzlich renovierte Hotel der Insel. Wer gerne noch den Abend auf Aix verbringen möchte und ein gehaltvolles Abendessen sucht, sollte sich schon bei der Ankunft, möglichst vorher, telefonisch nach einem Zimmer erkundigen. *Les Paillottes,* in der Nähe des Grand Chemin an der Gabelung Bois Joly, ☎ 05 46 84 66 24. Maritime Spezialitäten

Camping: *Camping de la Rade,* ☎ 05 46 84 28. Einfache, aber sympathische Anlage, ideal für Windsurfer

Schiffsverbindungen: Nach La Rochelle, Fouras und zur Ile de Ré.

Rochefort

Nach der Fahrt durch die Charentaiser Landschaft am Meer entlang, mit Kühen auf den Poldern ehemaliger Sumpfgebiete, überrascht die akkurate Architektur von Rochefort. Das Distanziert-Militärische, aber auch Höfisch-Prächtige, das der Stadt eignet, seit Ludwig XIV. sie im 17. Jh. zum königlichen Marinearsenal und Kriegshafen ausbauen ließ, hat sie bis heute nicht verloren.

Rochefort galt zwischenzeitlich als verlassene Stadt, seitdem das Arsenal 1927 geschlossen wurde. Die Corderie Royale wurde 1944 von den Deutschen zerstört. Mit dem Wiederaufbau der riesigen Anlage zwischen 1976 und 1988 erlebte die Stadt eine Art Renaissance.

Die Altstadt mit den Stadtpalais für Admiräle und Offiziere, den hübschen schmiedeeisernen Balkonen und den geraden Straßen wirkt etwas verschlafen. Ein alles dominierender Hafen fehlt, der Jachthafen im Westen der Corderie ist fast zu abgelegen, das lärmende Treiben von einst in den Docks ist der Ruhe gewichen.

Die Corderie Royale

Colbert persönlich hatte Rochefort als Standort für ein Marinearsenal ausgewählt, da die Stadt zwei Vorteile bot: Sie liegt an einer Flußbiegung der Charente und hat so eine Verbindung zum Meer; Fluß- und Meeresströmung treffen hier aufeinander. Andererseits lag der Ort weit genug landeinwärts, um als Nachschubhafen gegen feindliche Angriffe vom Meer gesichert zu sein.

Stolze 373 m Länge mißt die Corderie Royale, die 1666 erbaute königliche Seilerei an der Charente. Dort wurde sie auf schlammigem Untergrund nach Plänen des königlichen Ingenieurs Jean-François Blondel auf ein Holzgerüst gesetzt. Dafür wurden 14 000 m^3 Eichenbohlen benötigt, die aus dem benachbarten Périgord und dem Limousin kamen. Die gigantischen Ausmaße der Seilerei waren für das Tauwerk der Kriegsschiffe notwendig. Armdicke Taue mit einer Länge bis zu 193 m mußten in entsprechend langen Werkstätten aus mehreren Seilzöpfen gedreht werden.

An beiden Seiten schließt der klassizistische Bau mit breiten Pavillons ab. Im Südflügel befand sich die Segelmacherei, im Nordflügel wurden Hanf getrocknet und die Seile gedreht, im großen Mittelpavillon wurden sie geteert, damit sie im Wasser nicht faulten.

Bis 1927 verließen diese Handels- und Kriegsflottenfabrik mehrere Hundert vollständig ausgerüstete Schiffe. An Bord war vom Dörrobst bis zur Kanonenkugel komplett alles aus den Beständen des Arsenals bestückt oder organisiert worden. Die Ankerschmiede, die Mast-Werkstatt, die Kanonen-

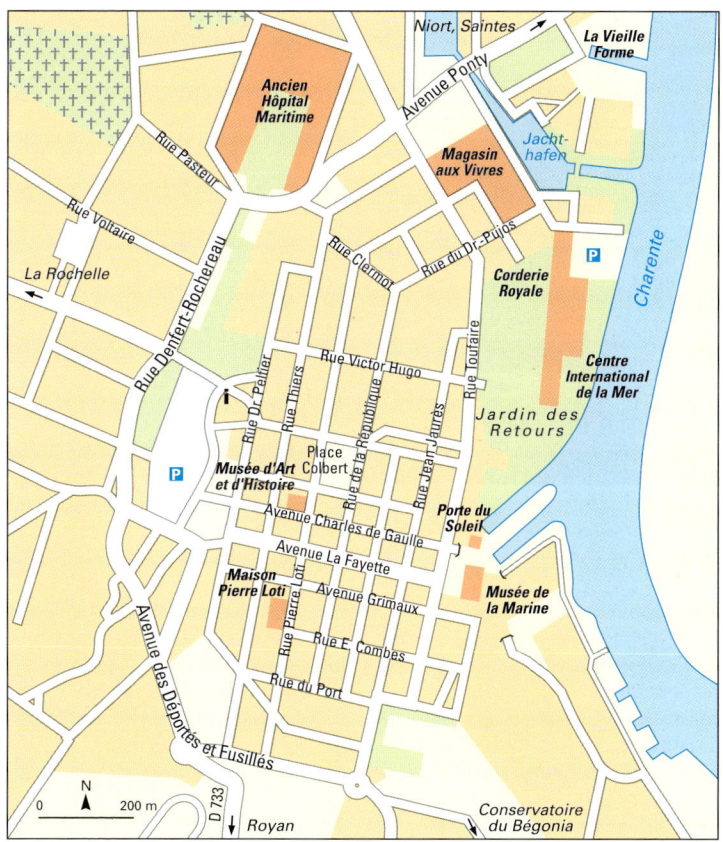

Rochefort

Gießerei aber auch das Strafbataillon zählten zu den bedeutendsten Einrichtungen der Corderie. 8000 Menschen waren in dieser Manufaktur am Fluß mitunter beschäftigt. Materialimporte aus dem Ausland wie der baltische Teer waren bald nicht mehr nötig, denn viele kleine Unternehmen arbeiteten ausschließlich für das königliche Arsenal im ›Versailles des Meeres‹, der Vorzeigefabrik für französische Erzeugnisse.

Technische Neuheiten wie die »Sphinx«, das erste französische

147

Die Corderie Royale, die einstige königliche Seilmacherei, in Rochefort

Dampfschiff, liefen im 19. Jh. vom Stapel, selbst Versuche mit Unterseebooten fanden hier statt. In Trockendocks wurden Fregatten, Korvetten und Segelschiffe repariert: Die Double Forme (in der zur Zeit Lafayettes Fregatte »Hermione« nachgebaut wird, s. S. 149) und die Forme Napoleon III. nahe der Porte du Soleil sind noch zu besichtigen; die Vieille Forme von 1669 am Jachthafen ist das älteste Trockendock der Welt.

Ein Modell im Centre International de la Mer zeigt die einstigen Ausmaße und einzelnen Dependancen dieser ›Fabrik‹. Alte und neue Seilzöpfe werden präsentiert, zum Thema Meer und Marinegeschichte finden regelmäßig Ausstellungen statt. Die Corderie ist auch Sitz der Vogelschutzorganisaton LPO und des Konservatoriums zum Schutz der Küsten. In der Buchhandlung am Eingang findet man eine große Auswahl, auch für Kinder, an maritimer Literatur (im Sommerhalbjahr 9–19 Uhr, Juli–Aug. bis 20 Uhr, im Winter 9–18 Uhr).

Stadtrundgang

Solide und aus Stein wurde zunächst nur die Corderie Royale nebst Arsenalen gebaut. Die einfachen Häuser für die Arbeiter waren lediglich aus Holz und boten keinen Komfort. Bald zog die neue Bedeutung Rocheforts Angriffe der Engländer nach sich; zum Schutz

Die Hermione

Im Sommer 1776 kommt es zum Streit zwischen England und seinen Kolonien in Nordamerika. Der junge französische Edelmann Gilbert Motier, Marquis de la Fayette, gerade 21 Jahre alt, erhält vom König die Erlaubnis, an Bord der neuen Fregatte »Hermione« nach Amerika zu segeln, um General Washington die Hilfe Frankreichs anzukündigen. In 38 Tagen legt Motier 1780 die Strecke zwischen Rochefort und Boston zurück; dank französischer Truppen erringen die Aufständischen 1781 bei Yorktown einen bedeutenden Sieg über England.

In Amerika und Frankreich gilt La Fayette seitdem als Held der Völkerfreiheit. Mit dem Nachbau seiner stolzen »Hermione« in der Double Forme der Corderie Royale in Rochefort soll nun an die ruhmreichen Zeiten des Marinearsenals erinnert werden. Seit 1728 konnten in dieser Werft zwei Schiffe gleichzeitig gebaut oder repariert werden. Innerhalb von drei Minuten glitt ein Schiff von der Charente in den hinteren, 83 m langen Teil des doppelten Docks. Dort steht heute ein Modellgerippe des Schiffsrumpfes der »Hermione«: 1779 wurde die Fregatte innerhalb nur eines Jahres gebaut, heute rechnet man mit ca. zehn Jahren. Die Schiffszimmermänner und die Kalfaterer, die Schmiede und Schreiner, die einen solchen Rumpf noch ordentlich bauen können, sind rar geworden; auch gibt es niemanden mehr, der jemals auf einem solchen Hochseesegler gefahren ist. 50 Mio. Francs wird das Projekt verschlingen. Ein Förderkreis bemüht sich um Sponsoren, der Schiffsarchäologe Jean Boudroit fungiert als Berater.

Während der Rekonstruktion des Dreimasters entwickelt sich der Bereich um das Dock zur geschäftigen Baustelle, auf der die Besucher miterleben können, wie vor 200 Jahren Segelschiffe gebaut wurden. Am schwierigsten ist das Zimmern des Schiffsbauches, denn alte, lang gelagerte Bäume sind kaum noch zu finden. Jedes Eichenholz am Rumpf muß aus einem Stück sein, für die Brücke und die Masten verwendet man Kiefer. Die Arbeit am Rumpf muß schnell vor sich gehen, damit das Holz gleichmäßig durchtrocknet und die Statik stimmt. Am Ende wird also die spannende Frage stehen, ob die Hermione überhaupt seetüchtig ist und zu einer Jungfernfahrt auslaufen kann. Sicher ist vorläufig nur, daß sie als Museumsschiff auf der Charente vor der Corderie Royale vor Anker gehen und regelmäßig als Touristenattraktion das Spektakel des Segelsetzens in Szene gesetzt werden wird.

Pierre Loti

Der Orient in Rochefort

Normalerweise bringen sich Weltreisende Souvenirs mit, die unbeschadet einen Transport in einem Koffer normaler Größe überstehen. Pierre Loti alias Julien Viaud aus Rochefort, Schriftsteller und Marineoffizier, Sohn braver Leute protestantischen Glaubens dagegen brachte im Laufe seines Lebens von seinen Schiffsreisen Teile einer Moschee mit wundervollem, türkisfarbenem Mosaik aus Damaskus, die Einrichtung für einen gotischen Saal, ein Eßzimmer im Renaissance-Stil und vieles mehr mit ins heimatliche Rochefort. An das einfache Haus seiner Eltern ließ er ein Minarett für einen Muezzin aufbauen, auch das Hausinnere wurde umgebaut, um die immense gotische Treppe und eine große Galerie unterzubringen. Ein orientalisches, mit seidenen Kissen ausstaffiertes Schlafgemach, die Grabstele seiner türkischen Geliebten, dazwischen Unmengen von chinesischem Porzellan und Lampen schaffen ein exotisches Ambiente.

Das Interesse an fremden Kulturen wurde bei Loti meist durch die Liebe oder die Beziehung zu einer Frau entfacht. Nicht ungefährlich, wenn es sich um eine Haremsdame oder Geisha handelte. Der romantische Schriftsteller verewigte 1879 seine ganz große Liebe, die Türkin Hakidjé, in dem Roman »Aziyadé«, an die Japanerin Chrysanthème erinnerte er sich 1893 in »Madame Chrysanthème«. Den Namen seiner türkischen Geliebten veränderte er, um die Haremsdame in Konstantinopel nicht in ernsthafte Schwierigkeiten zu bringen. Als die Geliebte bald darauf starb, startete Loti ein gewagtes Manöver: Er ließ eine ihrer beiden Grabstelen vom Friedhof in Top Kapi gegen eine Kopie austauschen und holte sich das Original nach Hause, nach Rochefort in seine Moschee

Schon im Alter von 41 Jahren wurde er jüngstes Mitglied der Académie Française und stach bei seiner Wahl Emile Zola aus! Werke

wurden entlang der Charente Wälle errichtet. Rasch wuchs die Bevölkerung bis zum Ende des 17. Jh. auf 15 000 Bewohner. Dem damaligen Intendanten Michel Bégon ist es zu verdanken, daß am Reißbrett eine neue Stadtanlage aus Stein entworfen wurde.

Unterhalb des **Jardin des Retours,** eines Parks mit seltenen Baumarten, an der Befestigungsmauer gelangt man zur **Porte du**

wie die Novelle »Die Islandfischer« trafen den romantischen Zeitgeist, die Sehnsucht nach der Ferne und machten ihn beim Publikum beliebter als bei seinen Schriftstellerkollegen. Edmond de Goncourt charakterisierte ihn boshaft: »Sein Leben war ein einziger Karneval, als Bretone in seiner japanischen Pagode und als Türke in seinem bretonischen Zimmer…«.

Ein ganz besonderer Spleen von Loti zeigte sich bei seinen in ganz Rochefort bekannten Festen: Immer wenn sich der Kosmopolit die Ehre gab, europäischen Hochadel, einfache Matrosen und die Pariser Schriftstellerszene zu einem Kostümfest zu bitten, ließ er seinen Diener Osman Daney als Muezzin vom Minarett herabrufen. Bei solchen Festen gab es mal mittelalterliche, mal japanische Speisen, für die Gäste waren die entsprechenden Kostüme vorbereitet. Abends aber zog sich der Schriftsteller zum Abschminken in sein asketisches, weiß getünchtes Schlafzimmer zurück, dessen schlichte Wände an die einfachen Inselhäuser der Ile d'Oléron erinnern, woher Lotis Mutter stammte.

Soleil, einem Tor in Triumphbogenform, das den Eingang zum Arsenal bildete. Daneben ist im ehemaligen Hôtel de Cheusses das **Musée de la Marine** untergebracht. In dem Stadtpalais wohnten früher die jeweiligen Geschwaderkommandanten, heute zeigen Modellbauten die einst legendäre französische Schiffsflotte und fantasievolle Galionsfiguren (10–12 und 14–18 Uhr, Di und an Feiertagen geschl.;

15. Okt.–15. Nov., Ostern und Pfingsten ebenfalls geöffnet).

Auf der Avenue Charles de Gaulle, die von der Porte du Soleil nach Westen führt, findet dreimal wöchentlich ein Markt mit regionalen Produkten statt. An der Ecke zur Rue Pierre Loti werden im **Musée d'Art et d'Histoire** Mitbringsel Rochefortaiser Seefahrer von großen Übersee-Expeditionen ausgestellt: Tonfigurinen von der Elfenbeinküste, Tanzmasken aus Afrika und primitive Kunst (13.30–17.30, Juli–Aug. 13.30–19 Uhr, Mo, So und an Feiertagen geschl.).

Die **Maison Pierre Loti,** das Privathaus des extravaganten Rochefortaiser Schriftstellers (s. S. 150f.) in der nach ihm benannten Straße, ist eines der skurrilsten Künstlermuseen Frankreichs. Eine Cafeteria im Philippe-Starck-Stil mit blaugoldenen, orientalischen Versatzstücken empfängt den Besucher und stimmt ihn ein auf das Märchen aus Tausendundeiner Nacht. Selbst arabische Leckereien und türkischer Tee stehen auf der Speisekarte (Juli–Sept. muß für den Eintritt im Office de Tourisme reserviert werden, ✆ 02 46 99 08 60, April–Juni und Okt.–März Führungen um 10, 11, 14, 15 und 16 Uhr, So vormittags, Di und an Feiertagen geschl.).

Die prächtige **Place Colbert,** eine weiträumige Platzanlage im Zentrum der Stadt, wird von stattlichen Bürgerhäusern mit repräsentativen Balkonen gesäumt. Absolutes Prunkstück des Platzes ist ein Brunnen aus dem 18. Jh. an der Ostseite, der allegorisch die Charente und den Ozean darstellt. Das Rochefortaiser Rathaus befindet sich im Hôtel de l'Amblimont an der Westseite des rechteckigen Platzes. Die schöne Kulisse der Place Colbert wurde in den 60er Jahren von dem Nantaiser Regisseur Jacques Demy auf Zelluloid gebannt, der hier den Musikfilm »Die Mädchen von Rochefort« mit Catherine Deneuve und Françoise Dorléac in den Hauptrollen drehte.

In der Rue de la République ist das **Théâtre de la Coupe d'Or** aus dem 18. Jh., das seine Entstehung einer Bürgerinitiative verdankt, noch heute Treffpunkt schlechthin für die Kulturinteressierten der Stadt.

Zum Jachthafen geht es über die Rue Toufaire. Dort befindet sich das ehemalige **Magasin aux Vivres.** Das Lebensmittellager aus dem 17. Jh. war enorm wichtig für das Arsenal: Wie am Fließband wurde in der Bäckerei täglich Brot in Massen gebacken. Auch der Weinvorrat war beträchtlich.

Jenseits der Avenue Ponty liegt das Ende des 18. Jh. erbaute **Ancien Hôpital Maritime.** Von den Expeditionen brachten die Seeleute immer wieder ansteckende Krankheiten mit. Mit der Aufteilung des Marinekrankenhauses in mehrere Pavillons schützten die Ärzte ihre Patienten vor Epidemien.

Südlich von Rochefort liegt das **Gewächshaus des Conservatoire du Bégonia**, in dem über 800 verschiedene Sorten Begonien aus aller Welt gehütet und gepflegt werden. Die bei uns weit verbreitete Sorte der Knollenbegonie mit bonbonfarbenen Blüten ist jedoch nicht der Star in dieser europaweit größten Kollektion. Strauchbegonien mit schiefen, teils panachierten Blättern, die bis zu 4 m groß werden, Begonien mit Luftwurzeln, mit Blütenbüscheln, die wie bunte Tropfen herabhängen und sogar duftende Sorten werden hier genauso gezüchtet wie die amerikanische Tea Rose.

1690 wurde die sonnenempfindliche aber lichthungrige Schönheit von dem Franziskaner Charles Plumier in einem Wald auf Santo Domingo entdeckt. König Ludwig XIV. hatte den Botaniker auf eine Expedition mitgeschickt, sein Förderer aber war der damalige Marineintendant von Rochefort, Michel Bégon. Ihm zu Ehren nannte der Mönch die Pflanze ›begonia rotundifolia‹; in Europa wurde sie jedoch erst Ende des 18. Jh. eingeführt. Mittlerweile ist der Schriftzug ›Begonie aus Rochefort‹ ein Gütesiegel; Begonien-Schößlinge werden in alle Welt verschickt (Führungen Di–Sa stündl. von 14–17 Uhr, für Gruppen auch vormittags).

Schwebefähre
Le Martrou

153

Ebenso wie die Corderie steht ein weiteres Baudenkmal im Süden Rocheforts unter Denkmalschutz. Auf dem Chemin de la Charente, an der ehemaligen Seilerei beginnend, kann man am Fluß entlang bis zur ehemaligen **Schwebefähre von Le Martrou** laufen. Die Konstruktion, 1900 von Ferdinand Arnodin gebaut, wirkt mit 50 m Höhe geradezu filigran neben dem schwungvollen Viadukt, der seit 1991 die Charente überspannt und heute statt der für den Verkehr gesperrten Fähre die Fahrt ins Austernbecken von Marennes ermöglicht.

ℹ Information: *Office de Tourisme,* av. Sadi-Carnot, 17300 Rochefort, ✆ 05 46 99 08 60, Fax 05 46 99 52 64

🛏 Hotels: *** *Corderie Royale,* rue Audebert, ✆ 05 46 99 35 35, Fax 05 46 99 78 72. Gleich bei der Corderie in einem historischen Gebäude mit Innenhof, Garten und Pool. *Le Paris,* 27–29, av. Lafayette, ✆ 05 46 99 33 11, Fax 05 46 99 77 34. Zentral gelegen, das Restaurant ist So geschlossen.

✗ Restaurant: *Café des Longitudes,* bei der Corderie Royale. Ehemalige Unterkunft der Wachmannschaft, ✆ 05 46 87 56 15. Preiswerte und gute Menüs mit Salaten und frischem Fisch, edle Einrichtung in Philippe-Starck-Stil, 15. Juni–15. Sept. 8–2 Uhr, Mitte Sept.–Mitte Okt. nur bis 20 Uhr. *L'Escale de Bougainville,* ✆ 05 46 99 54 99. Feine französische Küche, nicht weit vom Jachthafen.

 Markt: av. Charles de Gaulle, Di, Do und Sa

Ile Madame

Zur Ile Madame geht es an der Pointe de Piedémont, bei Ebbe gelangt man über die ›Passe aux bœufs‹ auf das 1 km lange und 600 m breite Eiland. Es gibt auf der Insel nur ein Gehöft und an der Nordwestküste ein verfallenes Fort, 1704 erbaut und nach dem Ersten Weltkrieg aufgegeben, ein paar Schafe sowie einige Weizen- und Sonnenblumenfelder. Die Hälfte der Inselfläche ist bewirtschaftet, der Rest ist Sumpf, Schlick, Sand und felsiger Strand. Zum großen Teil soll dieses Inselchen dem Bürgermeister von Saint-Nazaire-sur-Charente, Jean-Claude Martin, gehören, der es im Sommer wieder zum Leben erwecken und ein Badezentrum bauen möchte.

Über Brouage nach Marennes

Aus Ballaststeinen, die im 16. Jh. Salzschiffe hierher brachten, wurde der einst ›schönste Hafen Frankreichs‹ gebaut, bevor die Küstenregion verlandete. Früher war **Brouage** bedeutender Seehafen und wichtiger Umschlagplatz für Salz, Bastion des Katholizismus im Hugenottenland und damit Rivalin von La Rochelle. Ende des 17. Jh. begann der Niedergang der Stadt. Die Salzgärten versumpften, der

Brouage

Hafen versandete, La Rochelle lief der einst so stolzen Festungsstadt den Rang ab.

Nirgendwo scheint Geschichte so auf ihre Wiederentdeckung zu warten wie hier. Es gibt Gänge, die zu unterirdischen Hafenanlagen führen, Wälle, Stadttore, Pulvertürme, eine Schmiede, in der sich heute das Fremdenverkehrsbüro befindet, eine Faßbinderei sowie die Halle aux Vivres, ein 54 m langer Speicher, in dem einst Wein, Bier, Fleisch, Salzfisch und Weizen lagerten.

Im Norden betritt man Brouage durch die Porte Royale. Der fast gespenstisch anmutende, nahezu verlassene Ort inmitten einer Sumpf-landschaft ist schachbrettartig angelegt. Da Richelieu die ersten Wälle aus dem Jahre 1574 ungenügend fand, wurden sie ab 1629 nach den Plänen von Pierre d'Argencourt, Hugenotte und Bauherr der Festungsbauten von Montpellier, verstärkt. Die 13 m hohen Mauern bilden ein Quadrat mit einer Seitenlänge von 400 m und sieben Bastionen mit vorspringenden Wachtürmchen. Die Nordseite war dem Hafen zugewandt, heute befindet sich dort nur noch eine schmale Fahrrinne.

Im Palais des Gouverneurs lebte Ludwig XIV., der sich 1659 in eine Nichte Mazarins, Maria Mancini, verliebte. Beide waren 20 Jahre alt und wollten heiraten. Doch der Kardinal hatte andere Pläne. Der Friede mit Spanien sollte durch eine Heirat des Königs mit Maria There-

Austern

Man schrieb den 18. Mai 1868, als ein Schiff aus Lissabon auf dem Weg nach England wegen eines heftigen Sturms in der Gironde-Mündung vor Anker ging. Kapitän Patoizeau hatte auf seiner »Morlaisien« Austern geladen, die mit der Zeit anfingen, übel zu riechen. Notgedrungen ließ er die verderbende Fracht von Bord kippen. Einige der Schalentiere waren noch am Leben, und so kam es, daß die tiefen, länglich geformten *huîtres creuses* (lat. Crassostrea angulata), auch ›portugiesische Austern‹ genannt, an der Westküste Frankreichs heimisch wurden. Zu jener Zeit waren hier nur die flachen Austern, die *huîtres plates* (Ostrea edulis) bekannt, die wegen ihrer Krankheitsanfälligkeit mehrmals vom Aussterben bedroht waren. Seit den 70er Jahren hat sich im Bassin Marennes-Oléron daneben eine dritte Sorte, die Crassostrea giga, eine japanische Zuchtauster, durchgesetzt.

Die Charentaiser Austern, von Kennern als besondere Delikatesse geschätzt, werden in speziellen Mastbecken, den *claires,* ausgesetzt. Mikroskopisch kleine Algen tummeln sich in den Teichen und färben die Kiemen der Austern grünlich. Bis zur Reife benötigen sie vier Jahre, länger als die Mollusken der Bretagne oder der Normandie. Im offenen Meer wachsen sie im Norden Frankreichs schneller, sind aber fleischiger, ›herzhafter‹ im Geschmack als die etwas mageren, feineren Fines de Claires und Spéciales. *Laiteuses,* milchig, sind sie aber alle in den Monaten ohne ›r‹, zwischen Mai und August, wenn sie ihre Eier ablegen. Ohne einen kräftigen Spritzer Zitrone und Wein sind sie dann für manchen nicht zu genießen. Auch aus einem anderen Grund fürchteten die Menschen diese Monate. In der Hitze sind Austern schneller verderblich, und zu den Zeiten, als Heinrich IV., Ludwig XIV., selbst Napoleon wahre Austernorgien in Paris feierten, dauerte der Transport der Schalentiere recht lang, und Muschelvergiftungen waren nicht ungefährlich. Colbert untersagte deshalb per Erlaß den Verzehr von Austern während der Sommermonate.

Jede der mit Algen ausgelegten Holzkisten mit Austern ist zweifach etikettiert, ähnlich wie bei Frischeiern: Zum einen ersieht man daraus den Abfahrtstag vom Zuchtbecken, zum andern die Herkunft und die Größe. Eine frische Auster gibt sofort nach dem Öffnen Wasser ab.

Bis zu ihrem Verzehr hat sie eine lange Reifezeit durchlebt: In den kleinen Kanälen des Bassin Marennes-Oléron herrscht ständiger Betrieb, wenn die Austernzüchter mit irgendeiner Ladung unterwegs sind. Mit dem Traktor fahren sie durch den Schlick und bearbeiten weit draußen den ›Meeresacker‹, auf dem sich die Austernlarven an Schieferplatten, Stein- und Holzpfählen und gekalkten Ziegeln festsetzen. Um die Baby-Austern vor Umweltverschmutzung, Verschlammung, Stürmen und Degeneration zu schützen, bringt man sie in sichere Gefilde. Nach zwei Jahren in einem Zuchtpark wandert die atlantische Auster für weitere zwei Jahre zum Reifen in ein spezielles Becken. Der Salzgehalt des Wassers muß ebenso stimmen wie die Temperaturen, außerdem sind die Becken vor Krebsen, Schnecken und Seesternen zu schützen. Die Fines de Claires, die Nobelsorte von Marennes, werden in geringerer Dichte am längsten in den *claires* gehalten.

Das Öffnen einer Auster ist übrigens kein Hexenwerk. Die Züchter erklären geduldig die Technik: die Auster in der Hand auf die Spitze stellen und dann den weichen Schließmuskel an der rechten Seite mit einem feststehenden Messer durchtrennen.

sa gesichert werden, die Romanze der Liebenden wurde beendet.

Marennes hat sich seine Ursprünglichkeit bewahrt; rund um Saint-Pierre-de-Sales mit einem 85 m hohen Kirchturm, der mit einer krabbenverzierten Spitze abschließt, spielt sich ein Teil des Alltags der Bewohner ab. Von ehemals 6000 Austernproduzenten sind nur gut 1300 übrig geblieben, kaum einer, der aufgibt, findet einen Nachfolger. Wer meint, die Schalentiere seien im Verkauf zu teuer, sollte sich selbst einmal von der harten Handarbeit der *ostréiculteurs* überzeugen. Anfang der 90er Jahre waren für 1 kg noch 10–12 FF üblich, jetzt beträgt der Abnahmepreis der Großhändler nur noch die Hälfte.

Auf Rundfahrten mit Touristenbooten erlebt man den Arbeitsalltag der Austernzüchter; am Ende steht zumeist eine Dégustation auf dem Programm mit passendem Getränk.

Wer sich den Austernpark aus einer anderen Perspektive anschauen will, fährt über die Brücke vor Ronce-les-Bains und besteigt (im Sommer) in La Tremblade, dem bedeutendsten Austernhafen Frankreichs, einen kleinen Zug, der durch die Austerndörfer bis nach Saujon fährt. Zwischen 1876 und 1980 wurden auf dieser Schienenstrecke Austern transportiert. Höhepunkt der Fahrt ist das befestigte Dörfchen Mornac-sur-Seudre mit einer Markthalle aus dem 18. Jh. Händler aller Art feilschen um ihre Ware, Töpfer, Textil- und Metallkünstler zeigen ihre Werke.

Von Günter Scheinpflug

Ile d'Oléron

Für den weitgereisten Schriftsteller Pierre Loti aus Rochefort blieb Oléron der Ort seiner Kindheitserinnerungen, »wo man eine salzige Brise einatmet, die nach rosa Nelken und den Immortellen am Strand duftet«. Spaziergänge mit Eimer und Schaufel am Strand, Familienleben bei den Tanten, so erleben viele Franzosen den Sommer auf der Ile d'Oléron noch heute.

Über die Brücke zur Insel, den Pont Viaduc, strömen allerdings mittlerweile jedes Jahr an die 200 000 Sommergäste auf das Eiland, das außerhalb der Saison nur 18 000 Einwohner zählt. Souvenirstände und Snackbars säumen nicht eben idyllisch manche Dorfstraßen. Auch die Austernbänke im Becken von Marennes sehen bei Ebbe eher trist aus, doch bezaubern die bunt gestrichenen Fischerhütten, die *cabanes*, die so malerisch an den Kanälen stehen.

Kilometerlanger, feinster Sandstrand und Dünen ziehen sich an der Westküste von der Grande Plage bis zur Côte Sauvage; an der Ostküste findet man hinter dem lauschigen Wald von Saumonards und hohen Dünen kleine Strände mit Blick auf das Fort Boyard. Der Golfstrom sorgt für ein mildes Klima, so daß sogar Oliven- und Orangenbäume gedeihen und das Gemüse früh reif wird.

Neben Austernzucht in den ehemaligen Salzfeldern und Krabben-

Château d'Oléron

fang betrieben die Insulaner auch Landwirtschaft. Auf der zweitgrößten französischen Insel nach Korsika, die 30 km lang und 6 km breit ist, keltern einige Weinbauern außerdem einen Weißwein mit Jodgeschmack und Pineau (s. S. 203).

Inselrundfahrt

Hinter der Brücke geht es auf der D 734 nach **Château d'Oléron,** dem Festungsdorf aus dem 17. Jh., wo einst ein Schloß der Herzöge von Aquitanien stand. Am Austernhafen fahren bei einsetzender Ebbe die Fischer mit ihren Booten über den Chenal d'Ors herein, an dem

eine mächtige, sternförmige Zitadelle am Hafenbecken aufragt. Sie ist Teil der Befestigungsanlagen, die Baumeister Vauban im Auftrag von König Ludwig XIV. entlang der Küste errichtete. Heinrich Heine wurde 1870 wegen des Verdachts auf Spionage in der Festung inhaftiert; am stärksten erinnerte er sich später daran, wie regelmäßig gewaltige Wellen auf das Bauwerk im Meer zurollten. Entlang der Festungswälle kann man einen Spaziergang unter schattenspendenden Bäumen unternehmen.

Die Route des Huîtres, die ›Austernstraße‹ entlang der Küste, führt in die wildromantische Landschaft der ehemaligen Salzfelder. Bei Flut wiegen sich sanft die Gräser an den Austernbecken, in dem natürlichen Mosaik aus Wasser und Sumpf verästeln sich zahllose Wege, von der

Straße zweigen Zufahrten zu den größeren Kanälen ab, an denen die Hangare der Züchter stehen. Dort lagern sie Austern und ihre Gerätschaften. Hin und wieder laden sie auch zum Probieren oder verkaufen *en détail*. Weißwein, Zitrone, Baguette und selbstgeöffnete frische Austern – fertig ist das improvisierte Picknick.

Zur Inselmitte hin liegt das 10 ha große **Vogelschutzgebiet Les Grisottières.** In den Steineichen am Rand der Marais salants finden Zugvögel die nötige Ruhe zum Nisten, auch kranke Vögel werden im Parc Ornithologique betreut.

Bei Les Allards nimmt man die Richtung **Boyardville.** Ihren Namen verdankt die Stadt den Bauarbeitern des Fort Boyard, die hier ihre Hütten errichtet hatten. Fährschiffe aus La Rochelle, von der Ile de Ré, der Ile d'Aix und vom Fort Boyard sowie Jachten steuern das lebhafte Städtchen an. Am Chenal de la Perrotine landeinwärts ist es ruhiger, von dort starten kleinere Kutter zu einer Küstenfahrt an die Pointe des Saumonards.

Von der Ortsmitte nimmt man die Avenue de l'Océan zur Allée de la Forêt, dann folgt man dem Hinweis ›**Forêt des Saumonards**‹ und fährt durch dichten, dunklen Wald bis zum Parkplatz an den Dünen. Nicht nur ein kleiner Strand, vor allem der schöne Blick auf das Fort Boyard belohnt für den Umweg.

In **Saint-Georges-d'Oléron** besitzt die schlichte romanische Kirche eine Fassade mit geometrischen Motiven. Einer Legende nach zierte die Holzfigur der Jungfrau Maria in der Kirche einst den

Bug eines Seglers, der mit dem dänischen Prinzen an Bord Ende des 18. Jh. vor Oléron schiffbrüchig wurde. Die schiefergedeckte Markthalle gibt dem Kirchplatz seinen besonderen Reiz.

Hinter dem Neubauviertel in **Saint-Denis** entstand vor kurzem ein nüchterner Jachthafen für 670 Anleger. In der Ortsmitte findet man nette Gäßchen mit weißen Fischerhäusern, um die Kirche herum haben sich Geschäfte niedergelassen.

Nicht mehr weit ist es nun bis zum **Phare de Chassiron,** von den Einheimischen auch *bout du monde,* Ende der Welt, genannt. In der Hochsaison drängeln ganze Autoschlangen zum Parkplatz am Leuchtturm. Der Stress lohnt, denn von oben zeigen sich die bizarre Welt der Austernbänke und die ganze Küste bis zur Meerenge von Antiochus, der Ile de Ré, der Ile d'Aix und bis nach La Rochelle (10–12 und 14–19 Uhr im Sommer, bis 17 Uhr im Winter). Gut auszumachen sind auch die steinernen ›Schleusen‹ der Fischer – im Halbrund zur Küste angelegte Mäuerchen, hinter denen beim Zurückweichen des Wassers die Fische zurückbleiben.

Auf der Küstenstraße geht es nach Süden, zur **Côte Sauvage,** der dem offenen Ozean zugewandten Küste, einem beliebten Revier für Surfer. Mächtige Atlantikwellen rollen in breiter Front heran. Bis zu den beiden Bauerndörfern Chaucre und Domino zieht sich eine einsame Heidelandschaft am Meer entlang, inseleinwärts liegen kleine Wälder mit Campingplätzen, Gemüseäcker, Weizenfelder und Weinberge.

In **La Cotinière,** bekannt für seine Krabbenfischer, bestimmen strahlendweiß gekalkte Häuser mit knallblau gestrichenen Fensterläden das Bild am Hafen. Ebenso farbenfroh haben die Fischer ihre Kutter gestrichen. Von zitronengelb über scharlachrot bis zu türkis schimmern die Schiffsbäuche im Wasser. Rund um das Hafenbecken herrscht ein ständiges Kommen und Gehen, ab 16 Uhr dürfen auch Touristen zur Versteigerung in die *criée,* in der die *crevettes roses,* die rosa Krabben, die *gros bouquets,* die Hummerkrabben, sowie Hummer und Fische versteigert werden.

In den Ort **Saint-Pierre-d'Oléron** kommen die meisten Leute zum Einkaufen; neben den üblichen Touristensouvenirs findet man Buchhandlungen, Galerien, Kleiderboutiquen und alles für den täglichen Bedarf. An der Place Camille-Memain erhebt sich auf dem früheren Friedhofsplatz eine 25 m hohe Totenlaterne, ein Säulenturm im Angevinischen Stil mit schlanken Pfeilern. Eine Treppe im Innern führt zur Turmspitze. Dort wurde früher ein Feuer für die Toten entzündet. Der 35 m hohe, achteckige Kirchturm (18. Jh.) von Saint-Pierre dient als Seezeichen für die Schiffe auf dem Meer. Die ursprünglich romanische Kirche wurde im 18. Jh. umgebaut. In der

Rue Pierre Loti Nr. 13 verbrachte der Rochefortaiser Marinekapitän und Schriftsteller Julien Viaud alias Pierre Loti häufig seine Ferien bei seinen Tanten mütterlicherseits. Auf eigenen Wunsch wurde er im Garten des weißen, mit dunkelgrünen Fensterläden geschmückten Hauses unter Efeu und Lorbeer begraben – mit Eimer und Schaufel aus seiner Kinderzeit, an seiner Seite auch die Briefe der türkischen Geliebten. In derselben Straße, erinnert in Nr. 23 ein Heimatmuseum, das Musée Oléronais Aliénor d'Aquitaine an die Traditionen Olérons und an seinen berühmten Sommergast Pierre Loti (15. Juni–15. Sept. 10–12 und 14–18 Uhr).

Vor dem südlichsten Ort der Insel, **Saint-Trojan-les-Bains,** liegt der Pertuis Maumuisson, eine Meeresenge zwischen der Halbinsel Arvert und Oléron. Die Strömung rauscht so heftig in diese Schmalstelle hinein, daß an der Spitze von Gatseau immer mehr Sand angespült wird, dementsprechend nimmt die Erosion an der gegenüberliegenden Pointe Espagnole zu. In dem beliebten Badeort entstanden Ende des 19. Jh. Ferienhäuschen im Chaletstil, weniger pompös als in Royan. Im 200 ha großen Wald blühen im Winter gelbe Mimosen, im Sommer ist es eine Freude, an Fichten und Korkeichen entlang zur Grande Plage zu fahren oder im Wald spazierenzugehen.

ℹ️ Information: Informationen über die ganze Insel erhält man gleich vor der Brücke in der *Maison des Offices de Tourisme de l'Ile d'Oléron,* 17560 Bourcefranc-le-Chapus, ✆ 05 46 85 65 23, Fax 05 46 85 68 96

🛏️ Hotels: 17480 Château d'Oléron: ** *De France,* rue Maréchal Foch, ✆ 05 46 47 60 07, Fax 05 46 75 21 55. In Hafennähe. 17190 Boyardville: *** *Les Bains,* quai du 123e R.I., ✆ 05 46 47 01 02, Fax 05 46 47 16 90. Traditionelles Hotel am Kanal, vorzügliches Restaurant mit Terrasse. 17310 Saint-Pierre-d'Oléron: ** *L'Atlantic,* La Menounière, ✆ 05 46 47 07 09, Fax 05 46 47 28 49. In Meernähe mit gutem Restaurant. 17370 Saint-Trojan-les-Bains: ** *L'Albatros,* bd. du Dr. Pineau, ✆ 05 46 76 00 08, Fax 05 46 76 03 58. Unter Pinien hübsch am Wasser gelegen, Restaurant mit traditioneller französischer Küche. *Le Homard Bleu,* 10, bd. Félix Faure, ✆ 05 46 76 00 22, Fax 05 46 76 14 95. Zwischen kleinen Ferienvillen, Straße und Meerrauschen inklusive und eine ganz raffinierte Küche. ** *La Forêt,* 16, bd. Wiehn, ✆ 05 46 76 00 15, Fax 05 46 76 14 67. Nah zum Wald mit guter Küche. *Le Coureau,* 88, rue de la République, ✆ 05 46 76 05 53. Einfach und zentrumsnah. 17310 La Cotinière: *** *L'Ecailler,* 65, rue du Port, ✆ 05 46 47 10 31, Fax 05 46 47 10 23. Familienhotel am Hafen mit frischer Meeresküche. *La Chaume,* 51, bd. du Capitaine Leclerc, ✆ 05 46 47 28 79, Fax 05 46 76 06 66. Meernah mit einem hübschen Garten. Motel *Ile de Lumière,* ✆ 05 46 47 10 80, Fax 05 46 47 30 87. Moderne Anlage in den Dünen mit Spielplatz. 17550 Dolus d'Oléron: *** *Le Grand Large,* ✆ 05 46 75 37 89, Fax 05 46 75 49 15. Mit Blick aufs Meer, weitläufiger Park

⛺ Camping: An der Côte Sauvage: ** *Les Seulières,* Les Huttes, ✆ 05 46 47 90 51. Strandnah, 10. Juni–15. Sept. **** *Les Gros Joncs,* 850, rte.

de Ponthezières, Domino-Les Sables-Vignier, ✆ 05 46 76 52 29, Fax 05 46 76 67 74. Strandnah, schattig, April– Sept. *La Combinette,* 36, av. des Bris, Saint-Trojan, ✆ 05 46 76 00 47, Fax 05 46 76 16 96. Schattig auf sandigem Boden, nächster Strand Le Gatseau

Restaurants: in Château d'Oléron: *Du Port,* ✆ 05 46 47 61 30. Am Austernhafen, maritim eingerichtet, mit alter Bar und Blick auf die Zitadelle und das Meer. In La Côtinière: *L'Ecailler,* ✆ 05 46 47 10 31. Allerfrischeste Meeresküche in Frankreichs größtem Krabbenfischerhafen. In Saint Pierre d'Oléron: *Le Moulin du Coivre,* ✆ 05 46 47 44 23. Sehr pittoresk in einer alten Windmühle

Degustation und Besichtigung der Austernparks und Salzfelder: Grand Village, bei Saint-Trojan: Ausfahrten auf Booten zu den Salzfeldern, Ostern bis Okt., ✆ 05 46 47 58 00. Chenal d'Ors bei Le Château: Links von der Brücke, Austernfischer zeigen ihre Hütten und wie sie Austern züchten. Danach gibt es frische Austern zum Probieren, April–Sept. Informationen beim Office de Tourisme

Strände: Einige sind besonders schön für kleine Kinder (K), andere für Schwimmer (S) oder für Surfer und Strandsegler (SU). Die Auswahl ist groß bei der insgesamt 90 km langen Küste, deren Strände fast alle überwacht werden. Westküste: Les Huttes (SU), Domino (S), Les Sables Vigniers, La Perroche (K), La Remigeasse (K, SU), Vert Bois (S/SU), La Giraudière, La Grande Plage, Le Gatseau (K). Ostküste: La Bairie, La Brée-les-Bains, La Plaisance, Les Saumonards (alle K), Boyardville (K/SU)

Fahrrad: Auf der Insel gibt es erst wenige angelegte Fahrradwege, auf den Straßen ist deshalb Vorsicht geboten.

Die Presqu'île d'Arvert

Die Halbinsel Arvert schiebt sich von Royan aus etwa 50 km lang zwischen die Mündung der Seudre und den Atlantik: An ihrer Küste liegen eingebettet in dichte Kiefern- und Meereichenwälder kleinere Badeorte. Zum Austernbecken von Marennes hin, an der Seudre, haben sich seit Generationen Austernzüchter niedergelassen. Die großen Wälder von La Tremblade, La Coubre und La Palmyre wurden zu Beginn des 19. Jh. zum Schutz gegen die mächtigen Wanderdünen angelegt, so daß man heute kilometerlang durch kühlen Wald fährt.

Vaux-sur-Mer besitzt eine feinsandige, windgeschützte Badebucht, La Nauzan, unterhalb der Klippen. Dahinter erhebt sich am Ende eines kleinen Tals die benediktinische Abteikirche Saint-Etienne. Die rührigen Mönche von Maillezais in der Vendée gründeten sie 1075, Chor und Teile des romanischen Schiffs sind noch erhalten.

Information: *Office de Tourisme,* 2, rue de Verdun, 17640 Vaux-sur-Mer, ✆ 05 46 38 79 05

Hotels: ****Résidence de Rohan,* Parc des Fées, route de Saint-Palais, ✆ 05 46 39 00 75, Fax 05 46 38 29 99, 15. Nov.–Ostern geschl. Villa mit englischem Cottage-Charme in einem Park am Meer, mit Swimming-Pool.

In den grünen Hügeln über dem Meer bei **Saint-Palais** haben sich zahllose große und kleine Ferienvillen ausgebreitet, Relikte des mondänen Badelebens vor dem Zweiten Weltkrieg. Seepinien stehen malerisch gebeugt auf den Klippen über der Bucht des Strandes Le Patin. Von hier reicht der Blick aufs Meer bis zum Leuchtturm von Cordouan. Über die Rue de l'Océan gelangt man zu einem ehemaligen Zöllnerpfad, der sich an der Küste entlangschlängelt zur Corniche Terre-Nègre, über der die gleichnamige Fachwerkvilla steht. Von dem Weg kann man zu äußerst bizarren Felsformationen hinuntersteigen, die an Steinzeithöhlen erinnern und in die das Wasser bei Flut mit Getöse hineinschäumt.

Information: *Office de Tourisme,* 1, av. de la République, 17420 Saint-Palais-sur-Mer, ☎ 05 46 23 22 58, Fax 05 46 23 36 73

Hotels: ***Primavera,* 12, rue du Brick, ☎ 05 46 23 20 35, Fax 05 46 23 28 78. Villa der Jahrhundertwende mit modernem Anbau inmitten eines großen Parks, Fisch und Meeresfrüchte vom Grill.

An der Strecke zum Phare de la Coubre liegt der **Zoo von La Palmyre**, der zu den schönsten Frankreichs zählt. Die dort geborenen Elefanten- und Giraffenbabies, Flamingos und sprechenden Papageien sind die Attraktionen der Anlage (April–Sept. 9–19 Uhr, Okt.–März 9–12 und 14–18 Uhr). Die D 25 führt weiter am Meer entlang, bis die Straße in den Wald

einbiegt. Dort kann man von einer Felsplattform aus zur Gironde-Mündung, der Pointe de Grave und zum Phare de Cordouan blicken. Von der Bucht der Grande Côte zieht sich ein kilometerlanger, nun flacher Sandstrand bis zum Leuchtturm von La Coubre. 300 Treppenstufen muß man hochsteigen, um mit einer traumhaften Sicht auf die langen Sandstrände und Wälder der Halbinsel Arvert belohnt zu werden. Der **Phare de la Coubre** ist der leistungsstärkste Leuchtturm am französischen Atlantik. Vom großen Parkplatz führt ein Fußweg durch den duftenden Forst zur Côte Sauvage, die sich 10 km lang bis zur Pointe Espagnole erstreckt. Das Meer brandet hier wild an den Strand, das Baden ist wegen der so-

genannten *bains* nicht ungefährlich, denn in diesen ›Badewannen‹ bilden sich starke Strömungen.

Am Aussichtspunkt **Gardour** überblickt man die Dünenlandschaft bis zum Meer. Die Ferienchalets von **Ronce-les-Bains** liegen zumeist unter Bäumen, der Ort ist bekannt für die gesunde Meerluft und seine familienfreundlichen Strände Mus-de-Loup, Cèpe, Galon d'Or und Embellie.

Royan

Der triste Beton strahlt wenig Charme aus, Royan wirkt mehr wie eine Retortenstadt, auch wenn manche der Fünfziger-Jahre-Bauten durchaus ihre architektonischen Reize haben. Das ehemals mondäne Seebad, die Perle der Côte de Beauté, wurde bei einem Luftangriff 1945 so stark zerstört, daß die Stadt fast gänzlich neu aufgebaut werden mußte.

Wie durch ein Wunder sind einige wenige der fantasievollen Ferienvillen erhalten geblieben, die für einen aparten Kontrast sorgen. Anmutig wie ein Renaissanceschloß erhebt sich die Villa Aiguemarine in der Nr. 100 des Boulevard F. Garnier, Saint-Cloud heißt

Phare de la Coubre

die englische Parkvilla in Nr. 54; zwei hohe Türme sind das Erkennungszeichen von Les Campaniles in Nr. 68. Bei der Gestaltung der Villa Kosiki in Nr. 100 der Avenue du Parc, einer Parallelstraße zum Boulevard Garnier, hat der japanische Pavillon der Weltausstellung 1889 in Paris Pate gestanden.

2500 Sonnenstunden im Jahr und ein familienfreundlicher, flacher Strand, die Grande Conche, locken zahlreiche Sommergäste in die Stadt. Bei guter Weitsicht erkennt man draußen im Meer den **Phare de Cordouan,** den dienstältesten Leuchtturm Frankreichs. Seit 400 Jahren signalisiert er die Einfahrt zur Gironde. Bei seiner Neu-

Royan

gestaltung Ende des 16. Jh. wurde ein außergewöhnliches Gebäude, zugleich Kirche, Festung und königliche Residenz, geschaffen. Der Architekt Louis de Foix ließ für die Königssuite, die Kapelle und den Wachraum sechs Geschosse im Stil der Renaissance erbauen. Mit schwarzweißem Marmor sind die Königsgemächer gefliest, die Säulen zieren Monogramme von Ludwig XIV. Am beeindruckendsten ist die Kapelle im zweiten Geschoß mit einem reich verzierten Gewölbe. Erst seit dem 16./17. Jh. steht der Leuchtturm isoliert, bis dahin war er noch über eine Felsbank mit der Pointe de Grave verbunden. 1788 veränderte der Bordelaiser Marineingenieur Teulère den oberen Teil im schlichteren, klassizistischen Stil. 66 m ragt der Leuchtturm nun hoch, 290 Stufen müssen

Phare de Cordouan

seine Besucher bezwingen, um das Panorama auf die Küsten des Médoc, der Saintonge und die Gironde-Mündung genießen zu können (gutes Schuhwerk ist zu empfehlen, denn man muß ein kurzes Stück im Wasser waten).

Information: *Office de Tourisme,* Rond Point de la Poste, 17200 Royan, ✆ 05 46 05 04 71, Fax 05 46 06 67 76 und Palais des Congrès, av. des Congrès, 17206 Royan ✆ 05 46 38 65 11, Fax 05 46 38 52 01. Ausflüge zum Phare de Cordouan oder zu den Grottes de Matata sind dort zu buchen.

Hotels: Zahllose Hotels mit mehr oder weniger Charme, sehr edle findet man in Pontaillac oder Saint-Palais. *** *Foncillon,* 57, av. des Congrès, ✆ 05 46 38 48 00, Fax 05 46 39 99 23. Mehrstöckiges Hochhaus mit Blick aufs Meer, zwei Behindertenzimmer. ***Les Bleuets,* 21, façade de Foncillon, ✆ 05 46 38 51 79, Fax 05 46 23 82 00.

Markt: Täglich außer Mo, reichhaltiges Angebot.

Schiffsverbindungen: Fährschiffe zur Pointe de Grave verlassen regelmäßig den Hafen an der Conche de Foncillon. Gare du Bac, ✆ 05 46 38 59 91

Im Hafen von Royan ▷

Royan-Nostalgie

Heute wird man an der Grande Conche von Royan kaum noch männliche Badegäste antreffen, die ihrer Herzallerliebsten beim Sandburgenbauen ein Glas Champagner zur Stärkung reichen. Vergangen sind sie, die ›Années Folles‹, die verrückten Jahre zwischen den beiden Weltkriegen, die der Fotograf Jacques-Henri Lartigue mit der Kamera festhielt. Eine Schar illustrer Leute, das Who's who Frankreichs, traf sich sommers in dem aufstrebenden Badeort an der Mündung der Gironde. Seit Beginn des 19. Jh. kam die *aristocratie du bouchon*, der ›Korkadel‹ aus Bordeaux, am Wochenende zum Baden. Seit sich dort Gäste tummelten, wurde es den Einheimischen verboten, ihre Schweine und Pferde im Meer zu waschen, pflasterte man die Straßen, baute Hotels. Tourismus hieß das Zauberwort.

Ein rühriger Bürgermeister, Frédéric Garnier, verdreifachte zwischen 1871 und 1904 die Besucherzahlen – die Eisenbahn machte es möglich. Seit 1875 verband ein direkter Zug Paris mit dem Badeort; Dampfboote kamen mit den Bordelaisern die Gironde herauf. *Tout Paris*, die Pariser Society, ging dem luxuriösen Müßiggang nach, ob russische Prinzessinnen oder Komponisten der leichteren Opernmusik wie Jules Massenet oder der Schriftsteller Emile Zola. Pensionen, Villen, Autos, Golfplätze und Kinos entstanden; der enganliegende Badeanzug löste die züchtige Strandbekleidung ab. Der Stil der Belle-Epoque-Villen schwankte zwischen Neobarock, Renaissance, Japanismus oder puppigem Schweizer Chaletstil. Sacha Guitry, Danielle Darrieux und andere Schauspieler und Künstler gaben dem Ort das gewisse exzentrische Etwas. Der Dichter Robert Desnos reimte schwärmerisch: »Eine Sardine aus Royan schwamm im Wasser der Gironde. Der Himmel ist groß, die Erde ist rund, ich gehe baden in Royan«.

Talmont und Sainte-Radegonde

Selbst bei größter Sommerhitze lohnt eine Fahrt auf der Küstenstraße Richtung Süden nach Talmont-sur-Gironde und zur Kirche Sainte-Radegonde. Auf der Strecke über die Corniche de Vaillières liegt der kleine Badeort Saint-Georges-de-Didonne. Die flachen Sandstrände werden von duftenden Pinien- und Eichenwäldern eingerahmt. **Meschers-sur-Gironde** liegt auf einem Kalkplateau über der Mündung. Das Meer spülte dieses weiche Gestein im Laufe der Jahrhunderte so

Das Meeresvergnügen blieb nicht lange ein Privileg der Reichen. Seit der Einführung des bezahlten Urlaubs 1936 unter der Volksfrontregierung konnten sich auch weniger Begüterte Ferien am Meer leisten, Kindheitserinnerungen noch heute für viele ältere Franzosen. Und schließlich kam 1939 auch Pablo Picasso nach Royan. Seine Ansicht der »Bar des Bains« (das Gemälde hängt im Picasso-Museum in Paris) zeigt sich kubistisch aufgesplittert wie die Werke dieser Schaffensperiode Picassos seit der Bombardierung Guernicas in seinem Heimatland Spanien durch die Legion Condor.

Düstere Prognose? Das Golfhotel in Pontaillac diente den Deutschen im Zweiten Weltkrieg als Zentrale, die Wälder der Atlantikküste waren übersät von Bunkern. Um die ›Poche allemande‹ – rund 5000 Deutsche bei Kriegsende – an diesem strategisch so wichtigen Eingang zur Gironde-Mündung und damit auch nach Bordeaux auszuheben, ließ der französische General de Larminat Royan bombardieren. 1000 alliierte Bomber nahmen die Stadt unter Beschuß und töteten dabei weit mehr französische Zivilisten als deutsche Besatzer. Um endlich zu siegen, warfen amerikanische Flugzeuge im April 1945 erstmals in der Geschichte des Zweiten Weltkriegs die berüchtigten Napalm-Bomben über der Stadt ab. Der deutsche ›Kessel‹ wurde zwar bezwungen, Royan aber verwandelte sich in ein Flammenmeer und wurde fast gänzlich zerstört.

Viele Royannaiser Bürger verlangten nach dem Krieg, ihre altvertraute Stadt möglichst originalgetreu wiederaufzubauen. Der Architekt Claude Ferret, Schüler von Le Corbusier, tat das Gegenteil, er baue ja schließlich nicht für die Zeitgenossen, sondern für deren Enkel, stellte er klar. Beherzt griff Ferret in den Baukasten der Moderne: Royan wurde zur Modellstadt der 50er Jahre. Stahl, Beton und Glas wurden verwendet, ob für die Markthalle, die Ferienappartements oder die Kirche Notre-Dame.

aus, daß zahlreiche Höhlen entstanden, in die sich Piraten, Fischer und verfolgte Protestanten zurückzogen. Heute sind die **Grottes de Matata** und **Régulus** Touristenattraktion, für manche Franzosen gar das Feriendomizil.

Wie eine verlassene Vorhut thront die romanische **Kirche Sainte-Radegonde** (11. Jh.) auf einer Klippe über der Gironde. Das dazugehörige kleine Dörfchen Talmont ist von einem Parkplatzring umgeben, gesäumt von Imbißbuden, Bäcker- und Metzgerständen, Blumen- und Gemüseverkäufern. In dem Fischerdörfchen selbst gibt es keine Lebensmittelgeschäfte; Autos dürfen hier nicht fahren. Stockrosen, Feigenbäume, Lavendel- und Rosenbüsche sieht man in den Gärten, Sonnenuhren an weißen Hauswänden, bunte Fensterläden. Der ganze Ort mit den verwinkelten Gassen und vielen Kunsthandwerkern strahlt eine himmlische Ruhe aus.

Zur Kirche findet man über die alten Festungsmauern oder über den Friedhof. Sainte-Radegonde

fehlt das Vorderteil des Langhauses, das im 14. Jh. mit dem Felsen in die Tiefe gerissen wurde. An einen nüchternen Vierungsturm schließt sich der Chor mit zwei kleinen Kapellen an, die mit wunderschönen, fantasievollen Friesen verziert sind. Über dem Eingang am nördlichen Querschiff entzückt ein Bogenlauf: Engel beten das Lamm an, Männer ziehen Löwen

Steilklippen mit Höhlen bei Meschers-sur-Gironde

Sainte-Radegonde

an Seilen, Monster mit Krokodils-
rachen bedrohen eine Frau. Der
Erzählfreude sind keine Grenzen
gesetzt, die monströsen Darstellungen zeigen einmal mehr, wie Ver-
sinnbildlichungen des Bösen von
den Kirchenwänden herab ein-
schüchternd wirken sollten. Von
Talmont aus schifften sich die
Jakobspilger zum benachbarten
Médoc ein. Auf dem Landweg zogen sie von hier weiter bis nach
Blaye.

Im Innern von Sainte-Radegonde herrscht eine andächtige Atmosphäre, an den Kapitellen der
Vierungspfeiler sind die typischen
Saintongeaiser Szenen mit Menschen und Tieren zu sehen. Die
Legende des hl. Georg, der eine
Prinzessin aus den Klauen eines
Monsters rettet, ist am Kapitell des
nordöstlichen Pfeilers zu erkennen.
Dasselbe Motiv findet sich an der
dem Meer zugewandten Fassade.
In der nördlichen Kapelle hängt
das Modell eines Segelschiffes von
der Decke herab, wie es in den maritimen Kirchen Sitte ist.

Unten in der von Seegras zuge-
wachsenen Bucht von Talmont lädt
ein reizendes Café, die Auberge les
Flots, zum Verweilen. Etwas oberhalb davon biegt bei einer Telefon-
zelle ein schmaler Weg ein, der
über einen Fußweg auf den Klippen zu den Senknetzen der Fischer
führt. Dort befindet man sich mit
der Kirche auf gleicher Höhe, die
so malerisch wie gefährlich nah an
den Klippen über dem Wasser
steht.

Entlang der Charente

Saintes und die Saintonge

Cognac

Rund um Segonzac

Von Jarnac nach Fleurac

Angoulême

Port d'Envaux an der Charente

Unterwegs mit dem Hausboot auf der Charente • Bummeln in den Gassen von Saintes • Romanische Baukunst in der Saintonge • Besuch im ›Paradies‹ der großen Cognac-Häuser • Auf den Spuren von François Mitterrand in seinem Geburtsort Jarnac • Angoulême – Mekka für Comic-Fans

Von Royan durch die Saintonge

200 romanische Kirchen liegen über die Saintonge verstreut, manche stehen mitten in Dörfern, andere wie verloren in der Landschaft. Viele wurden während des Hundertjährigen Kriegs oder der Schlachten zwischen Hugenotten und Katholiken teilweise oder ganz zerstört, nach der Revolution hat man sie oft als Steinbruch benutzt. Einfach in der Aufteilung, oft aber mit virtuoser Steinmetzkunst an den erzählerisch so reichen Fassaden, so präsentierte sich einst selbst die kleinste Dorfkirche den Gläubigen.

Die romanisch-gotische **Abtei von Sablonceaux** wurde in den 80er Jahren teilweise restauriert und ist ein gutes Beispiel für die Verschmelzung romanischer Baukunst aquitanischen Stils mit der Architektur asketisch-gotischer Ausrichtung. Ein Besuch dieses wunderschönen melancholischen Ort lohnt sich – wie vergessen steht das ehemalige Augustinerkloster zwischen Wiesen und Feldern an einem kleinen Bachlauf, ein mächtiger Nußbaum spendet Schatten. Durch ein efeubewachsenes Portal aus dem 18. Jh. gelangt man in einen großen Innenhof mit einer schmalen Platanenallee. Früher stand hier der Hauptteil der einschiffigen poitevinischen Halle der Kirche Notre-Dame. Sie trug einst fünf Kuppeln, drei stürzten im 16. Jh. bei einem Brand ein. Nur die Überreste der Außenmauern verraten noch die einstigen Ausmaße. Die Kirche dieses bedeutendsten Augustinerstifts der Saintonge soll ursprünglich 60 m in der Länge und 30 m in der Breite gemessen haben. Zur Linken erblickt man das elegante Logis Abbatial, dorische Säulen zieren die Galerie des oberen Stockwerks – so heiter ließ der letzte Abt des Chorherrenstifts in der ersten Hälfte des 18. Jh. bauen. Zur Rechten stehen die Reste der Klostergebäude, teilweise gehören sie nun zu einem Bauernhof. Am

Sablonceaux

dreigeschossigen, streng gotischen Kirchturm aus dem 13. Jh. folgen auf Blendarkaden schmale Spitzbogen, das dritte Geschoß ist ringsherum von breiten Fenstern durchbrochen. Im Innern der Kirche stützen schlichte Zwillingssäulen ohne den gewohnten dichten floralen Schmuckkranz die 20 m hohen Kuppeln.

In **Corme-Royal,** einem kleinen Bauerndorf, besitzt die Kirche Saint-Nazaire, dicht umringt von Häusern, eine der schönsten, ja unterhaltsamsten Fassaden der Saintonge. Agnes von Burgund stiftete das Priorat Corme-Royal im 12. Jh. und unterstellte es den Nonnen von Saintes. Unverkennbar zeigt

sich der Saintongeaiser Stil an der Gliederung dieser wunderschönen Schauseite mit zwei Geschossen über einem Eingangsportal und zwei seitlichen Scheinportalen. Typisch ist auch der weithin sichtbare quadratische Glockenturm (15. Jh.). Außergewöhnlich aber ist, daß nicht nur die Kapitelle, sondern auch die Schäfte der von floralen Bändern umschlungenen Säulen an den Blendarkaden mit geometrischen Mustern übersät sind. Thema der Bilderwand ist die Dämonisierung des Bösen und Lasterhaften gegenüber den Tugenden. Über dem Portal wird die biblische Geschichte illustriert: Christus zeigt Bischöfen mit Bischofsstab und Mantel das Buch des Evangeliums, Engel in runden Medaillons bewundern die Szene. Im Tympanon des linken Scheinportals ist die

Saintonge

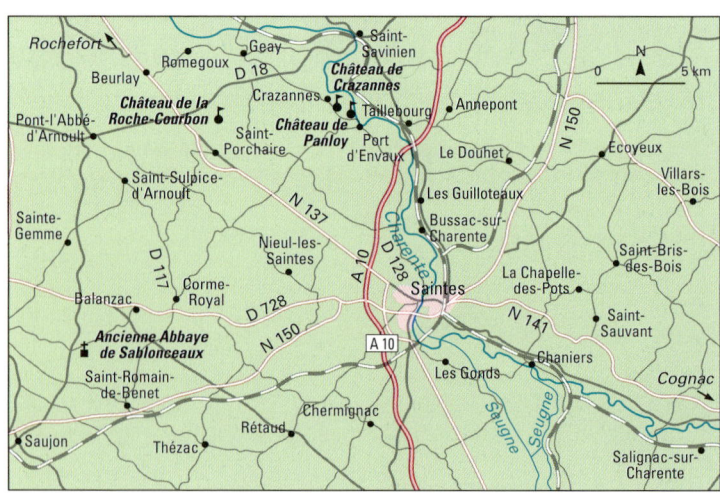

Heimsuchung von Maria und Elisabeth dargestellt, in dem des rechten fehlen infolge der Erosion die Köpfe der Dreiergruppe, möglicherweise ist es eine Darstellung der hl. Jungfrauen. Selbst die Gesimse über den Portalen sind reich verziert mit liegenden Figuren, die sich wilder Tiere erwehren. Sehr beliebt bei den Künstlern des 12. Jh. war die Geschichte von den klugen und törichten Jungfrauen: In dem Bogen über dem mittleren Fenster weist Christus zu zwei Türen. Die klugen Jungfrauen wählen die linke geöffnete, die törichten verschütten im Eifer das Öl in ihren Lampen und finden deshalb im Dunkeln nicht zu ihrem Bräutigam. Soldaten mit Schild und Schwert verkörpern die Tugend und zwingen die Laster in Gestalt von Tieren zu Boden, so zu sehen in den Bogen über den Scheinfenstern. Das schlichte Kircheninnere wurde zwischen dem 14. und 17. Jh. im gotischen Stil ausgestaltet. Bemerkenswert ist das Kapitell einer romanischen Säule, auf dem der Kampf zwischen einem Fabeltier und einem Vierfüßler zu sehen ist.

Über die D 117e erreicht man **Pont-l'Abbé-d'Arnoult,** ein Provinzdörfchen, das an einem kleinen Flüßchen liegt. Fast könnte man die von Figuren überbordende Fassade der Kirche Saint-Pierre direkt an der Straße übersehen, abgasgeschwärzt wie sie ist und nur vom gegenüberliegenden Gehsteig gut zu betrachten. Die oberen Geschosse sind gotisch, das Portal

Corme-Royal

aber romanisch und reich mit Figuren besetzt. Interessant ist die Darstellung des Martyrium Petri: Petrus hängt mit dem Kopf nach unten am Kreuz, über ihm tanzen in elysischer Freude zarte Gestalten im Bogen des Scheinportals. Freud und Leid, irdisches Dasein und himmlische Entrückung liegen nahe beieinander, so lautet die Botschaft der Saintongeaiser Predigt.

Ein Abstecher zum **Schloß La Roche Courbon,** etwa 15 km weiter über die D 18, führt durch hügelige Landschaft. Das Schloß umgibt dichter hundertjähriger Eichenwald, der zu Zeiten Pierre Lotis so nah ans Schloß herangewachsen

La Roche Courbon

war, daß der Rochefortaiser Schriftsteller es ›La Belle au bois dormant‹
nannte. 1908 setzte Loti eine Zei-
tungskampagne im »Figaro« in
Gang, um Mäzene zu finden, die
enthusiastisch und finanzkräftig genug waren, sein Dornröschen-
schloß vor dem Verfall zu retten.

Paul Chenéreau, ein Dosenfabri-
kant aus Rochefort, nahm sich der
Sache an und begann Anfang der
20er Jahre, das Familienschloß der
Courbon mitsamt den großzügigen
Gartenanlagen zu restaurieren.

Die Gärten darf man zum Klang
klassischer Musik aus Außenlaut-
sprechern allein besichtigen, das
Schloß nur mit Führer. Zieht man
an dem Klingelzug des Donjons

(15. Jh.), erscheint die Enkelin von Monsieur Chénerau und jetzige Schloßherrin, Madame Badoît, höchstpersönlich an einem Fenster des Schloßflügels und teilt die Zeiten für die nächste Führung mit. Unterdessen ist es erlaubt, Fossilien und Knochenfunde aus den nahegelegenen Grottes du Bouil Bleu im mittelalterlichen Bergfried zu bewundern, der über dem Schloßgraben den Eingang zur eigentlichen Anlage bildet. Im 17. Jh. baute der damalige Besitzer Jean-Louis Courbon das Schloß um. Aus der mittelalterlichen Festung von 1465 an der Grenze zwischen Frankreich und Aquitanien wurde ein prachtvoller Bau mit Freitreppen und lichten, hohen Fenstern zum Garten hin. Ein Zeitgenosse von Le Nôtre entwarf eine raffinierte Gartenanlage rationalistischen Stils, deren Zentrum ein Bassin in T-Form ist.

Beginnt endlich die Führung, darf man sich auf originale Einrichtungen der letzten Jahrhunderte freuen. Im Erdgeschoß befinden sich eine gemütliche, holzvertäfelte Bibliothek und ein Salon im Stil Louis XIII. Eine hölzerne Badewanne im Kabinett des Südwestturms nimmt sich etwas skurril aus: Sie ist mit Motiven aus dem Neuen Testament bemalt. Auf den Medaillons des Plafonds und den Wandtäfelungen hingegen findet man Szenen der griechischen Sagenwelt. Es folgt eine Flucht von drei großen Räumen, im ersten steht ein monumentaler heller Kamin. In seinem Sims ist

der Treueschwur der Familie Courbon eingraviert: ›Fide-Fidelitate-Fortudine‹, Glaube, Treue, Stärke. In der großzügig angelegten Küche funkeln Kupferkasserolen in Reih und Glied, Eierschränkchen, altes Geschirr und als Herzstück ein riesenhafter Grill mit Drehstangen für die Spießbraten sind ausgestellt. Unter der Küche befand sich der Wachraum, die Salle des Gardes, der direkt in den Felsen gebaut wurde. Nach der Schloßbesichtigung empfiehlt sich eine kleine Wanderung zu den Grotten. Besonders Kinder finden die Höhlengänge, die ein Fluß in den Felsen gegraben hat, sehr aufregend (10–12 und 14.30–18.30 Uhr, im Winter 17.30 Uhr, 15. Sept.– 5. Juni Do geschl., 15. Feb.–15. März geschl. Park und Grotten 9–12 und 14–18.30 Uhr, im Winter–17.30 Uhr).

! Die meisten Kirchen sind tagsüber geöffnet. Wenn nicht, hängt oft ein handgeschriebenes Schild an der Kirchenpforte, bei wem man sich eventuell den Schlüssel holen kann. In den Dörfern sind die Bewohner sehr stolz auf ihre Kirchen und geben bereitwillig Auskunft.

Saintes

Der Reisende, der nach Saintes kommt, findet südliches Flair unter roten Ziegeldächern, höfliche Gelassenheit und einen wahren Schatz an Geschichte. Vor 2000 Jahren ließ sich der keltische

Stamm der Santonen an der Charente nieder, im Mittelalter brachten die Jakobspilger und die Herzöge von Aquitanien Betriebsamkeit. Im 16. Jh. wurde Saintes Hugenotten-Enklave, schließlich reiche Handelsstadt. Heute wirkt die ehemalige Hauptstadt der Saintonge mit der bescheidenen Größe von 28 000 Einwohnern ganz auf ihr Provinzdasein zurückgezogen. An der Hauptverkehrsader, der Avenue Gambetta, herrscht tagsüber reger Verkehr, die Straßencafés sind von Frühjahr bis Herbst gut besetzt, nach Ladenschluß aber hat man Mühe, ein Restaurant oder Hotel zu finden. Die Bürger von Saintes bleiben unter sich, getreu der Devise »chap'ti va loin«, was im Dialekt der Saintonge soviel heißt wie ›langsam kommt man weiter‹. Es weht eine frische Brise vom Meer, und Ebbe und Flut reichen über den Fluß bis hierher. Hausboote dümpeln friedlich auf der Charente vor dem mächtigen Germanicus-Bogen.

Stadtrundgang

Um 20 v. Chr. war Mediolanum Santum von Agrippa, dem gallischen Gouverneur unter Kaiser Augustus, gegründet worden. Saintes lag damals am römischen Handelsweg von Lyon via Zentralmassiv nach Bordeaux. Aber nicht nur Waren, auch das Amüsement lockte die Menschen damals in die Gallierstadt. Aus dem 1. Jh. n. Chr. stammt die fast 20 000 Zuschauer fassende Arena in Form einer Ellipse in einem kleinen Tal am westlichen Stadtrand. Die Zuschauerränge des 126 m langen und 101 m breiten **Amphitheaters** sind grasüberwachsen; die Höhle, in der wilde, hungrige Bären bis zum Kampf gegen die Gladiatoren hausten, ist noch zugänglich.

Saintes

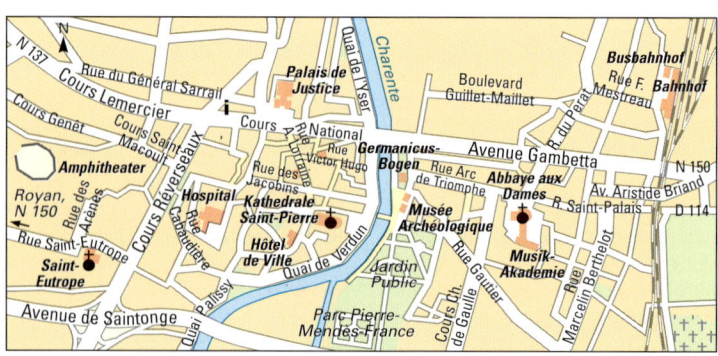

Amphitheater

Über einen ausgeschilderten Weg gelangt man zur **Kirche Saint-Eutrope**, der romanischen Grabkirche des ersten Bischofs von Saintes, dem hl. Eutropius. Sein Sarkophag befindet sich in einer mächtigen, niedrigen Krypta, zu der man über einen Seiteneingang am Glockenturm (15. Jh.) gelangt. Exakt herausgemeißelt wurden an den Kapitellen wundervolle Fabeltiere, Ranken und Figuren.

Von der Kirche führt der Weg hinunter zur breiten Cours Réverseaux. Die schmalen Treppen der Rue Bernard und der Ruelle de l'Hospice führen entlang eines alten Hospitals hinunter in die **Altstadt** um die Kathedrale Saint-Pierre. Bei diesem Spaziergang gewinnt man von der Terrasse de l'Hôpital einen sehr schönen Blick auf die Stadt. In den hübschen, verkehrsberuhigten Gassen zwischen der Rue des Jacobins und der Rue Alsace-Lorraine lohnt ein Stadtbummel vorbei an der eleganten Chapelle des Jacobins im Flamboyantstil und an Saintongeaiser Bürgerhäusern. Schmiedeeiserne Portale, Türmchen mit wildem Weinlaub sowie kleine Bauerngärten schmücken die Häuser, dazwischen setzen Trödlergeschäfte, Galerien und Boutiquen moderne Akzente.

In Nr. 55 der Rue Alsace-Lorraine lebte und malte Gustave Courbet; in Nr. 27 ist eine ständige Sammlung von Gemälden aus dem 19. und 20. Jh. und die moderne Sammlung des FRAC (Fonds Régional de l'Art Contemporain) im **Musée de l'Echevinage** einen Besuch wert. (Ostern–14. Okt. 10–12 und 14–18 Uhr, Mo geschl.; 15. Okt.–Ostern 10–12 und 14–17 Uhr, Mo und Di geschl.).

Der Germanicus-Bogen in Saintes

Die Rue Victor Hugo, die einstige Hauptstraße, über die die Pilger in die Stadt kamen, führt zur Charente. Zu Römerzeiten war sie der ›Decumanus Maximus‹, die Verlängerung der Handelsstraße von Lyon ins Stadtzentrum. Das Musée du Présidial oder **Musée des Beaux-Arts** logiert in Nr. 2, einem Stadtpalais aus dem 17. Jh. mit hohen Fenstern und einer eleganten Flügeltreppe. Besonders interessant sind die Saintongeaiser Fayencen von Bernard Palissy aus dem 16. Jh. Der Künstler protestantischen Glaubens hatte eine Vorliebe für eine grüne Eisenbleiglasur, die er im Nordosten von Saintes in dem kleinen Dörfchen La Chapelle-des-Pots fand. Seine Keramiken verzierte der passionierte Töpfer vornehmlich mit Muschelformen. Die strenge Katholikin Katharina von Medici richtete Palissy gar ein Atelier bei Hof in Paris ein (Öffnungszeiten wie im Musée de l'Echevinage).

Samstags, am Markttag, herrscht Hochbetrieb auf der **Place du Marché** vor der Kathedrale Saint-Pierre. In der Markthalle gibt es raffinierte, gegarte Speisen, Fisch zu günstigeren Preisen als an der Küste, cremigen Frischkäse von den Bauernhöfen diesseits und jenseits der Charente und zahllose Metzgerstände. Rings um das gotische Gotteshaus aus dem 15. Jh. scharen sich im Frühling Händler und Gärtner, die Samen und Setzlinge anbieten. Der Markt quillt dann über von Blumen und Kräutern, er ist in der ganzen Gegend bekannt. **Saint-Pierre** überragt dieses Treiben mit einem 72 m hohen, von einer etwas plumpen grauen Bleikuppel gekrönten Kirchturm. Gotischer Flamboyant-Stil an der Fassade setzt die Skulpturen von musizierenden Engeln, Propheten und Heiligen in Szene.

Vom Markt findet man leicht zum Fußgängersteg über die Charente. Eine Gelegenheit, das Stadtpanorama noch einmal ausgiebig zu betrachten, bevor das Interesse dem **Germanicus-Bogen** gilt. Deutlich zu erkennen sind in dem ergrauten Kalkstein des römischen Stadttors aus dem Jahr 18 n. Chr. die Widmungen an Germanicus,

Kaiser Tiberius und seinen Sohn Drusus. Gleich daneben liegen beim **archäologischen Museum** Fragmente von römischen Kapitellen, Mausoleen und Portalen im Freien. Im Innern sind Überreste der gallorömischen Kultur ausgestellt: Bodenmosaike, Reliefs, Statuen, Fundstücke, die bei den Bauarbeiten im 19. Jh. entdeckt wurden (Ostern–14. Okt. 10–12 und 14–18 Uhr, 15. Okt.–Ostern 10–12 und 14–17.30 Uhr, So 14–18 Uhr; Mo geschl.).

Zentrum des mittelalterlichen Stadtteils am rechten Charente-Ufer ist die **Abbaye aux Dames.** Agnes von Burgund, Ehefrau des Grafen der Saintonge, widmete das Kloster 1047 dem Orden der Benediktinerinnen. Erschöpften Jakobspilgern, die von Norden über Tours auf der Via Touronensis bis an die

Markt vor Saint-Pierre in Saintes

Charente gewandert waren, bot sie die Möglichkeit zu rasten.

Umgeben von Refektorium, Gästegebäude und der Kirche Saint-Pallais, steht die Abteikirche im großen Innenhof. Die zweigeschossige Fassade eifert in ihrer erzählerischen Vielfalt Saint-Pierre in Angoulême nach.

An den Archivolten des Portals findet sich dichter Skulpturenschmuck, der prunkvollen Bordüren aus der Hand eines Goldschmiedes gleicht. Figürliche und ornamentale Darstellungen wechseln einander ab. Wie eine ›Bibel der Armen‹ blättert sich der ›Saintongeaiser Sermon‹ vom inneren zum äußeren Bogen auf: Schwebende Engel halten ein Medaillon mit der segnenden Hand Gottes, darüber verläuft ein Rankenband. In der Mitte der dritten Archivolte kauert das Lamm mit Buch und Kreuz als Verkörperung von Christus, die vier Evangelisten in Gestalt von Fabelwesen sind von Schlingen umfangen.

Das schmalere Band darüber zeigt die Seelen der Gläubigen in Gestalt von Vögeln; auf dem fünften Bogen wird der Bethlehemitische Kindermord erzählt. Nach einem letzten Rankenfries schließt die Darstellung der apokalyptischen Könige den Bogenreigen des Hauptportals.

In der einstigen Klosteranlage befindet sich heute ein bekanntes europäisches Kulturzentrum, in dem es das ganze Jahr über tönt und klingt: Die städtische Musikschule, die Musikakademie und vor allem die Konzertreihe mit barocker und romantischer Musik im Sommer, ›Les Académies Musicales‹, ziehen ein internationales Publikum an (Juni–Sept. 10–12.30 und 14–19 Uhr, Okt.–Mai Mi und Sa 10–12.30 und 14–19 Uhr, Mo, Di, Do, Fr und So 14–18 Uhr).

Über die Avenue Gambetta geht es zurück auf das linke Ufer. Dort wird die Straße von eleganten Gebäuden aus dem 19. Jh. gesäumt, in denen sich Banken, Boutiquen und Cafés niedergelassen haben. Imposant ist der neoklassizistische Bau des Palais de Justice, in der reizenden Villa Musso, die früher einem Cognac-Händler gehörte, befindet sich das Office de Tourisme.

Im Garten steht die naturalistische Statue von Goulebenèze alias Evariste Poitevin, Komponist und Interpret von Volksliedern im Saintongeaiser Dialekt. Charakteristisch für die Sprache der Region, das Patois Santongeais, ist ein stark aspirierter Guttural-Laut, das ›jh‹. Bestellt man weiße Bohnen, *mojettes,* im Restaurant, kann es also sein, daß der Ober die Saintongeaiser Aussprache, sprich mochette, wählt. Es liegt also nicht immer am mangelnden Französisch, wenn man die Einheimischen nicht versteht.

In den hübschen Gassen der Altstadt von Saintes lohnt ein Stadtbummel

Information: *Office de Tourisme,* Villa Musso, 62, cours National, 17103 Saintes, ✆ 05 46 74 23 82, Fax 05 46 92 17 01

Hotels: **** *Relais du Bois-Saint-Georges,* rue de Royan, am Stadtrand, ✆ 05 46 93 50 99, Fax 05 46 93 34 93. Luxushotel in einem großen Park nahe der Schnellstraße, zum Teil fantasievoll eingerichtete Zimmer. Im Gallierzimmer setzt man sich zum Baden in ein whirlpoolge-schäumtes Faß, zum Essen im Salon darf man neben dem Swimmingpool Platz nehmen. Sehr gutes Restaurant. ** *Du Centre,* 1, place Bassompierre, ✆ 05 46 93 02 43, Fax 05 46 93 51 85. Mit Blick auf die Charente beim Germa-nicus-Bogen. ** *Les Messageries,* rue des Messageries, ✆ 05 46 93 64 99, Fax 05 46 92 14 34. Mitten in der Alt-stadt im Quartier Saint-Pierre, im Re-staurant werden regionale Spezialitäten serviert. ** *De France,* 56, rue Mestre-au, ✆ 05 46 93 01 16, Fax 05 46 74 37 90. In der Nähe des Bahnhofs

Restaurants: *Le Brasero,* ✆ 05 46 74 08 04. An der Charente mit Bootsanlegestelle, Grillspezialitäten. Ansonsten gibt es eine hervorragende Küche in den Hotels von Saintes (s.o.)

Markt: Saint-Pierre, Mi und Sa; Saint-Pallais, bei der Abbaye aux Dames, Di und Fr an der Route de Bor-deaux, Do und So; Rue Gambetta, je-den ersten Mo im Monat Krämermarkt

Veranstaltungen: Im Juli findet in der Abbaye aux Dames das Festi-val für alte Musik statt. Die Jeux San-tons, ein internationales Folklore-Festi-val, Anfang Juli in den Arenen

Charente

Bootsfahrt auf der Charente

Unser Abenteuer beginnt in Saint-Savinien, einem malerischen Städtchen der alten Saintonge, das auf einem Kalkfelssporn über einer Flußschleife der Charente zwischen Rochefort und Saintes liegt. Es ist ein sonniger Frühsommermorgen. Schiffspatron Thierry Oggero hat uns die Handhabung mehrmals erläutert, er spricht Englisch und ein wenig Deutsch. Spielend läßt sich der Dieselmotor starten, das schwere Rattern flößt Respekt ein. Vom Kai wirft der Schiffseigner die Bugleine herüber und überläßt uns unserem Schicksal. Kurz den Rückwärtsgang, dann den Vorwärtsgang. Gemächlich gleiten wir dahin. Allen, die zum ersten Mal eine Bootsfahrt unternehmen, sei gesagt, daß es nur die Angst vor der eigenen Courage zu überwinden gilt, ein Führerschein ist nicht notwendig. Mühelos lassen sich die 11,30 m der »Eau Claire« steuern, langsam tuckern wir auf dem Sechs- bis Acht-Personenschiff um die erste Flußbiegung. Bei Flut wird die Strömung flußaufwärts mehr als ausgeglichen, denn der Lauf der Charente wird bis nach Chaniers von den Gezeiten beeinflußt. Ausgestattet mit einer detaillierten Gebrauchsanweisung und einer Navigationskarte dürfen auch Hobbykapitäne ans Ruder.

Nach der nächsten Flußbiegung kommt uns zum ersten Mal ein anderes Hausboot entgegen – es wird eines der wenigen bleiben. Ein kurzer Wink beim Passieren und wieder sind wir ganz allein. Eine himmlische Ruhe umgibt uns, bei geschlossener Tür zum Achterdeck ist nur das monotone Brummen des Motors zu hören. Statt des gewohnten Autolärms Vogelgezwitscher. An Bord geht nicht einmal das Transistorradio, ohne Batterien läuft nichts. Die Angler würden ohnehin gegen jede Art von Krach protestieren. Manche gestikulieren bereits von weitem, daß man einen Bogen um ihre ausgelegten Angeln fahren soll.

Rund 360 km legt die Charente von ihrer Quelle bis zum Atlantik zurück. Schon in gallisch-römischer Zeit wurde sie von Frachtschiffen befahren und war im Mittelalter der wichtigste Handelsweg der Region, befördert wurden hauptsächlich Cognac, Papier, Salz und Steine. An manchen Stellen, bevorzugt an kleinen Uferbiegungen, sieht man unter Büschen und Bäumen die *cabanes,* kleine Holzhütten, vor denen Senknetze, die *carrelets,* in Stellung gebracht sind. Die 3–5 m großen Netze werden mit einer Seilwinde aus dem Wasser gezogen. Bei Kilometerpunkt 43 passieren wir das Château de Panloy aus dem

18. Jh., zunächst erbaut im Stil Louis XV., später zum Park hin durch eine neoklassizistische Galerie erweitert. Baron Michel de Saint-Dizant ließ es errichten, um Marschall Richelieu zu empfangen, der jedoch nie kam. Im Park steht ein Taubenturm aus dem Jahre 1620 mit 2500 Nestern.

Bis ins 19. Jh. war das Hafenstädtchen Port d'Envaux bekannt für die reichen Schiffsreeder und Bootsausrüster, die sich hier niedergelassen hatten. Noble Herrschaftshäuser säumen die schmalen Gassen, dazwischen stehen einfachere Fischerhäuser. An der kleinen Place de la Marine sind auf einer Plakette die Schiffe und Namen der Kapitäne aufgelistet, die hier einst festmachten. Direkt am Ufer liegt die Auberge de la Charente, ein beschauliches, etwas altmodisches Restaurant mit einer Gartenterrasse zum Fluß hin (☎ 05 46 91 73 81). Etwas unterhalb führen Treppen zu einem alten Flußbad hinab.

Längs der Ufer ist die Landschaft noch intakt. Hier gibt es keine Fabriken, die ihre Abwässer einleiten, keine Industrieansiedlungen, die das idyllische Bild stören. Weidende Kühe, Wiesen, Felder und kleine Wäldchen prägen die Uferpartien; allenfalls die Autobahnbrücke bei Taillebourg erinnert an unser technisches Zeitalter.

Bei Kilometerpunkt 28, kurz vor Saintes, ist Vorsicht geboten. Zur Linken ragen massive Felsen aus dem Wasser, die es umsichtig zu umkurven gilt. In der Ferne tauchen bereits die ersten Häuser auf, von weitem ist die Kuppel von Saint-Pierre zu sehen. Die Strömung hat deutlich zugenommen, auch die Boote aus Richtung Cognac haben ihre Schwierigkeiten beim Anlanden an der hohen Kaimauer. An den Pollern stehen hilfreiche Geister bereit, und im Handumdrehen ist direkt unterhalb des Arc Germanicus das Landungsbrett ausgelegt.

Am nächsten Morgen geht es dann weiter flußaufwärts. Bei Chaniers kommt Wind auf, zuvor ist eine Kabelfähre zu beachten. Erst wenn das Seil im Wasser verschwunden ist, darf man nach einer kurzen Wartezeit passieren. Unversehens geht eines der typischen, kurzen Gewitter der Charente nieder. Es stürmt enorm, dazu peitschender Regen. Wir sind kurz vor der ersten Schleuse auf unserer Route. Eine von 21 bis Angoulême, und eine von zweien, die automatisch, das heißt per Knopfdruck, zu betreiben sind. Steht das Signal auf Grün, ist die Einfahrt möglich. Rot und Grün bedeuten ›Warten‹. Wird nur Rot angezeigt, schleußt gerade ein anderes Boot. Bis Jarnac, das sind etwa 20 Stunden Fahrt, gibt es immerhin fünf Schleusen. Uns wird Grün signalisiert – wir entschließen uns aber lieber zu einer Landpartie mit Fahrrädern und verzichten freiwillig auf ein Schleusenabenteuer.

So plötzlich wie es gekommen ist, klingt das Unwetter wieder ab. Eine elegante Wende, und nach wenigen hundert Metern wartet auf uns mutterseelenallein das Holzkai von Les Gonds.

Am späten Nachmittag hat sich die Charente wieder beruhigt. Wir entscheiden uns für die Rückfahrt nach Saintes, vorbei am Château de Courbiac (17. Jh.). Rechts taucht Port Berteau auf, ein bei Malern wie Corot und Courbet beliebter Ort, die hier Landschaftsstudien anfertigten, Symphonien in Grün und Blau schufen, mit denen sie das Schauspiel der Lichtbrechungen und -reflektionen im Wasser der Charente und die ständig wechselnden Wolkengebirge einfingen. In dieser waldreichen Gegend und in abgelegenen Dörfchen wie Bussac oder Les Guilloteaux fanden die Hugenotten während der Religionskriege Zuflucht. In der Abenddämmerung erreichen wir Port la Pierre, ein verlassenes Fischernest, das nicht gerade zum Übernachten einlädt. Da es auch keine Wasserstelle gibt, fahren wir noch 2 km weiter, nach Taillebourg.

Unweit der Angelegestelle geht es hoch in das Städtchen und zur einst wichtigsten Befestigung der Saintonge. Taillebourg war durch die Jahrhunderte hindurch Wachtposten der Herrscher, die Burg soll nicht weniger als 17 Mal erobert und wieder zurückerobert worden sein. Die Wikinger legten den Hafen Treleborg an, Eleonore von Aquitanien und Ludwig VII. verbrachten hier ihre Hochzeitsnacht auf dem Weg nach Paris.

Der nächste Morgen bringt uns einen unvergeßlichen Sonnenaufgang über der Charente. Es hat aufgeklart, nach dem Sturm von gestern zeigt sich die Natur wie nach einem Großreinemachen, so leuchtend-intensiv sind die Farben. Ein Ausflug führt uns ins nahegelegene Crazannes, zu erreichen über die D 18/D 119. Der freigeschlagene Kalkstein wurde aus den dortigen Steinbrüchen nach halb Europa exportiert, z. B. für die Kais von London und den Kölner Dom verwendet. Beim Brechen und Bearbeiten ist der Stein weich, Wind und Wasser härten ihn dauerhaft. Heute werden in den meisten Steinbrüchen Champignons gezüchtet. Wer Zeit hat, sollte sich das dunkelgraue, imposante Schloß von Crazannes aus dem 14. und 15. Jh. nicht entgehen lassen. Über einem Türbogen entdeckt man ein hübsches Detail; dort ist die Reise eines Jakobspilgers in einer Barke auf dem Fluß eingemeißelt, daneben wurde ein Charentaiser Bauer verewigt, der mit einer Schöpfkelle in der Hand Essen aus einem Topf anbietet.

Auf dem Weg zu unserer Basis erinnern wir uns noch rechtzeitig an die Warnung des Bootsvermieters, bei Brücken exakt die Steinquader zu zählen. Am Pont-de-Saint-Savinien gibt der Fluß gerade drei Quader frei. Dreieinhalb aber müssen es sein, um darunter durchfahren zu können. Nur 200 m vor der Anlegestelle heißt es warten, bis der Wasserpegel gesunken ist. Einige der pittoresken Kalksteinhäuser hier haben einen direkten, überdachten Treppenzugang zum Fluß, auf dem seit 1930 keine Lastkähne mehr verkehren. Dafür sind jetzt Amateurkapitäne unterwegs, die die Wasserstraße wiederentdecken.

In Saint-Savinien gibt es an der Ile de la Grenouillette einen Miniaturhafen für Kinder, mit Nachbildungen von Lastkähnen, Fischerbooten und einem Dampfboot vom Mississippi (Juli–Aug. ab 14 Uhr, März–Dez. nur So und an Feiertagen ab 14 Uhr, ✆ 05 46 90 14 67). Bootsverleih: Saintonge Rivières/Rive de France, Ile de la Grenouillette, 17350 Saint-Savinien, ✆ 05 46 90 35 49. Es wird eine Kaution verlangt, die man mit Euro-Scheck hinterlegen kann.

Von Günter Scheinpflug

Cognac

Auf einer Fläche von 80 000 ha erstrecken sich die Weinfelder des Cognac-Gebietes in den ehemaligen Provinzen Aunis, Saintonge und Angoumois. Im Zentrum, um die Stadt Cognac herum, bilden sie eine friedliche, rhythmisch angelegte Monokultur zwischen lieblichen Hügeln, sonnigen Ebenen und dem Flußlauf der Charente. Ihrer Lage nach werden sie in sechs Zonen aufgeteilt, die sich wie Gürtel um das Herz, die Grande Champagne, legen.

Der Weinbau prägt das Cognac-Gebiet

Dieser Name hat nichts mit dem gleichnamigen prickelnden Wein zu tun, er entspringt der alten Landeinteilung der Holzfäller beim Roden: Als ›Champagne‹ gilt ihnen ein flaches, waldfreies Gebiet. Bröckeliger Kalkfelsen ist der ideale Boden für die besten Anbaugebiete in der Grande Champagne. In den Regionen zum Meer hin bis zu den Atlantikinseln Ré und Oléron wechseln Weinfelder und Äcker einander ab. Die Erde ist feuchter, nach Osten Richtung Dordogne dunkler und härter in der Zusammensetzung. Auch das Klima schmeichelt den Reben im Herzen des Anbaugebietes eher als am Atlantik oder in der feuchten Dordogne. Aufgrund der unterschiedlichen Bodenbeschaffenheit und

der klimatischen Verhältnisse wurde die Region in sechs Lagen eingeteilt, in Grande und Petite Champagne, Borderies, Fins Bois, Bon Bois und Bois Ordinaires.

Die dicken Dolden der Ugni Blanc, der weit verbreiteten Weißweinsorte, hängen im Herbst schwer an den Rebstöcken. Auch die Folle Blanche und Colombard gelten als säurereich und ideal zum Brennen. 90 % des Cognacs müssen aus diesen drei Sorten bestehen, die restlichen 10 % dürfen von Jurançon Blanc, Montils, Select, Meslier-Saint François, Blanc Ramé und Sémillon zugemischt werden.

In der Stadt Cognac säumen Lagerhallen und prächtige Handelshäuser, das dunkle Schloß der Valois aus dem 15./16. Jh. und ein ehemaliges Brückentor, die Porte Saint-Jacques die Kais der Charente am linken Ufer. Hausboote gehen nun dort vor Anker, wo in den letzten Jahrhunderten Weinbrand und Salz verladen wurden. So grün wie die Charente leuchtet neuerdings das Verwaltungs- und Ausstellungszentrum der Firma Hennessy. Der Architekt Jean-Michel Wilmotte setzte mit dem Neubau einen postmodernen Akzent im Stadtbild. Oberhalb liegt die kleine Altstadt mit Fachwerkhäusern und hellen herrschaftlichen Charentaiser Stadtpalais.

Aus der gallorömischen Siedlung Comniacum entstand keine Metropole wie es Bordeaux am Rande des Bordelaiser Weingebietes wurde. In Cognac trifft sich dennoch die große internationale Geschäftswelt: Elegante Angestellte der Cognac-Riesen Hennessy und Otard und Manager in Anzug und Krawatte um die Mittagszeit bevölkern die Gassen der Altstadt. Geschäfte werden hier diskret abgewickelt. Die Zusammensetzung *(assemblage)* des Cognacs wird sorgsam gehütet und bleibt ein Familiengeheimnis. Auch wenn die Stadt mit ihren 20 000 Einwohnern bislang noch nicht an die großen Verkehrsachsen angeschlossen ist – von hier reist der 40prozentige Brannt bis in alle Welt, eine Tatsache, auf die die Cognaçais stolz sind. Typisch für das Cognac-Gebiet ist die schwarze Patina an den Hausmauern. Ein unübersehbares Zeichen, wer wo seinen Vorrat hat, denn der dunkle Pilz Torula compniacensis ernährt sich von den Ausdünstungen des Alkohols.

Stadtrundgang

Erhalten von einer mittelalterlichen Brücke ist nur das alte Brückentor, das den Eingang zur Altstadt von Cognac bildet. Über Kopfsteinpflaster gelangt man links zum Haupteingang des düsteren **Ancien Château,** des Geburtsschlosses von Franz I. Sein Wappen, der Salamander, prangt an einem großen, der Charente zugewandten Erkerfenster. In der dunklen Salle du Casque, Teil der alten Burg der Familie Lusignan aus dem 12./13. Jh., trägt der mächtige Kamin aus dem 15. Jh. das Wappen der Valois-Angoulême: drei Lilien unter einem Helm. In diesem Prunksaal vermählte Richard Löwenherz 1190 seinen Sohn Philippe de Fal-

conbridge mit Amélie von Cognac. Johann der Gute hat hier nach langer Gefangenschaft in England Mitte des 15. Jh. das Leben in Freiheit genossen. Er erweiterte das Schloß mit Türmen im gotischen Stil. Franz I. ließ zu Beginn seiner Regentschaft das lange Hauptgebäude zur Charente hin bauen. Sehenswert ist die Salle des Gardes,

Cognac

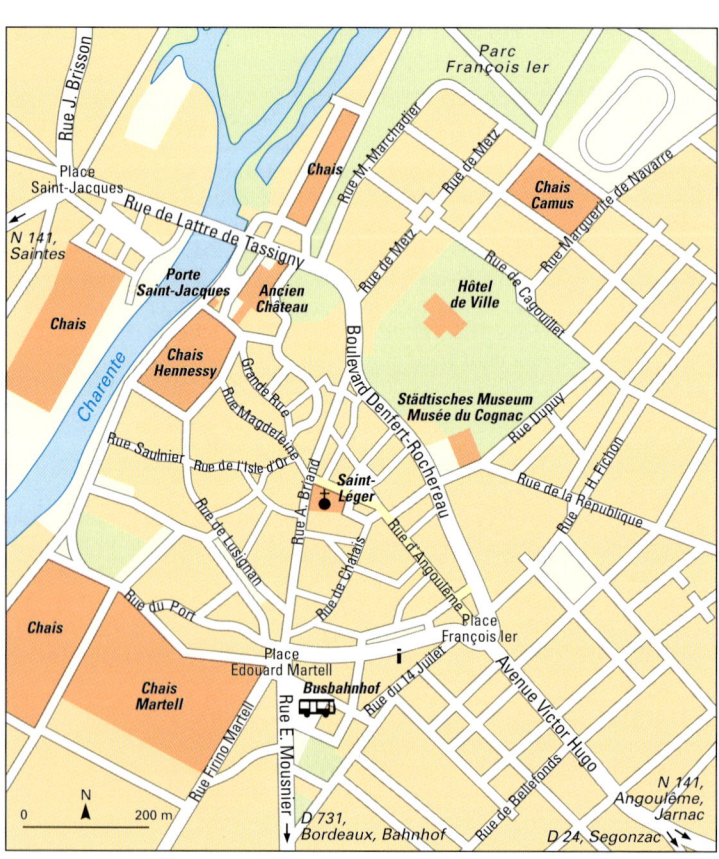

deren Kreuzrippengewölbe nach einer gründlichen Renovierung freundlich hell und elegant wirkt. Dabei wurden auch die ›Graffiti‹ ehemaliger englischer Gefangener freigelegt, die hier nach dem Siebenjährigen Krieg (1756–1763) eingekerkert waren.

1795 wurde das halbverfallene Schloß an die beiden Schnapshändler Otard und Dupuy verkauft. Der Gewölbekeller mit rund 2 m dicken Mauern und die Feuchtigkeit der Charente garantieren noch heute ideale Lagerbedingungen für Cognac. Auch das ›Paradies‹, der Reifekeller mit den ältesten Jahrgängen, wird hier wie ein Schatz gehütet.

Beim Gang durch die kopfsteingepflasterten Gassen der **Altstadt** sollte man seine Aufmerksamkeit auch manchem Detail schenken. An Nr. 7 der Rue Grande (15./16. Jh.) ist die Rache eines betrogenen Leutnants verewigt. Nachdem er seine Frau mit einem Liebhaber überrascht hatte, ließ er den Nebenbuhler kastrieren, seine Frau hängte er an beiden Füßen mit dem Kopf nach unten auf. Diese Tat wurde in den dicken Eckpfeiler des Fachwerkhauses geschnitzt. An Nr. 2 (16. Jh.) der Rue du Palais ist die Eingangstür mit einem in den Stein gehauenen Ladenschild eines Tuchschneiders geschmückt. Die alte Salzhandelsstraße, die Rue Saulnier, die zur Charente hinunterführt, ist von aristokratischen Stadtpalais aus dem 17. Jh. gesäumt, Zeugnisse des einst reichen

Salzhafens. An der schlichten Fassade von Nr. 15, ein Bau aus dem 17. Jh., ragen drei Wasserspeier in Gestalt von Fabeltieren heraus.

Eingezwängt in alte Stadthäuser ist die romanische Fassade der Benediktiner-Kirche **Saint-Léger** aus dem 12. Jh. mit einer schönen gotischen Rosette im Flamboyant-Stil, die im 15. Jh. für mehr Helligkeit im Inneren sorgen sollte. Das ausdrucksvoll theatralische Gemälde »Mariä Himmelfahrt« im Querschiff ist mit Jacques Blanchard, 1629 signiert, eine Auftragsarbeit für die Benediktinerinnen, die das Kloster 1622 übernommen hatten.

Von der Kirche ist es nicht weit zur **Place François Ier** mit dem Reiterstandbild des Königs, rundherum finden sich zahlreiche Cafés, zum Bummeln laden die vom Platz abgehenden Straßen ein.

ⓘ Information: *Office de Tourisme,* 16, rue du 14-Juillet, 16100 Cognac, ✆ 02 45 82 10 71, Fax 05 45 82 34 47

🛏 🍴 Hotels und Restaurants: *** *François 1er,* 3, place François 1er, ✆ 05 45 32 07 18, Fax 05 45 35 33 89. Im Stadtzentrum am belebtesten Platz gelegen. *La Boîte à Sel,* 68, av. Victor Hugo, ✆ 05 45 32 07 68. Einfallsreiche Küche und gute Weine in einem ehemaligen Lebensmittelgeschäften. Etwas außerhalb: *** *L'Echassier,* 72, rue de Bellevue, 16100 Châteaubernard, ✆ 05 45 35 01 09, Fax 05 45 32 22 43. In ländlicher Umgebung, 10 Min. von Cognac entfernt, mit Pool. ***Domaine du Breuil,* 104, rue Robert Daugas, Quartier Chaudronne, ✆ 05 45

35 32 06, Fax 05 45 35 48 06. In der Nähe von Châ-teaubernard, bezauberndes kleines Landhotel aus dem 18. Jh. in einem 8 ha großen Park. ***Logis de Boussac**, 16370 Cherves-Richemont, ✆ 05 45 83 22 22, Fax 05 45 83 21 21. Logis aus dem 17. Jh. in den Weinbergen bei Cognac.

Einkaufen: Cognac kauft man am besten direkt bei den Firmen; kleine Produzenten sind in großer Auswahl im Maison de la Grande Champagne in Segonzac vertreten (s. S. 204). Cognac-Adressen: *Hennessy,* rue de la Richonne, ✆ 02 45 35 72 68, Jan.–Mai Mo–Fr 8.30–11 und 13.45–16.30 Uhr, Juni–Sept. Mo–Sa 9.30–17.30 Uhr, Okt.–Dez. Mo–Fr 8.30–11 Uhr und 13.45–16.30 Uhr, vom Weinberg bis zur Böttcher-Ausstellung, von der Flußfahrt bis zu den Fässern und den Chais (Weinlagern) ist alles inbegriffen. *Camus,* 29, rue Marguerite de Navarre,

✆ 05 45 32 28 28, Juni–Sept. Mo–Do 10–12 und 14.30–16.30, Fr 10–12 Uhr, sonst auf Vereinbarung. *Martell,* place E. Martell, ✆ 05 45 36 33 33, Juli–Aug. Mo–Fr 9–17, Sa und So 10–16.30 Uhr, Juni–Sept. Mo–Fr 9–11 und 13.30–17 Uhr, sonst Mo–Fr 9–11 und 14–17 Uhr. *Rémy-Martin,* ✆ 05 45 35 76 66, Mitte April–Mitte Okt. Mo–Fr 9.45–11.15 und 13.30–17.15 Uhr, Mitte Juni–Mitte Sept. auch So und an Feiertagen.

Museen: Im Hôtel Dupuy d'Angeac von 1838 sind das *städtische Museum* und das *Musée de Cognac* eingezogen. Die Geschichte des Getränks und der Stadt Cognac werden präsentiert. Eine Sammlung hauptsächlich manieristischer Gemälde geht auf den regen Handel mit den nordischen Staaten, wie etwa Holland, zurück; Juni–Sept. 10–12 und 14–18 Uhr, Okt.–Mai 14–17 Uhr).

Veranstaltungen: Im Aug. findet ein traditioneller Knoblauchmarkt statt.

Stadtansicht Cognac

Cognac

Die Charentaiser blicken auf eine lange Weinbautradition zurück. Der griechische Geograph Strabon berichtete schon vor rund 2000 Jahren von einem leichten Weißwein, und im 13. Jh. wurde bereits die Ugni Blanc, die bis heute wichtigste weiße Traube für den Cognac, kultiviert.

Rund 1000 Jahre später brachten die Kreuzritter einen *alambic* (arab. Gefäß) zum Destillieren von Alkohol aus dem Vorderen Orient mit. Für die Charentaiser hatte dieser Apparat zu viel mit Schwarzer Kunst und Alchimie zu schaffen, lieber stellten sie weiterhin aus dem leichten Weißwein Essig her. 1475 aber schlossen der französische König Ludwig XI. und der englische König Edward IV. ein Handelsabkommen, um die wirtschaftliche Lage in den nach dem Hundertjährigen Krieg stark zerstörten Regionen wieder zu verbessern. Lieber ein Weinbrand, der sich exportieren läßt, als ein einfacher Essig, dachten sich die Bürger von Pons im Süden von Cognac, erinnerten sich an den »alambic« und holten sich bei ihrem König die Erlaubnis, Wein zu brennen.

Jean Martell, ein Anglo-Normanne aus Jersey, nahm 1715 den Handel mit Kolonialwaren aller Art auf und exportierte bis 1750 rund 40 000 Fässer Cognac über die Häfen Hamburg, London und Liverpool. Richard Hennessy, den jüngsten Sohn eines einstigen Grundbesitzers, dem Herren von Ballymacmoy, verschlug es mit dem irisch-katholischen Regiment König Ludwigs XV. auf die Ile de Ré. Dort entdeckte er das Charentaiser Eau-de-vie, verließ die Armee und gründete 1765 ein Handelshaus in Cognac sowie ein Büro in Ostende. Heute gehört Martell dem kanadischen Getränkekonzern Seagram, Hennessy firmiert unter Louis-Vuitton-Moët-Hennessy, Otard reiht sich in die Bacardi-Gruppe ein, Rémy-Martin bei Cointreau. Entschieden wird seither nicht mehr im Anbaugebiet selbst, sondern in den großen Zentralen der Konzerne mit Blick auf den internationalen Markt.

40 000 Menschen sind in die Arbeit rund um den Cognac eingebunden, stellen Korken, Flaschen und Fässer für die fachgerechte Reifung in limousinischer Eiche her. Rund 250 Handelshäuser sichern sich ihren wertvollen Grundstoff bei 30 000 Winzern. Manche von ihnen arbeiten nur für eine einzige Marke, obwohl die großen Handelshäuser selbst auch Weinberge besitzen. Um aber ihren großen Bedarf an verschiedenen Lagen zu decken, mit dem sie den immer gleichen

Geschmack ihres Destillats garantieren, haben sie zumeist 2000 zusätzliche Cognac- oder Traubenlieferanten vertraglich an sich gebunden. Doch die Monokultur produziert derzeit zuviel, nur der Ertrag von 60 000 ha, von drei Vierteln der gesamten Anbaufläche, findet Abnehmer. Manche der kleinen Winzer leben deshalb am Existenzminimum.

Laut Bestimmung darf nur Cognac genannt werden, was nach der traditionellen »Méthode charentaise«, also doppelt, gebrannt wird. Bei einer einfachen Destillation entsteht nur profaner Schnaps, bei der doppelten wird aus dem ersten Rohbrand, dem *brouillis,* der Feinbrand, die *bonne chauffe:* In einer Brennblase aus gehämmertem Kupfer, die 30 hl Fassungsvermögen nicht überschreiten sollte. Über offenem Feuer köchelt der siebenprozentige Wein zwölf Stunden lang in einem *alambic charentais* und erreicht dabei 27–30 % Alkohol. 9 l Rebensaft werden zu 1 l gebrannt. Bei der zweiten Destillation ist die Kunst des Brennmeisters gefragt, denn Kopf, Herz und Schwanz werden voneinander geschieden. Das Herz mit 72 % endet, wenn der Alkoholgehalt auf 60 % abgesunken ist. Und nur *le coeur* ist dem Cognac würdig, *la tête* und *la queue* werden wieder als *brouillis* betrachtet. Auch die zweite Prozedur – seit dem 16. Jh. wird sie in der

Charente praktiziert – dauert zwölf Stunden und bewahrt die feinen Geschmacksnuancen des Weines. Ein Kenner wird später diese zarten Duftnoten herausreichen.

Hochprozentig (72 ‰) wandert das wasserklare Eau-de-Vie in ein Faß aus ›frischer‹ 80jähriger Limousin-Eiche, ungeleimt und ohne Plastik oder Metall. Auch hier vertraut man im Cognac-Reich ganz auf die

Tradition. Das Holz wird jahrelang bei Wind und Wetter abgelagert, bevor ihm ein so wertvolles Elixier anvertraut wird. Auf jeden Fall muß die Eiche aus Zentralfrankreich kommen, wie die Tronçai-Eiche aus dem Allier. Denn dort sondern die Bäume weniger Harz – er könnte zu stark hervorschmecken – ab. Später, wenn genügend Farbstoffe aus dem Holz aufgesogen sind, wird ein schon ›erfahrenes‹ Faß gewählt, um den Cognac weiterreifen und lagern zu lassen. Das Holz färbt und gibt Körper. Bei der Verdunstung entweichen die flüchtigen Stoffe, zurück bleiben sanfte Aromen. Beschwipst wird man nun nicht gerade beim Besichtigen der Chais, aber *la part des anges,* der Anteil der Engel, liegt in der Luft und macht – auf nüchternen Magen doch etwas plümerant.

25 bis 29 Monate muß der Cognac ins Faß. Das Bureau National Interprofessionnel du Cognac (BNIC) wacht mit Argusaugen über die ge-

naue Zeiterfassung vom Ende der Weinlese zwischen Anfang November und dem Ende der Destillation am 31. März. Strenge Kontrollen garantieren das tatsächliche Alter eines Cognacs. Nach einem Jahr feiert der nun zart karamelfarbene Brand ersten Geburtstag und wird bis zu seinem sechsten Jubelfest regelmäßig registriert und durchnummeriert. Mit der Nummer zwei darf er allerfrühestens verkauft werden und gilt als Drei-Sterne-Cognac. Die großen Firmen bieten ihn in diesem Alter noch gar nicht an, bei ihnen ist er auch als Trois Etoiles länger gelagert. Das mit zunehmendem Alter dunklere Getränk wird dann aus dem Faß genommen, wenn das Holz ihm nichts mehr gibt und es nach dem äußerst feinen Geschmack des Kellermeisters nicht verbessert werden kann. Zur Registriernummer sechs zählen all jene Destillate, die schon mehr als 25 Jahre im Faß reifen.

Klassifizierung der amtlich kontrollierten Altersstufen: Drei-Sterne-Cognac lagert mindestens zwei Jahre, mit mehr als fünf Sternen muß er mindestens drei Jahre im Faß zugebracht haben. V.S.O.P. (Very Superior Old Pale) darf er sich nach vier Jahren nennen, als XO (Extra Old) muß er mindestens sechs Jahre im Faß gereift sein. Le Paradis ist ein Cognac aus den ältesten Beständen, die meist von Spinnweben umgeben in einer düsteren Ecke des Gewölbekellers lagern.

Da ein Cognac immer aus verschiedenen lange gelagerten Bränden verschnitten wird, muß sich die Altersangabe nach dem jüngsten Tropfen richten. Ein XO einer großen Firma vereint Cognacs, die über 25 Jahre und älter sind! Die Altersbestimmung ist schwierig, letztendlich entscheidet die persönliche Vorliebe für einen bestimmten Geschmack bei einem bestimmten Cognac.

Profis degustieren Cognac mit einem Glas in der Form einer leicht geöffneten Tulpe. Die Nase sollte man nicht zu tief ins Glas stecken, sondern erst einmal ohne zu schütteln den Duft der goldbraunen Kostbarkeit einatmen. Der Geruch von getrockneten Kräutern ist am ehesten für einen Anfänger zu erkennen, Veilchenduft und Früchte riechen eher die geschulten Nasen heraus. Jetzt erst darf das Glas geschwenkt werden, nicht zu hektisch, sonst verfliegen die zartesten Duftnoten. Vanille, Pflaume, Birne oder Zimt als Gewürz lassen sich erschnuppern. Nach dieser behutsamen Einstimmung legt sich der erste vorsichtige Schluck wärmend um Zunge und Gaumen. Der Kenner nimmt deshalb den ersten, kleinen Schluck zwischen die Lippen. Ganz vorne im Mund entfaltet der Cognac sein ganzes Bukett. Hier schmeckt man, ob der Körper schwer oder leicht, geschmeidig oder hart, alt oder jung ist.

Wer in Ruhe lernen möchte, die Finessen des Cognacs zu unterscheiden, kann sich bei der Université Internationale des Eaux-de-Vie et Boissons Spiritueuses in Segonzac zu einer Gaststunde einschreiben. In einer 200 Jahre alten Cognac-Domäne werden seit 1988 durchschnittlich 19 Studenten im Aufbaustudiengang pro Jahr unterrichtet. Geleitet wird die ›Schnapsuni‹ von einem Neuseeländer, der geduldig in einem ultramodernen Versuchslabor die Duftgeheimnisse des Cognacs und natürlich auch anderer harter Spirituosen lüften lehrt. Informationen bei der Universität in Segonzac, 37, rue Gaston Briand, ☏ 05 45 83 35 35, Fax 05 45 83 31 72.

In den Bon Bois des Saitongeaiser Cognac-Gebietes links und rechts der Seudre produzieren die Winzer mit Vorliebe Pineau, den klassischen Charentaiser Aperitif. Einer Legende nach entstand er per Zufall im 16. Jh., als ein Küfer versehentlich frischen Traubenmost in ein Faß mit Cognac kippte. Jahre später verkostete er statt des reifen Weinbrands einen südweinähnlichen Tropfen. Fortan wurde der Pineau in der Charente-Maritime gekeltert, als Pineau blanc, rosé oder rouge. Im gesamten Gebiet der Charente-Maritime und Charente ruhen neben Wein und Cognac mittlerweile die verschiedensten Pineau-Jahrgänge in den Fässern. Ein guter Cognac, sagt man, gibt auch einen guten Pineau!

Rund um Segonzac

Im Kanton von Segonzac, der Wiege des Cognacs, läßt es sich herrlich wandern und radfahren, selbst mit dem Auto kann man gemächliche Touren durch die idyllische Landschaft mit Weinbergen, romanischen Kirchen und Weingütern unternehmen. Die Menschen in dieser Gegend sind eher zurückhaltend, weil man seinem Nachbarn nicht zu viel Einblick in die Privatatmosphäre, sprich in die Cognac-Lager, gewährt. Obendrein ist man an den Rhythmus des Weinjahres gewöhnt und hat ge-

---

In der französischen Provinz: Das Örtchen Segonzac im Cognac-Gebiet

lernt, sich zu gedulden. Ein edler Tropfen braucht seine Zeit, bis er zu einem solchen gereift ist. Daher gibt es keinen passenderen Spitznamen für die Charentaiser als »les cagouillards«, die Weinbergschnecken.

Restaurant: *La Cagouillarde,* route de Barbezieux, 16130 Segonzac, ☎ 05 45 83 40 51. Schnecken, weiße Bohnen, deftige Bratkartoffeln mit Gänsekeulen, gute Auswahl an Cognac von kleinen Erzeugern zum Verdauen. In der kühlen Jahreszeit sehr angenehm vor dem offenen Kamin, der mit Rebholz angefeuert wird.

Einkaufen: Pineau und Cognac von kleinen Erzeugern sollte man im Maison de la Grande Champagne in Segonzac oder direkt beim Brenner auf seinem Gut kaufen. In den 17 Gemeinden kann man bei rund 30 Cognac-Brennern, die bereitwillig über ihre Ar-

beit berichten, in Ruhe degustieren. Der Unterschied zwischen den ›Großen‹ in Cognac und den ›Kleinen‹ ist Geschmackssache. Die einen produzieren durch raffiniertes Mischen stets gleiche, zuverlässige Qualität, die jedes Jahr denselben unverkennbaren Charakter aufweisen muß, die andern ausgesprochen individuelle Raritäten. Manch ein Besucher entdeckte bei einem vergleichsweise namenlosen Produzenten schon seinen Lieblingscognac, den er sonst nirgendwo gefunden hätte. Office de Tourisme de Grande Champagne, 1, rue Pierre Viala, 16130 Segonzac, ☎ 05 45 83 37 77

Jarnac

Von Segonzac führt die D 736 durch die fruchtbaren, sonnenbeschienenen Weinberge der Grande Champagne weiter nach Jarnac. Auch in diesem kleinen, nur eben 5000 Einwohner zählenden Städtchen an der Charente stehen altehrwürdige Cognac-Handelshäuser.

Courvoisier etwa logiert in einem Schloß aus dem 19. Jh. Bei der Führung durch das Cognac-Château werden stolz Napoleon-Devotionalien vom Überzieher bis zur Haarsträhne präsentiert (April–Okt. 9.30–12 und 14–17 Uhr, So geschl.). Dem Kaiser ist es indirekt zu verdanken, daß der Cognac längere Zeit im Faß gelagert wird und dadurch erst seine goldene Färbung und das besondere Aroma bekommt. Da während der Kontinentalsperre kein Handel mit Eng-

land getrieben werden durfte, blieben die Händler auf ihren Fässern sitzen.

Die bauchigen Flaschen mit dem langen Hals, in die Cognac zumeist abgefüllt wird, heißen Josephine-Flaschen, benannt nach Napoleons schöner Ehefrau. Seit einiger Zeit sind die traditionellen schlanken Bordelaiser Flaschenformen wieder in Mode. Früher benutzte man sie nur für besonders alte und raffinierte Cognacs, heute werden auch jüngere Destillate darin abgefüllt.

Bei Thomas Hine und Co, ein paar Fußminuten weiter unten an der Charente, lagert ein weiterer königlicher Schatz (Besichtigung nur nach Verabredung, ☎ 05 45 35 59 59). Kronprinz Charles von England hatte 1981 anläßlich seiner Heirat bei dem Hoflieferanten Hine ein Fäßchen Cognac bestellt. Zum 25jährigen Ehejubiläum wollte er mit Lady Diana einen bis dahin gut gealterten Tropfen degustieren, vielleicht frei nach dem Motto, daß ein Vierteljahrhundert Eheleben ähnlich gut reift wie ein Cognac aus der Grande Champagne. Nun, nach Dianas Tod, wird das kostbare Fäßchen für ihre Kinder, die Prinzen, aufgehoben.

Im Gewölbekeller zwischen Fässern, bizarren Spinnweben und Bonbonnes, den großen bauchigen Korbflaschen, in die der Cognac abgefüllt wird, wenn das Faß ihn nicht mehr verändern kann, ruht das quasi schon zur Geschichte ge-

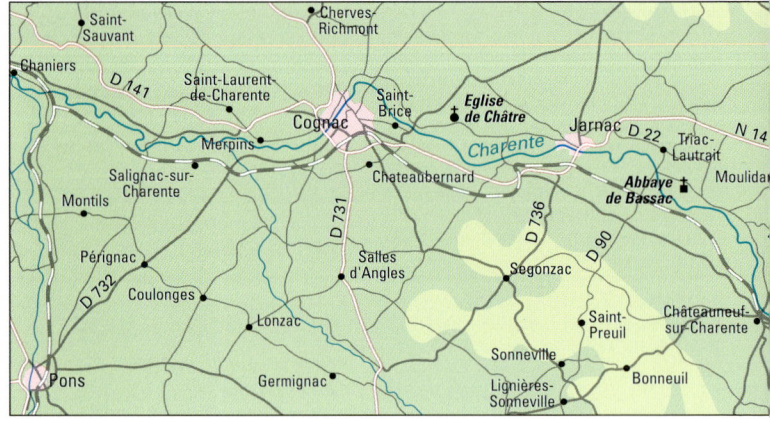

wordene Fäßlein – gut bewacht – unauffällig weiter.

Jarnac wurde aus seinem betulichen Alltagsleben aufgeschreckt, seit der ehemalige französische Staatspräsident gemäß seinem Testament 1996 in seiner Geburtsstadt auf dem **Friedhof Des Grand' Maisons** beerdigt wurde. Die Blumenhändlerin in der Grand' Rue hat sich längst mit roten Kunstrosen eingedeckt, zwischen Andenkenläden haben nette kleine Geschäfte aufgemacht, deren Betreiber hoffen, daß die Touristen außer Mitterrand und Cognac vielleicht auch noch andere schöne Dinge in Jarnac entdecken wollen.

Die **Donation François Mitterrand** in dem ehemaligen Cognac-Lager von Bisquit-Dubouché bringt frischen Wind in das Städtchen. Vom Stuhl bis zur Lampe hat François Mitterrand höchstpersönlich die Inneneinrichtung zusam-

mengestellt. Geschenke von Staatsmännern aus aller Welt, darunter auch die seines deutschen Politikerfreundes Helmut Kohl, zeugen von der persönlichen Wertschätzung für den ehemaligen Präsidenten (April–Sept. 10–13 und 14–19 Uhr).

Ganz in der Nähe steht in der Rue Abel Guy das Geburtshaus von Mitterrand. Der Sohn eines Essigfabrikanten wuchs als fünftes von acht Kindern streng katholisch auf. Im benachbarten Angoulême ging er aufs Gymnasium, sein Jura-Studium absolvierte er in Paris. Kontakte zu Pétain und sein Engagement für die Résistance warfen abwechselnd Licht und Schatten auf seine Biographie während des Zweiten Weltkriegs. Höhepunkt seiner politischen Karriere war 1981 die Wahl zum französischen Staatspräsidenten, ein Amt, das er bis 1995 innehatte. 1996 wurde

Von Bassac nach Fleurac

Auf der kleinen D 22 Richtung Angoulême folgt man den Windungen der Charente durch die Wein- und Weidelandschaft am Fluß. Schön verzierte Portale an den Dorfstraßen, mit wildem Wein überzogene Mauern und romantische Brücken begegnen auf dem Weg genauso wie gelbe Sonnenblumenfelder, Wiesen und Kühe, dazu verhangene Flußufer – es ist eine Fahrt, die zu jeder Jahreszeit ihren Reiz hat und auch kulturell vom Lastkahn-Museum über Sakralkunst bis zur Schokoladenfabrik viel zu bieten hat.

In **Triac** erspäht man durch ein Eisentor das liebliche Schloß von Cognac-Tiffon aus dem 18. Jh., am Ortsausgang erinnert das Denkmal »Prince de Condé« an den Tod des protestantischen Prinzen und die blutige Schlacht zwischen Katholiken und Protestanten im Jahre 1569. Im stillen, abgelegenen **Bassac** stand die Abtei im Mittelpunkt eben dieser Religionskämpfe. Bereits 1002 gegründet, wurde sie im Laufe der Jahrhunderte mehrmals zerstört und wieder aufgebaut. Bemerkenswert ist die Jakobsmuschel, das Zeichen für die Pilger, am Portal und die restaurierte Fas-

Mitterrand, zur allgemeinen Überraschung, in seiner Heimatstadt beerdigt, ein echter ›Coup de Jarnac‹. Im Französischen verwendet man dieses geflügelte Wort für eine unerwartete Handlung. Es geht auf ein Duell am Hof von Heinrich II. in Saint-Germain-en-Laye bei Paris zurück, in dem sich 1547 Guy Chabot, der Baron von Jarnac, und François de Vivonne gegenüberstanden. Dabei schwang Chabot so wild und unerwartet seinen Degen, daß er seinem Gegner durch den Stiefel hindurch die Kniekehle durchtrennte und ihn damit tödlich verletzte.

Einkaufen: Das Cognac-Haus A. E. Dor (4 bis, rue Jacques Moreau, ☎ 05 45 81 03 26, auf Verabredung) nennt besonders viele alte Bestände sein eigen, unter anderem von 1894! Sein ›Paradies‹ zählt zu den bedeutendsten im ganzen Cognac-Gebiet.

Sonnenblumenfelder prägen die Landschaft im Angoumois

---

sade der Kirche Saint-Etienne aus
dem 13. Jh. im typischen romanischen Stil der Saintonge mit zwei
Blendarkadengeschossen.

Hotels und Restaurants:
In Bassac gibt es zwei
Logis de France-Hotels mit Restaurants,
in denen man preiswert speisen und
übernachten kann: *Le Chanteclerc,*
16120 Bassac, ☎ 05 45 81 94 55,
Fax 05 45 81 98 90. Restaurant
15.Sept–15. März So abends geschl.
L'Essile, Le Bourg, 16120 Bassac,
☎ 05 45 81 94 13, Fax 05 45 81 97 26.
Restaurant So abends geschl.

Das schmale Sträßlein schlängelt
sich weiter bis nach **Saint-Simon,**
einem Dörfchen, das früher vom
Hämmern und Klopfen der Bootsbauern widerhallte, die schwere
Lastkähne, die *gabares,* zimmerten.
Bis zum Beginn des 20. Jh. wurden
Cognac, Salz und Nachschub für
Rochefort auf den schweren Fluß-
kähnen zum Meer geschippert. Im
Maison des Gabariers (10–12 und
14–18 Uhr, Di geschl.) an dem
kleinen Dorfplatz erfährt man De-
tails aus dieser Zeit.

Die Charente verzweigt sich hin
und wieder in kleine Seitenarme,
die Landschaft ist sanft hügelig: Die
Saintonge geht hier in das Angoumois über. Zwischen Vibrac und
Niersac beschreibt der Fluß weite
Schleifen. **Châteauneuf-sur-Cha-
rente** besitzt eine interessante Kirche mit einer überdimensionalen
Reiterstatue an der Fassade. Das
Bildnis zeigt Kaiser Konstantin den
Großen als Besieger des Heiden-
tums, unter den Füßen seines Pferdes liegt eine kleine Figur.

△ **Camping:** ** *Bain des Dames,* ✆ 05 45 62 54 24 oder beim Bürgermeisteramt, ✆ 05 45 97 12 42, idyllisch zum Baden in der Charente (15. Juni–31. Aug.)

An alten Brücken wie der bei **Vibrac** kann man gut man eine kleine Pause einlegen und auf den »schönsten Wasserlauf meines Königreiches« schauen, wie Heinrich IV. schwärmerisch formulierte. Der winzige Flußstrand bei Vibrac wird im Volksmund ›Petit Royan‹ genannt.

Niersac lockt mit süßen Genüssen, mit Schokolade. Letuffe, das alteingesessene Pralinenhaus in Angoulême, das auch ein Geschäft in Cognac führt, stellt seine köstlichen Marguerites d'Angoulême in Les Trois Palis her. Besucher können in der Fabrik zuschauen, wie die exquisiten, blütenförmigen Pralinen, die nach der Schwester von Franz I. benannt wurden, gefertigt werden (14–18 Uhr).

Ein anderes altes Handwerk kann man ein paar Kilometer weiter über die D 72 in einer der Papiermühlen, wie etwa in **Fleurac,** kennenlernen. Papier, wie es im 18. Jh. angerührt, geschöpft und gepreßt wurde, entsteht hier – ein kostbares Mitbringsel, vor allem deshalb, weil es in der Hochburg der Papierindustrie, in Angoulême, kein handgeschöpftes, sondern nur noch maschinell hergestelltes Papier zu kaufen gibt (10–12 und 14–18 Uhr, letzter Einlaß 17 Uhr, Di geschl.).

Angoulême

Wer bei Gewitterstimmung die steile Serpentine über die Befestigungswälle von der Unterstadt in die Oberstadt hinauffährt, dem kommt die Bischofsstadt eher abweisend vor: Trutzig steht die 50 000 Einwohner zählende Provinzmetropole auf einem Kalkfelsen. Honoré de Balzac kommentierte 1843 in seinem Roman »Verlorene Illusionen« die strategisch günstige Lage der Stadt: »doch ihre Stärke von einst stellte ihre Schwäche von heute dar. Indem ihre Wälle und das zu steile Gefälle des Felsens sie hinderten, sich nach der Charente hin auszudehnen, verurteilten sie sie zur düsteren Unfähigkeit«.

Ob Gewitterwolken oder Sonnenschein, belohnt wird der Reisende stets vom Anblick der außergewöhnlich reich gestalteten Westfassade der romanischen **Kathedrale Saint-Pierre** aus dem 12. Jh., die an der höchsten Stelle des Felsens wie eine Akropolis über dem Charente-Tal thront. Man sollte sich die Zeit nehmen und die Kirche, deren romanische Architektur Vorbildcharakter hatte, in Ruhe betrachten. An vielfältige Bildmotive an den Kirchen ist man im Gebiet von Poitou und Saintonge gewöhnt, bei den kleinen Dorf- und Stadtkirchen findet man sie ebenso wie an der Bischofskathedrale.

Im zentralen Arkadenfeld, in einer Mandorla, einem mandelförmigen Medaillon, schwebt Christus gen Himmel. Adler, Engel, geflügelter Löwe und geflügeltes Rind verkörpern die Evangelisten Johannes, Matthäus, Markus und Lukas. Sechs Engel bejubeln diese Himmelfahrtsszene. Plastisch aus ihren Nischen hervor treten in den Blendarkaden rechts und links des großen Mittelfensters die Statuen der elf Apostel und die der Muttergottes. Die realistisch-lyrische Komposition aus Engeln und Aposteln deutet auf die Ambivalenz von Himmelfahrt und Wiederkehr hin. Jesus ist im Begriff gen Himmel zu fahren und – in der Schwebe – dabei, wieder zur Erde zurückzukehren. In den Tympana der Apostelarkaden tanzen dazu freudig Auserwählte. Links außen aber lauert schon der Teufel, Sünder warten auf das Weltgericht: das dritte Thema der großen Bilderwand von Saint-Pierre. Fein eingefaßt mit einer steinernen Spitzenbordüre sind Bögen und Friese der Arkaden, bis hinauf zu den beiden spitzkuppeligen Türmen.

Der Bauplan folgt der Tradition des aquitanischen einschiffigen Kuppelbaus. Mit einer Höhe von 59 m ist der freistehende Glockenturm nicht nur imposant, sondern bringt auch italienisches Flair in die Anlage. Die während der Religionskämpfe schwer beschädigte Kirche wurde im 19. Jh. von dem Architekten Abadie Fils – er entwarf Sacré-Coeur in Paris – getreu dem romanischen Vorbild restauriert – und dabei kurzerhand eine Krypta aus dem 6. Jh. entfernt.

Über den Rempart Desaix gelangt man zur Place de New York, als ob man an einer langen Balkonbrüstung entlangspazieren würde. Von hier geht der Blick nach Osten auf das Tal der Anguienne. Das elegante **Theater** ist ein Relikt aus dem Zweiten Kaiserreich, als der Cognacverkauf Geld in die Charente brachte. Weitaus unnahbarer zeigt sich das **Rathaus** am Ende der Avenue des Maréchaux. An seiner Stelle stand einmal das Schloß der Grafen von Angoulême. In einem Bergfried (13./14. Jh.) der mächtigen Familie der Lusignan und einem runden Turm aus dem 15. Jh., in dem Marguerite d'Angoulême geboren sein soll, wird eine Ausstellung zur Stadtgeschichte gezeigt. Die Statue von Marguerite d'Angoulême, der Schwester von Franz I. und eine der gebildetsten Frauen ihrer Zeit, befindet sich neben dem Hôtel de Ville und wacht über die stark befahrene Kreuzung der Rue de l'Arsenal und der Avenue Général de Gaulle.

Von dort geht es in die schmalen Gassen der Altstadt und zur **Markthalle.** Die Place des Halles Centrales an der Festungsmauer ist an warmen Sommerabenden von Straßenmusikanten und jungen Leuten bevölkert. Am Rempart werden die Motorroller geparkt, unten am Fluß liegt das traditionelle Industrie- und Handelsviertel L'Houmeau.

Kathedrale Saint-Pierre

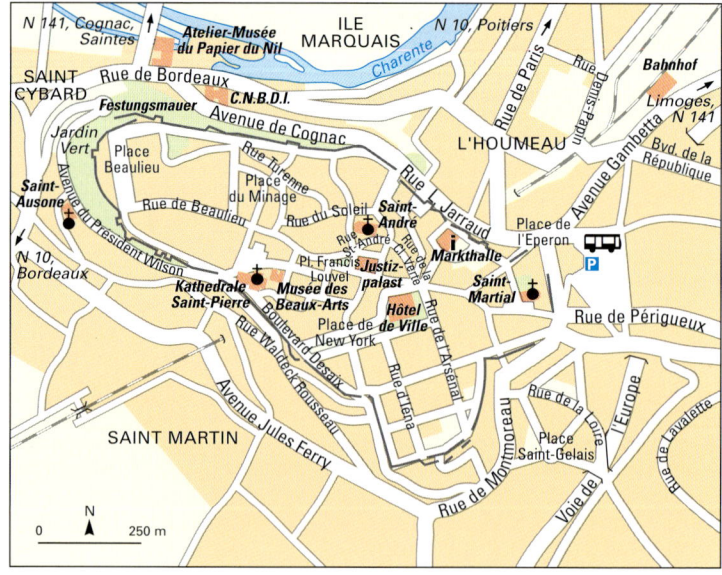

Angoulême

Das Stadtleben aber findet in den Gassen rings um die Markthalle statt. Links in der Rue de la Cloche Verte zur Rue Ludovic Trarieux finden sich Restaurants, Weinstuben, Bars und Cafés in alten Stadthäusern. Mittendrin, in Nr. 15, dem Hôtel Saint-Simon (1530), hat sich eines der Museen des FRAC eingerichtet, der Fond Régional de l'Art Contemporain. Moderne Skulpturen und Malerei, Videoinstallationen, Fotokunst, etwa Werke von Marcel Duchamp über Mario Merz

bis zu André Masson und Antoni Tapies werden angekauft und ausgestellt (Di–Sa 10–12 und 13.30–19 Uhr).

Angoulêmes Altstadt besteht aus einem Gewirr kleiner Gassen. Nähert man sich dem Festungswall, tun sich mehrere Aussichtspunkte an kleinen Plätzen auf, wie an der Place du Palet. In der Rue de Genève ist jenes Haus erhalten, in dem Calvin 1534 eine zeitlang gelebt hat, in der Rue René-Audour führt eine schmale Passage zum eleganten Hôtel de la Marbrerie (17. Jh.). Im Zentrum der Altstadt liegt die Place Francis Louvel, an der nicht nur eines der schönsten Hotels der Stadt steht, sondern auch das feine Schokoladengeschäft Letuffe zu finden ist, das in seinem Wappen den Salamander Franz I. trägt. Dominant ist allerdings der Justizpalast aus dem 19. Jh. mit einer breiten Freitreppe und mächtigen neoklassischen Säulen.

Nicht weit davon zweigt die Rue de Vauban ab, in der man Hausfassaden aus drei Jahrhunderten bewundern kann. In der Rue Turenne ziert eine Barocktür mit vorgesetztem Giebel den Eingang des ehemaligen Karmeliterklosters. Die Straße mündet in die Place Turenne, ein prächtiger Ort, von dem aus man einen guten Blick auf das Charente-Tal hat, bevor man in das Stadtviertel St. Cybard hinuntersteigt.

Dort sind die Comicfiguren Tintin, Milou und Asterix, in die aufgefrischten Gemäuer der ehemaligen Brauerei Champigneulles eingezogen. Spötter bezeichnen das CNBDI, das **Centre National de la Bande Dessinée et de l'Image,** als einstürzendes Kartenhaus. Vor das Gebäude der Brauerei setzte der Architekt Roland Castro eine postmoderne Spiegelglasfront. Präsentiert wird die Geschichte des französischen Comics von 1830 bis heute, einschließlich einer amerikanischen Abteilung. Vor Ort kann man sich durch nahezu 10 000 Comic-Hefte- und Bücher lesen, auf Monitoren laufen Filme, in denen man den Zeichnern über die Schulter blickt, wie sie ihre Comic-Helden zum Leben erwecken, und schließlich kann man an die 250 Originalblätter der 4000 Seiten umfassenden Kollektion anschauen. Alljährlich findet am letzten Wochenende im Januar das Internationale Comic-Festival statt, zu dem sich renommierte Profis und Freunde der Sprechblasen-Serien einfinden (April–Okt. Di–Fr 10–19, Sa und So 14–19 Uhr, Nov.–März, Di–Fr 10–18, Sa und So 14–18 Uhr).

Gegenüber liegt eine ehemalige Zigarettenpapierfabrik, heute das **Atelier-Musée du Papier du Nil.** Die exotische Marke »Le Nil« wurde 1887 von der Papierfabrik Jh Bardou kreiert, da Zigarettenpapier hauptsächlich nach Ägypten exportiert wurde. Mit Sphinx, Pyramiden, Palmen und besonders dem blaugrauen Elephant wurden die Papierbriefchen bedruckt, für die in ganz Frankreich kräftig geworben wurde. Nicht nur für den blauen Dunst, auch die runden Vignetten für Camembertschachteln, Flaschenetiketten, druckte man am ›Nil‹, wie die Charente an dieser Stelle in Angoulême schließlich getauft wurde. Das Museum präsentiert in einer Dauerausstellung die Geschichte der Papierindustrie am Fluß. Beeindruckend sind die riesigen Mühlsteine, unter denen die Charente durchrauscht. Liebevoll arrangierte Wechselausstellungen gibt es u. a. zum Zigarettenpapier und zur Werbung. Künstler, die sich mit dem Werkstoff Papier auseinandersetzen, haben hier Gelegenheit, in einem der Ateliers zu arbeiten (Fr–So 14–18 Uhr).

ⓘ Information: *Office de Tourisme,* place des Halles, 16007 Angoulême, ✆ 05 45 95 16 84, Fax 05 45 95 91 76

🛏 Hotels: Angoulême selbst hat leider keine zu dem hübschen, alten Stadtbild passenden Hotels zu bieten, bis auf das **Hôtel du Palais, 4, place Francis-Louvel, ✆ 05 45 92 54 11, Fax 05 45 92 01 83. Hohe, altmodische Zimmer in einem Stadtpalais gegenüber vom Justizpalast. ***Mercure Hôtel de France, 1, place des Halles, ✆ 05 45 95 47 95, Fax 05 45 92 02 70. Neues Hotel an historischer Stelle. Etwas außerhalb: **** Hostellerie du Maine Brun, La Vigerie, 16290 Hiersac, ✆ 05 45 90 83 00, Fax 05 45 96 91 14. Über die N 141, am Ufer der Charente in einem typischen Charentaiser Landgut mit Restaurant. Ländlich-rustikale Unterkünfte, Gîtes; teilweise aus dem 15./16. Jh. findet man in der näheren Umgebung von Angoulême direkt beim Vermieter. Eine Liste, auch für Camping à la Ferme, gibt es bei dem Office de Tourisme oder bei der Antenne des Gîtes de France, place Bouillaud, 16021 Angoulême, ✆ 05 45 69 79 09, Fax 05 45 69 48 60.

🍴 Restaurants: *La Tour des Valois,* 7, rue Massillon, ✆ 05 45 95 23 64. Traditionelle Küche mit regionalen Spezialitäten zu sehr günstigen Preisen. *Le Passe-Muraille,* 5, rue Saint-André, ✆ 05 45 92 05 02. Regionale Spezialitäten. *Sur les Quais,* rue de la Cloche verte, ✆ 05 45 95 18 06. Zauberhauft eingerichtetes Restaurant mit Gartenhof. *La Ruelle,* 6, rue des Trois-Notre-Dame, ✆ 05 45 95 15 19. Frische Küche vom Markt

☕🍷 Cafés und Bars: *Café chaud,* Ecke rue des Trois-Notre-Dame, Ludovic Frarieux. Vom winzigen Balkon aus in der ersten Etage hat man bei exzellentem Kaffee den besten Blick auf das Treiben in den Gassen. *Le Tire-Bouchon,* 18, rue de la Cloche verte. Der Name sagt es, hier werden die besten Weine geöffnet.

🏛 Museum: *Musée des Beaux-Arts,* 1, rue Friedland, Prunkstück der Exponate zur Charentaiser Vor- und Frühgeschichte ist ein Meisterwerk keltischer Goldschmiedekunst aus dem 14. Jh. v. Chr., der Agris-Helm. Mo–Fr 12–18, Sa und So 14–18 Uhr, an Feiertagen geschl.

Einkaufen: *Le Livre d'Autrefois,* 23, rue de Beaulieu. Interessantes Antiquariat für Bücherfreunde. Auf leisen Sohlen sollte man die Gegend um Angoulême verlassen: Der Sparsamkeit der Tuch- und Filzmacher ist es zu verdanken, daß aus den Abfällen für die Seemannskleidung in Rochefort und den Filzplatten zum Papiertrocknen herrlich bequeme Hauspantoffeln fabrizierten: »Les Charentaises« – ein Recycling-Produkt schon im 17. Jh.! Ob Politiker, Oma oder Enkel, ob kariert oder uni – jeder trägt die Schleicher, die »Fileuses«, selbst zum Brotholen über die Straße. Kaufen kann man die echten »Silencieuses« bei der Firma Rondinaud, 43, rue des Halles, 16110 La Rochefoucauld, ✆ 05 45 63 01 09, die dort seit 1847 ihren Laden hat.

Gartempe- und Anglin-Tal

Im Norden von Angoulême und im Süden von Poitiers liegt das Pays Montmorillonnais, eine sehr arme Gegend, bekannt für Schafe und Ziegen und eine heideähnliche Landschaft, die Flußtäler der Vienne, der Gartempe und des Anglin.

Über die N 51 fährt man von Poitiers über Chauvigny nach **Saint-Savin** ins liebliche Tal der Gartempe. Das kleine Dorf schmückt sich mit einem einzigartigen Kulturdenkmal, der romanischen Abtei Saint-Savin (11. Jh.). Erzählerisch reiche Fresken zu Genesis und Exodus zählen zu den wenigen, die in Frankreich aus dieser Zeit erhalten sind. ›Sixtinische Kapelle des französischen Mittelalters‹ wird sie deshalb genannt.

Die D 5 führt weiter nach Süden nach **Montmorillon,** einem mittelalterlichen Städtchen am Ufer der Gartempe. Im Sommer kommen Freunde der Kreuzstich-Stickerei zu einem Internationalen Wettbewerb zusammen, im ehemaligen Gymnasium der Stadt wird dafür zur Zeit ein Museum eingerichtet.

❶ Information: *Office de Tourisme* 21, av. F.-Tribot, 86500 Montmorillon, ✆ 05 49 91 11 96

🛏 Hotels: ****Val de Vienne,* in Vigeant, ✆ 05 49 48 27 27, Fax 05 45 92 01 83. Ruhig und charmant, große Zimmer, jeweils mit Terrasse, unweit der Vienne

🍽 Restaurants: *L'Auberge du Connestable Chandos,* in Mazerolles bei Lussac-les-Châteaux nahe der Vienne, ✆ 05 49 84 07 89. Unbedingt den deftigen *Farci Poitevin,* eine Art Krautwickel, probieren. *La Grimolée,* port de Salles, in Vigeant, ✆ 05 49 48 75 22. Besonders gut gelingt dem Koch zartes Milchlamm, preisgünstige Menüs.

🌳 Einkaufen: In Chauvigny fabriziert die Firma *Apilco* das legendäre französische Bistro-Geschirr. Tassen, Teller und Kannen in allen Farben, feuerfeste Suppentassen etc. Fabrikverkauf Mo–Sa 10–12.30 und 14.30–19 Uhr

Noch berühmter für seine Stickkünste ist das kleine Dörfchen **Angles-sur-l'Anglin,** zu dem man über die D 5 von Montmorillon in Richtung Norden findet. In Saint-Pierre-de-Maillé geht es rechts ab nach Angles, zu den Anglais, den Engländern, deren graue Dorfhäuser dicht ans Ufer unterhalb des Schlosses gebaut sind. Um die Jahrhundertwende arbeiteten 300 Näherinnen aus dem Dorf für Pariser Kaufhäuser. Sie stickten aus Leinenhandtüchern die Jours d'Angles, indem sie mit einer Stickschere ein Muster herausschnitten und dieses mit Knopflochstichen einfaßten. Diese feinen Bordüren zierten die Handtücher der großen Ozeandampfer und feine Aussteuerwäsche. Noch immer ist es in Angles Tradition, die alte Handarbeit zu pflegen.

❶ Information: *Office de Tourisme,* 14 la Place, 86260 Angles-sur-l'Anglin, ✆ 05 49 48 86 87, April–Sept. 10–12 Uhr und 14.30–18 Uhr

🛏🍽 Hotels und Restaurants: ****Le Relais du Lyon d'Or,* 4, rue d'Enfer, ✆ 05 49 48 32 53, Fax 05 49 84 02 28. Landhotel in einem Relais aus dem 15. Jh. wie aus dem Bilderbuch mit raffinierter Küche und vernünftigen Preisen. **Le Commerce,* 2, rue de Tournon, ✆ 05 49 48 61 05. Preiswerte, rustikale Zimmer und gediegene, regionale Küche.

Abbildungsnachweis

TIPS & ADRESSEN

Alle wichtigen
Informationen rund
ums Reisen – von
Reisevorbereitung
bis Unterkunft –
auf einen Blick.

INHALT

REISEVORBEREITUNG

Informationsstellen

Maison de la France

... im Internet
www.franceguide.com

... in Deutschland
Westendstr. 47
60325 Frankfurt/Main
✆ 01 90/57 00 25
Fax 01 90/59 90 61

... in Österreich
Argentinierstr. 41a
1040 Wien
✆ 01/5 03 28 90
Fax 01/5 03 28 71

... in der Schweiz
2, rue Thalberg
1201 Genf
✆ 0 22/7 32 86 10

Löwenstraße 59
Postfach 7226
8032 Zürich
✆ 01/2 11 30 85
Fax 01/2 12 16 44

Comité Régional du Tourisme (CRT)

... Poitou-Charentes
B. P. 56
86002 Poitiers Cedex
✆ 05 49 50 10 50
Fax 05 49 41 37 28
www.tourisme-atlantique.com

... Pays-de-la-Loire
2, rue de la Loire
44200 Nantes
✆ 02 40 48 24 20
Fax 02 40 08 07 10
www.cr-pays-de-loire.fr

Zudem bekommt man detaillierte Informationen wie Landkarten und Prospektmaterial zu Sport und Freizeit, Übernachtung, Essen usw. in den Touristikbüros der Departements:

Comité Départemental du Tourisme

... Vendée
8, place Napoléon
85000 La Roche-sur-Yon
✆ 02 51 37 01 94
www.vendee-tourisme.com

... Charente-Maritime
11 bis, rue des Augustins
B. P. 1152
17008 La Rochelle Cedex
✆ 05 46 41 43 33
Fax 05 46 41 34 15
www.charente-maritime.org

... Charente
27, place Bouillaud
16021 Angoulême Cedex
✆ 05 45 69 79 19 und
05 45 92 27 57
Fax 05 45 69 48 60

... Vienne
15, rue Carnot
B. P. 287
86007 Poitiers Cedex

✆ 05 49 37 48 48
Fax 05 49 37 48 61

Deux-Sèvres
15, rue Thiers
B. P. 49
79002 Niort
✆ 05 49 77 15 90

Service de réservation
Loisirs-Accueil Charente
27, place Bouillaud
16021 Angoulême
✆ 05 45 69 79 09
Fax 05 45 69 48 60
Reservierungen: Hotels, Campingplätze für Zelt und Wohnwagen,
Gites ruraux (Ferienhäuser), Gästezimmer, Feriendörfer

Einreisebestimmungen

Für Bürger der EU-Staaten genügt ein
gültiger Personalausweis, Schweizer
benötigen einen Reisepaß. Auch
wenn es nicht mehr vorgeschrieben
ist, sollte bei der Anreise mit dem
Auto die Grüne Versicherungskarte
mitgenommen werden. Trotz des
Schengener Abkommens benötigt
man für eine Verweildauer von mehr
als drei Monaten eine Aufenthaltser-
laubnis (*carte de séjour*).

Gesundheitsvorsorge

Arzthonorare und Medikamente
müssen in Frankreich bar bezahlt
werden. Nach Vorlage des Vordrucks
111 werden bei gesetzlich Versicher-
ten die Behandlungskosten in
Deutschland zurückerstattet. Zur Si-
cherheit ist eine Auslandskranken-
versicherung zu empfehlen.

Karten

Geeignet für das Gebiet Poitou-Charentes ist die Karte 107 Top 250 aus
der roten Serie »France Grand Tourisme« des Institut Géographique National (IGN) mit einem detaillierten
Verzeichnis der Kommunen und den
Stadtplänen u. a. von Nantes, Poitiers
und La Rochelle.

Für Radfahrer und Wanderer empfehlen sich die Karten Nr. 32, 33, 34,
39 und 40 der grünen Serie des IGN.
Touristische Informationen für die
Gegenden um La Rochelle, Royan
und Bordeaux bietet zudem die Karte
1/71 aus der Serie »Routes et Loisirs«
von Michelin. Telefonnummern der
Touristikbüros, landschaftlich besonders reizvolle Strecken, Strände und
Häfen sind darauf verzeichnet.

Reisezeit

Das milde Klima bietet von Ostern
bis Anfang November ideale Bedingungen für Reisen in Poitou, Vendée
und Charente. Schon im April und
Mai kann es so warm sein, daß manche ein Bad im Meer wagen, zumindest ein windgeschütztes Sonnenbad
am Strand ist möglich. Ausflüge ins
Hinterland, Hausbootfahrten, sind in
dieser Zeit besonders zu empfehlen.
Von Juni bis Anfang Juli sind die
Strände noch leer, die Temperaturen
angenehm. Im Juli regnet es selten,
besonders die Inseln bieten viel Sonne. Langanhaltende Perioden ohne
einen einzigen Regentag sorgen für

ungetrübte Badefreuden. Im August sind in Frankreich die Küsten überlaufen, erst nach dem Feiertag am 15. August entspannt sich die Lage in den Hotels und auf Campingplätzen. Von September bis Anfang November zeigt sich die Region Poitou-Charentes in goldenem Licht, ob am Meer oder im Cognac-Gebiet.

Zahlungsmittel

Immer mehr Touristen in Frankreich, die nicht ständig Bargeld bei sich führen möchten, zahlen mit Kreditkarte (akzeptiert werden Visa, Eurocard/Mastercard) oder besorgen sich mit ihrer persönlichen Geheimnummer und der EC-Karte Bargeld am Geldautomaten, dem *guichet automatique*. Das Maximum pro Auszahlung sind derzeit 1400 FF. Auch bei der Autofahrt kommt man an den *péage*-Stationen auf den Autobahnen bequem mit seiner Kreditkarte weiter. Auch in Restaurants, Tankstellen, Geschäften, Bahnhöfen ist das Zahlen mit Kreditkarte problemlos möglich.

Nicht jede Bank in Frankreich akzeptiert jedoch die EC-Karte. Deshalb sollte man sich vor der Reise bei seiner Bank erkundigen, mit welchem Partner diese in Frankreich zusammenarbeitet. Denn Euroschecks werden fast von keiner Bank in Frankreich mehr akzeptiert! Einfach hingegen ist es mit einem Postsparbuch oder mit Travellerschecks. Wer dagegen z. B. ein Segelboot chartern, Fahrräder ausleihen oder ein Hausboot mieten möchte, kann die Kaution meistens mit Euroscheck hinterlegen. Oft ist es auch möglich, die Rechnung zum Beispiel für die Miete eines Hausbootes, sofern man es nicht schon vorab in Deutschland getan hat, in Frankreich mit Euroschecks zu bezahlen.

Literaturtips

Albrecht Duijker, Loire. Zu Weinbergen und Schlössern, Bern 1997; exzellenter Weinreiseführer, auch für die Weine rund um Nantes

Gustave Flaubert, Die Reisetaschenbücher, Band 1: 1840–1847; Über Feld und Strand, Leipzig 1993; enthält Notizen über Nantes und das Hinterland

Julien Gracq, Der große Weg, München/Wien 1996; Gracq streift in seinem »Tagebuch eines Wanderers« das Poitou

Hachette Weinführer Frankreich, 2000, Deutsche Ausgabe, Bern 1999; umfassende Dokumentation, zuverlässiger Ratgeber auch auf vielen Speisekarten in guten Restaurants

Tanja Kinkel, Die Schatten von La Rochelle, München 1996; der historische Roman spielt im 17. Jh. zu Zeiten des Kardinals Richelieu und der Herzogin von Aiguillon

Tanja Kinkel, Die Löwin von Aquitanien, München 1991; der historische Roman handelt vom Leben der Eleonore von Aquitanien, die im 12. Jh. Ludwig VII. von Frankreich heiratete

Gert von Paczensky, Cognac, Weil der Stadt 1996; umfassende Dokumentation über Lagen, Marken, Alters- und Qualitätsstufen des Cognacs

Régine Pernoud, Königin der Troubadoure, München 1979; eine gut lesbare Biographie des aufregenden Lebens der Eleonore von Aquitanien

Charles Perrault, Sämtliche Märchen, Stuttgart 1986; Perrault schildert auch die Geschichte Blaubarts

François Rabelais, Gargantua und Pantagruel, Frankfurt; tolldreister Abenteuerroman

Jean Rouaud, Die Felder der Ehre, München 1993; Porträt von Landschaft, Klima und den Bewohnern in der Provinz an der Mündung der Loire

Françoise Sagan, Stehendes Gewitter, Hamburg 1993; melancholisches Liebesdrama rund um Angoulême im 19. Jh.

Georges Simenon, Wellenschlag, Zürich 1979; Stimmungsbild der Muschel- und Austernfischer nahe La Rochelle

ANREISE

… mit dem Auto

Von Saarbrücken Richtung Paris fährt man auf der A 4, umgeht die Hauptstadt und den oft mit Staus verstopften Boulevard Périphérique, indem man auf der Francilienne Richtung Westen fährt. Auf dieser neu gebauten Umgehungsstraße gelangt man auf die Autobahn A 11 Richtung Nantes oder die A 10 Richtung Bordeaux.

Von Norddeutschland über Belgien muß man ebenfalls über Paris anreisen, während es von der Schweiz je nach Reiseziel sinnvoll sein kann, Teilstrecken auf Nationalstraßen zurückzulegen.

Von Paris aus wählt man in Richtung Nantes die A 11, nach Poitiers, La Rochelle und Bordeaux die A 10 (L'Aquitaine). Seit kurzem gibt es unterschiedliche Tarife bei der Autobahngebühr (péage). Am frühen Vormittag ist der Tarif besonders günstig, zu den Stoßzeiten, zwischen 14 und 17 Uhr, wird es teurer auf der Autobahn zu fahren. Paris–La Rochelle kostet ungefähr 200 FF, Paris–Nantes 237 FF.

… mit der Bahn

Bei der Anreise von Norden kommt man in Paris an der Gare du Nord an, aus Süddeutschland, Österreich und der Schweiz an der Gare de l'Est. An den Sackbahnhöfen kann man direkt in Metro, Bus oder Taxi umsteigen. Die Züge nach Westen an die Küste fahren an der Gare de Montparnasse ab. Mit dem TGV Atlantique gelangt man von Paris aus in rund eineinhalb Stunden nach Poitiers, nach Nantes in etwa 2 Stunden 15 Minuten und nach La Rochelle in 2 Stunden und 50 Minuten. An Bahnhöfen und in Hotels sind spezielle TGV-Fahrpläne erhältlich. Buchungen für die reservierungspflichtigen TGV-Plätze sind auch telefonisch möglich.

… mit dem Flugzeug

Von Deutschland, Österreich und der Schweiz wird als nächste französische Stadt nur Bordeaux direkt angeflogen. Die innerfranzösische Linie Air Inter fliegt von Paris aus nach Nantes (mehrmals täglich ab Flughafen Charles de Gaulle, Dauer: etwa 1 Stunde). Die Linie TAT bedient die Strecke von Paris–Orly nach La Rochelle (mehrmals täglich, Dauer: 1 Stunde 15 Minuten). Auskunft erteilen die Büros der Air France.

UNTERWEGS AN DER ATLANTIKKÜSTE

… mit dem Auto

An manchen Brücken, etwa zu den Inseln, werden **Gebühren** erhoben. Am unkompliziertesten ist die Zahlweise per Kreditkarte. Im Poitou-Charentes gibt es zahlreiche vierspurig ausgebaute Nationalstraßen, über die man zügig und kostenlos auch zu kleineren Städten gelangt.

Verkehrsregeln: In Frankreich herrscht Anschnallpflicht auf Vorder- und Rücksitzen. Die Alkoholgrenze liegt bei 0,5 Promille. Fahrzeuge im Kreisverkehr haben Vorfahrt. Wer seinen Führerschein weniger als ein Jahr besitzt, darf nicht schneller als 90 km/h fahren. Geschwindigkeitsübertretungen und Parken im Parkverbot werden mit drakonischen Geldbußen geahndet.

Höchstgeschwindigkeiten: Auf der Autobahn: 130 km/h, bei Nässe 110 km/h. Auf Nationalstraßen: 90 km/h, vierspurig 110 km/h, bei Nässe 80 bzw. 100 km/h. Auf Departementstraßen: 90 km/h; in Ortschaften: 50 km/h. Motorrad: 90 km/h auf Autobahnen, 80 km/h auf sonstigen Straßen.

Parken: In den Sommermonaten ist häufig die Parkdauer in den Küstenorten innerorts auf zwei Stunden begrenzt. Meist werden außerhalb des Ortskerns größere Parkflächen gratis geöffnet. Grundsätzliches Parkverbot herrscht vor Krankenhäusern, Postämtern oder Polizeirevieren, an Bushaltestellen und an gelb markierten Bordsteinen.

Pannenhilfe und Unfälle: Auf Autobahnen ist der Pannendienst über die Notrufsäulen erreichbar. Empfehlenswert ist es, einen Auslandsschutzbrief abzuschließen und wenn möglich eine auf die Automarke spezialisierte Reparaturwerkstätte aufzusuchen.

Entfernungen: Paris–Nantes 426 km, Paris–Poitiers 329 km, Paris–La Rochelle 445 km, Paris–Angoulême 433 km.

… mit Bahn und Bus

Innerhalb der größeren Städte wie Nantes und La Rochelle gibt es gut ausgebaute Bus- bzw. in Nantes auch Straßenbahnnetze. Auf den Inseln kann man mittlerweile mit dem Bus auch zum Strand fahren (Informationen bei den Touristikbüros). Kleinere Städte sind mit der französischen Eisenbahngesellschaft SNCF gut zu erreichen.

… mit dem Fahrrad

An der Küste und auf den Inseln wird das Fahrradnetz stetig ausgebaut. Bislang ist die Ile de Ré dabei Vorbild. Vorschläge für Fahrradtouren, Auskünfte über Verleih sind bei den Touristeninformationen und in Fahrradgeschäften erhältlich. Durchschnittlich kostet die Miete für ein Dreigangrad 100 DM pro Woche. An den Inselstränden ist dringend davon abzuraten, wertvolle Räder abzustellen. Fahrraddiebstahl ist dort leider ein alltägliches Ärgernis. Grundsätzlich muß für die Räder ebenfalls reserviert werden, wenn man mit dem Boot zu den Inseln übersetzen möchte.

… mit dem Boot

Die Region Poitou-Charentes ist ein Paradies für Liebhaber des Wassersports. Versierte Segler können vor den Inseln kreuzen oder zu mehrtägigen Törns von Hafen zu Hafen aufbrechen. Ganz geruhsam geht es auf den Hausbooten zu, die man an der Charente ausleihen kann. Ein Bootsführerschein ist dafür in Frankreich nicht nötig. Selbst Kinder kann man auf der ruhigen Charente auch mal ans Ruder lassen.

Mit einem **Segelboot** kann man auf den Inseln und an der Küste von einem Hafen zum anderen segeln. Boote werden direkt in den Häfen verliehen. In der Regel wird kein Segelschein verlangt, aber eine Kaution, die per Euroscheck hinterlegt werden kann. Kreditkarten werden eher selten akzeptiert. Auskünfte darüber gibt es bei den Touristeninformationen. Ein Segeltörn etwa von La Rochelle zur Ile d'Yeu oder von der Ile de Noirmoutier zur Ile de Ré mit Zwischenstopp in Les Sables d'Olonne erfordert viel Erfahrung. Die Meerengen zwischen den Inseln sind heikel! Jachten mit Skipper für größere Touren können in den größeren Inselorten und in den Küstenhafenstädten gechartert werden.

Geruhsam verläuft eine Fahrt mit dem **Hausboot** auf der Charente. Die Handhabung dieser mitunter bis zu 12 m langen Boote ist sehr einfach, die Einrichtung praktisch. Für eine Fahrt von Saint-Savinien bis Saintes braucht man etwa einen Tag, bis nach Angoulême und zurück sollte eine Woche eingeplant werden. An der Charente können in Saint-Savinien, Saintes, Cognac, Jarnac und Angoulême Hausboote gechartert werden. Es muß eine Kaution hinterlegt werden. Vor der Abfahrt gibt es eine gründliche Einweisung vor Ort. Empfehlenswert ist eine Buchung über eine Agentur – zum selben Preis wie in Frankreich – von Deutschland aus, z. B. über Kuhnle-Tours, Nagelstr. 4, 70182 Stuttgart, ☏ 07 11/ 16 48 20. Weitere Adressen findet man etwa im Charente-Prospekt der Maison de la France (s. S. 218).

UNTERKUNFT & RESTAURANTS

Hotels

Seit Mitte des letzten Jahrhunderts ist die Küste zwischen Nantes und Royan zur französischen Sommerfrische geworden. Vom ehemaligen Grand- bis zum bescheidenen Dorfhotel findet der Reisende eine üppige Auswahl vor. Empfehlenswerte Hotels sind bei den jeweiligen Orten im Routenteil aufgeführt. Die angegebenen Sterne weisen auf den Preis für eine Übernachtung im Doppelzimmer mit Dusche/Bad ohne Frühstück hin. Für das Frühstück muß man noch zwischen 30 und 80 FF pro Person mit einrechnen. Jederzeit ist es dem Gast erlaubt, auch außerhalb in einem Café zu frühstücken. In kleinen Orten ist es durchaus üblich, seine Croissants vom Bäcker mit in die Bar zu bringen.

Preiskategorien:
* * unter 300 FF
* ** 300–500 FF
* *** ab 500 FF

Jährlich aktualisierte **Hotelverzeichnisse** sind über die regionalen Fremdenverkehrsämter in Frankreich kostenlos erhältlich. Im Internet kann man sich unter: www.hotel-france. com informieren.

Besonders idyllisch gelegene oder außergewöhnliche Hotels findet man im **Guide des Hôtels de Charme** (auf französisch). Er ist ebenso im Buchhandel erhältlich wie der **Guide Michelin**, das Nachschlagewerk auf Reisen schlechthin.

Unter dem Zeichen eines gelben Kamins auf grünem Grund haben sich viele freundliche Familienhotels der Mittelklasse zusammengeschlossen, die sich durch ein akzeptables Preis-Leistungs-Verhältnis, gute Küche und eine freundliche Atmosphäre auszeichnen. Das Verzeichnis der **Logis de France** erhalten Sie in größeren Buchhandlungen, beim Französischen Fremdenverkehrsamt oder direkt bei: Fédération Nationale des Logis de France, 83, av. d'Italie, 75013 Paris, ✆ 01 45 84 70 00, Fax 01 45 83 59 66, sowie im Internet unter www.logis-de-france.fr.

Innerhalb der Region bieten diverse Hotels mit Restaurant Menüs mit regionaltypischen Speisen an. Eine Landkarte mit Adressen bekommt man bei den Touristeninformationen.

Pensionen und Ferienhäuser

In jedem Office de Tourisme kann man nach einer Liste mit Privatpensionen, Ferienwohnungen und -häusern fragen (auf Wunsch wird sie gegen Rückporto verschickt). Ganz individuell kann man sich an die Besitzer direkt wenden und sich nach Preisen und Bedingungen erkundigen. Eine andere Möglichkeit ist, einen Makler in Anspruch zu nehmen, die ebenfalls Vermietungen anbieten. Die Adressen sind in einschlägigen Broschüren der Kommunen enthalten. Für die Sommermonate Juli/August sollte man – vor allem Gruppen oder Familien – in jedem Fall reservieren. Auch deutsche Agenturen und private Anbieter vermieten Ferienhäuser.

Schloßhotels

Das Französische Fremdenverkehrsbüro gibt in Zusammenarbeit mit Eigentümern von Schlössern und Herrschaftshäusern in Westfrankreich einen Führer heraus. Er trägt den Titel »Zu Gast in privaten Schlössern und Herrschaftshäusern« und verheißt dem Normal-Touristen stimmungsvolle Aufenthalte und Diners mit den Schloßherren.

Unterkünfte auf dem Land

Bei Fahrten über Land sind häufig Hinweisschilder für *chambres d'hôte* zu entdecken. Das sind einfache Gastzimmer. Meist werden sie von Bauern, im Gebiet der Charente von Winzern angeboten. Zum Zimmer dazu gehört des öfteren auch eine *table d'hôte,* ein preiswertes, landestypisches Abendessen. Eine Liste der Adressen ist über die regionalen Fremdenverkehrsämter erhältlich.

Gîtes ruraux oder *fermes auberges* sind landschaftstypische Häuser, oft idyllisch gelegen. Insgesamt gibt es 40 000 solcher Unterkünfte, von einfachen bis sehr komfortablen *gîtes,* je nach Anzahl der Ähren (1–4).

In Frankreich gibt es für jedes Departement einen eigenen Katalog in französischer Sprache. Hier sind sämtliche verfügbaren *gîtes* aufgeführt. Eine Liste aller Reservierungsbüros in den Departements, bei denen man gezielt die gewünschten Kataloge bestellen kann, erhält man bei der: Fédération des Gîtes de France, 35, rue Godot-de-Mauroy, 75439 Paris Cedex 09, ✆ 01 49 70 75 75, Fax 01 42 81 28 53, www.gites-de-france.fr.

Camping

Die Atlantikküste ist gesäumt von Campingplätzen, die meist in unmittelbarer Nähe der Strände liegen. In den letzten Jahren haben sich die Campingplatz-Besitzer zusehends an moderne Standards angepaßt und neue Vier-Sterne-Plätze eröffnet oder alte Anlagen entsprechend modernisiert. Die kommunalen Campingplätze sind in der Regel sehr einfach, oft aber idyllisch gelegen. In der Hochsaison muß reserviert werden. Einheimische vermieten mitunter ihre Wiese, auf die eine Wasserleitung gelegt wurde. Auskünfte darüber bekommt man bei der Touristeninformation oder bei den Bürgermeisterämtern. Für Camping-Urlauber generell empfiehlt sich der ADAC-Führer Band 1 Südeuropa.

Jugendherbergen

In Frankreich sind die Jugendherbergen in der Fédération Unie des Auberges de Jeunesse, 27, rue Pajol, 75018 Paris, zusammengeschlossen. Das Deutsche Jugendherbergswerk, Postfach, 32754 Detmold, gibt einen internationalen Herbergsführer heraus. Er ist auch in jeder deutschen Jugendherberge erhältlich.

Restaurants

Es gibt sie noch: Die einfachen Menüs für unter 100 FF, bestehend aus Salat, gegrilltem Fisch mit Salzkartoffeln und Eis. Besonders in der Vor- und Hauptsaison sollte man auf solche *suggestions* (Angebote) achten. Ein *menu régional* ist schon für ca. 120 FF zu haben. Eine entsprechende Liste mit Landkarte ist bei den Fremdenverkehrsämtern erhältlich. Raffinierte Menüs und teure Restaurants sind an der Atlantikküste eher selten. Vielmehr gibt es zahllose kleine, interessante Bistros und Restaurants, die maritim oder modern eingerichtet sind und leichte Küche servieren. Wer weder in eine Bar noch in ein feines Restaurant möchte, kann sich bestens mit frischen Lebensmitteln vom Markt versorgen. Oder sich beim Fischhändler ein Dutzend Austern öffnen lassen und in freier Natur genießen. Auf dem Land findet man in Städten in der Größe von Angoulême oder Saintes eine interessante Auswahl an kleinen Restaurants, die nicht so teuer sind wie an der Küste. Dabei sollte man nicht nur auf die Atmosphäre und die Einrichtung achten, sondern auch darauf, ob die Gaststätte gut besucht ist, sonst kann das Essen schon mal ›aufgewärmt‹ ausfallen. In der Nebensaison haben nicht alle Restaurants an der Küste geöffnet.

REISEINFORMATIONEN VON A BIS Z

Angeln

An der Küste sind das Angeln und das Sammeln von Meerestieren erlaubt. An der Charente und anderen Flüssen muß man sich bei der *mairie,* beim Bürgermeisteramt, oder im Angelgeschäft eine besondere Genehmigung holen.

Auskunft

Informationen sind über die regionalen Fremdenverkehrsämter (s. S. 218) der Departements erhältlich. Vor Ort gibt es die kommunalen Fremdenverkehrsbüros (Office de Tourisme oder Syndicat d'Initiative). Die jeweilige Adresse ist bei den Ortsbeschreibungen aufgeführt.

Behinderte

Einen speziellen Hotelführer für Behinderte »Où ferons nous étape« (auf französisch) mit nützlichen Informationen versendet gegen eine Gebühr von 80 FF die: Association des Paralysés de France – Délégation de Paris, 22, rue du Père Guerin, 75013 Paris, ✆ 01 44 16 83 83.

Diebstahl

Ferienhäuser und Fahrräder sollte man an der Küste und auf den Inseln immer gut abschließen. Weiter im Landesinneren ist man vor Diebstahl vergleichsweise sicher.

Diplomatische Vertretungen

Botschaft der Bundesrepublik Deutschland
13, av. Franklin D. Roosevelt
75008 Paris
✆ 01 53 83 45 00
Fax 01 43 59 74 18

Konsulat von Österreich
6, rue Fabert
75007 Paris
✆ 01 40 63 30 90
Fax 01 45 55 63 65

Botschaft der Schweiz
142, rue de Grenelle
75007 Paris
✆ 01 45 50 34 46
Fax 01 45 51 34 77

Elektrizität

Die Netzspannung beträgt 220 Volt. Es empfiehlt sich, für Radios und Elektrogeräte einen Adapter mitzunehmen.

Feiertage

1. Januar (Neujahr)
Ostern
1. Mai (Tag der Arbeit)

8. Mai (Ende des Zweiten Weltkriegs)
Christi Himmelfahrt
Pfingstmontag
14. Juli (Nationalfeiertag, Sturm auf die Bastille)
15. August (Mariä Himmelfahrt)
1. November (Allerheiligen)
11. November (Ende des Ersten Welt kriegs)
25. Dezember (Weihnachten)

Feste und Veranstaltungen

Januar
Comic-Festival in Angoulême: internationales Treffen der Comic-Szene mit Workshops und Veranstaltungen über die ganze Stadt verteilt

März
Festival des Kriminalfilmes in Cognac: eine ganze Stadt im Krimirausch, prominente Schauspieler kommen als Stargäste

Mai
Internationale Segelwoche in La Rochelle: Stelldichein und Regatta für die besten Segler, vor allem Frankreichs

Juli
»Les Francofolies« in La Rochelle: Frankreichs beliebteste Rock- und Popgruppen treten auf, Tausende von Jugendlichen und Junggebliebenen bevölkern den alten Hafen von La Rochelle. In Theatern und bei Open-air-Konzerten wird französischsprachige Musik, vom Chanson bis zum Hip-Hop, geboten

»Jeux Santons« in Saintes: internationales Folklorefestival, das nach dem legendären Volksstamm der Santonen benannt ist. Traditionell wird das Festival in der Arena von Saintes eröffnet

Zum 14. Juli werden Feuerwerke über dem Meer veranstaltet. Lampionzüge für Kinder gibt es fast in jedem Ort.

August
»Fête médiévale« in Commequiers: In mittelalterlichen Trachten treten Ritter vor der historischen Kulisse von Commequiers zum Turnier an

September
»Le Grand Pavois« in La Rochelle: wichtigste Schiffahrtsmesse in Frankreich – zumal sie die Aussage bekräftigt, in La Rochelle brauche man nur ein Fahrrad, um alle Utensilien zu besorgen, die nötig sind, ein Boot zu bauen

Sommermusik
Von Clisson im Süden von Nantes bis nach Saintes stehen hervorragende Musikveranstaltungen auf dem Programm. Hervorzuheben sind die »Académies Musicales«, das Festival Alter Musik, in Saintes unter Leitung von Philipp Herrweghe sowie die Konzerte bei dem Royannaiser Festival »Un violon sur le sable« (eine Geige im Sand). Das gastierende Orchester musiziert tatsächlich am Strand. Programme und Veranstaltungshinweise sind bei den örtlichen Touristeninformationen erhältlich.

Notruf

Polizei ✆ 17
Feuerwehr ✆ 18

Öffnungszeiten

Geschäfte haben in der Regel 9–12 und 14–19 Uhr geöffnet. In den Küstenorten und auf den Inseln sind sie jedoch von Anfang Juli bis Ende August in den Abend hinein länger offen. Kleinere Supermärkte schließen selbst sonntags erst am Mittag. Die Tante-Emma-Läden versuchen noch etwas mehr Geschäft zu machen, indem sie täglich, auch So, für ihre Kunden da sind. Auf dem Land gelten das ganze Jahr über die normalen Öffnungszeiten.

Segeln

An der gesamten Küste und auf den Inseln werden Segelkurse der Fédération Française de Voile angeboten, zu erkennen an der Fahne mit dem Zeichen F.F.V. Man kann sich darauf verlassen, daß deren Lehrer gut ausgebildet und entsprechende Rettungsausrüstungen vorhanden sind. Unterrichtssprache ist französisch, die Segellehrer sprechen meist passabel englisch.

Kartenmaterial zum Segeln in der Vendée: SHOM Nr. 5039, 6521, 6522, 6523, 6853. Für die Ile d'Yeu gilt die Nr. 6890. Im Departement Charente-Maritime: SHOM Nr. 6788 P »De l'ile de Ré à la Pointe de Grave« und 6521 P, 6333P und 6335 P.

Surfen

Wellensurfer schätzen den Atlantik. Für Surfer, die es noch nicht mit der mächtigen Dünung in der Nähe von Arcachon weiter südlich aufnehmen wollen, sind die Bedingungen an der Atlantikküste von Vendée und Charente-Maritime ideal. Hinsichtlich den von der F.F.V. angebotenen Surfkursen gilt dasselbe wie für deren Segelkurse (s. o.).

Telefonieren

In Frankreich sind alle öffentlichen Fernsprecher **Kartentelefone.** Die *télécarte* ist zu 50 oder 120 Einheiten in *tabacs,* an Zeitungskiosken und auf der Post erhältlich. Die Bedienung der Apparate ist in den Telefonzellen gut erklärt. Der preiswerte Nachttarif gilt wochentags ab 21.30 Uhr.

Auslandsvorwahlen von Frankreich nach Deutschland: 00 49, nach Österreich: 00 43, in die Schweiz: 00 41. Nach der Landeskennzahl jeweils die Ortsvorwahl ohne 0 und dann die Rufnummer wählen. Von Deutschland, Österreich und der Schweiz nach Frankreich: 00 33, anschließend die Rufnummer ohne die Null. In den französischen Telefonnummern ist die Ortsvorwahl, die immer (auch im selben Ort) mitzuwählen ist, schon enthalten.

Wandern

Ein Wanderführer, der Topo-Guide »Charente-Maritime et ses îles« wird von der Centre d'Information de la Fédération Française de la Randonnée Pédestre, 64, rue de Gergovie, 75014 Paris, ☎ 01 45 45 31 02, Fax 01 43 95 68 07, herausgegeben. Er ist vor Ort in größeren Buchhandlungen erhältlich, in Deutschland nur in speziellen Reisebuchhandlungen oder muß bestellt werden (dauert etwa 3 Wochen). Eine Teilstrecke einer der großen Fernwanderwege (*Grande Randonnée*), der GR 36, führt von Puymoyen nach Périgueux.

Weitere Auskünfte über lokale Wanderwege geben die Office de Tourisme vor Ort oder die Fremdenverkehrsbüros der Departements (s. S. 218).

REGISTER

Personenregister

Ortsregister